다가오는 폭풍과
새로운 미국의 세기

■ ■ ■ ■ ■ ■ ■

미국 건국의 아버지들은 대서양의 서쪽 가장자리에
자리 잡은 보잘것없는 수의 사람들이 영국 같은
세계적인 대제국을 물리칠 수 있을 뿐만 아니라
세계의 면모를 바꿔놓을 역량을 지닌 국가를
건설할 수 있다고 믿었다.

조지 프리드먼

■ ■ ■ ■ ■ ■ ■

2020년대 미국에 닥칠 격동과 그 이후의 전망

다가오는 폭풍과 새로운 미국의 세기

조지 프리드먼 지음 | 홍지수 옮김

THE STORM BEFORE THE CALM
George Friedman

김앤김북스

다가오는 폭풍과 새로운 미국의 세기
2020년대 미국에 닥칠 격동과 그 이후의 전망

초판 1쇄 발행 2020년 9월 17일
　　3쇄 발행 2022년 3월 25일

지은이 조지 프리드먼
옮긴이 홍지수
펴낸이 김건수
디자인 이재호 디자인
펴낸곳 김앤김북스
출판등록 2001년 2월 9일(제12-302호)
주소 서울시 마포구 월드컵로42길 40, 326호
전화 (02) 773-5133 l 팩스 (02) 773-5134
E-mail apprro@naver.com
ISBN 978-89-89566-79-3(03340)

2부 미국의 주기

3부 위기와 평온

역대 최고였고, 역대 최악이었고, 지혜가 충만한 시대였고, 더할 나위 없이 어리석은 시대였고, 확신이 팽배한 시대였고, 불신이 만연한 시대였고, 빛이 충만한 시대였고, 칠흑 같은 암흑의 시대였고, 희망이 샘솟는 봄이었고, 절망이 짓누르는 겨울이었다. 우리는 부족함이 없었고, 우리는 빈털터리였다. 우리 모두 천국으로 직행할 운명이었고, 우리 모두 지옥으로 직행할 운명이었다. 거두절미하고 그 시대는 현재와 같았다. 가장 설레발치는 권위자들이 자신은 선을 또는 악을 인지했다고 우기면서 그 현상을 오로지 비교할 대상이 없는 최상급 형용사로 표현하기를 고집한 시대 말이다.[1]

찰스 디킨스(Charles Dickens)

미국은 탄생 때부터 주기들을 겪으면서 변해왔다. 하나는 제도적 주기로서, 전쟁의 종식이 그 원동력이다. 첫 번째 제도적 주기는 대영제국에 맞서 싸운 독립전쟁에서 비롯되었다. 두 번째 주기는 남북전쟁에서, 그리고 세 번째 주기는 제2차 세계대전에서 비롯되었다. 지금 미국은 세 번째 주기가 끝나가는 시점에 와 있고 새로운 주기의 시작은 냉전시대의 종식이 그 원동력이다. 대부분의 사람들이 냉전을 평화로운 시기로 간주하지만, 1945년부터 1991년까지 한국전쟁과 베트남 전쟁 등 아시아에서 일어난 전쟁에서 10만여 명의 미국인이 목숨을 잃었다. 이러한 전쟁에서 사망한 아시아인은 수백만 명에 달했다. 소련의 붕괴로 예고된 냉전 종식으로 미국에서는 새로운 주기의 막이 올랐다. 냉전 종식으로 세계의 역사, 아시아와 한국의 역사도 새로운 국면을 맞았다.

1991년은 유럽의 시대가 막을 내린 해다. 1492년부터 500년 동안 세계체제를 지배하는 유럽 국가가 늘 있었다. 1991년은 유럽의 마지막 세계적인 강대국이 사라진 해였다. 1991년은 또한 세계체제의 중심지로 유럽이 아니라 북아메리카의 부상을 예고했다. 북아메리카는 지리적 여건 때문에 세계체제의 중심이 되었다. 1980년 무렵, 역사상 처음으로 태평양을 가로지르는 교역량이 대서양을 가로지르는 교역량과 같아졌다. 이 두 대양과 접해 있는 국가는 본질적으로 유리했다. 유럽은 태평양을 지배할 수 없고, 아시아는 대서양을 지배할 수 없었다. 북아메리카의 주요 국가는 두 대양을 모두 장악할 수 있었고, 미국은 북아메리카 지역을 선도하는 나라였다. 두 대양을 장악하기 위해서 미국은 해군력을 구축해왔다. 북아메리카에 위치한 다른 어떤 나라도 역사상 현 시점에서 미국에 맞설 역량이 없으며 독일이나 중국은 세계적인 강대국이 될 수 없다.

북아메리카는 지리적으로 세계의 중심지일 뿐만 아니라 경제의 중심지이기도 하다. 북미무역 체제의 회원국인 캐나다, 미국, 멕시코의 GDP를 합하면 유럽연합 회원국들의 GDP 총합보다 크다. 이 두 무역 체제의 인구는 비슷하다. 무엇보다도 북아메리카, 특히 미국은 어마어마하게 많은 상품을 수입하는 반면, 아시아와 유럽 국가들은 순수 출국들이다. 중국과 독일은 수출의존도가 매우 높은데, 특히 미국 시장에 크게 의존하고 있다.

따라서 미국은 냉전이 종식되면서 어마어마하게 막강한 지위를 누리게 되었다. 미국은 핵심적인 세계 교역 경로들을 장악했고 세계 주요 수입국으로서 수출의존도가 높은 국가들에 대해 어마어마한 영향력을 지니게 되었다. 하지만 미국은 미처 세계 유일의 강대국 역할을 담당할 준비가 되어 있지 않은 상태에서 그 지위에 올랐기 때문에 스스로 당혹스러웠다.

냉전시대 동안 미국은 자국에 맞먹을 만한 강대국인 소련에 맞서왔다. 미국과 소련은 무역이 아니라 주로 군사와 첩보 역량을 두고 경쟁했다. 미국은 자국이 주요 수입국이라는 지위를 이용해 동맹체제를 유지하고 자국 시장을 유럽과 아시아 수출국들에게 개방했으며, 경제력을 이용해 이 나라들을 동맹으로 묶어두었다. 공산주의 국가들은 이러한 무역체제에서 제외되었는데, 바로 이 때문에 마오쩌둥이 사망한 후 덩샤오핑이 중국의 국가 전략을 전환했고, 소련은 붕괴에 이르게 되었다.

소련이 붕괴된 1991년 후 미국은 더 이상 자국과 맞대결할 나라가 없었지만, 그럼에도 불구하고 냉전시대에 구축한 무역체제를 그대로 유지했는데, 이 체제에는 중국, 베트남, 그리고 과거에 적대적이었던 나라들도 포함되어 있었다. 미국은 이런 상황에 대해 깊이 생각해보지 않았고, 이러한 무역관계를 통해서 일부 미국 기업들은 생산비용을 줄이는 혜택을 보았다. 그러나 동시에 이러한 자유무역 체제를 유지함으로써 크게 불이익을 당하는 미국 내 인구 계층이 이 체제에 반발하게 되었다. 바로 미국의 산업근로자 계층이었다. 그 결과 시간이 흐르면서 오늘날 미국 내에서 정치적 갈등이 불거지게 되었다.

그런데 이보다 더 심각한 문제가 있었다. 미국은 세계 최대의 경제력과 최강의 군사력을 보유하고 있었다. 미국의 일거수일투족은 누군가에게 영향을 미치기 때문에 모두가 미국의 행동을 자국에게 유리하게 바꿔보려고 애썼다. 미국은 비공식적으로 제국이었지만 이는 미국이 결코 원했던 지위가 아니었다. 첫째, 미국 역사 초기로 거슬러 올라가보면 미국은 최초로 제국에 반대한 나라였고 대영제국에 맞섰기에 존재하게 된 나라였다. 둘째, 제국은 감당해야 할 짐이 있는데 미국은 그런 짐을 지기를 바라지 않았다. 미국이 이 정도 수준의 막강한 힘을 지니고 있는 한 미국의 행동은 다른 나라들에게 영향을 미치고 다른 나라들의 저항을 불러일으킨다. 미국은 북아메리카라는 고립된 지역에 위치하고 있고 미국은 북아메리카를 장악하고 있으며, 그 인구를 지탱할 물자와 시장도 세계 나머지 지역보다 인구가 훨씬 적은 북아메리카 대륙에 있다.

　냉전시대 동안 미국은 소련에 맞섰다. 미국은 소련이 유라시아를 장악하고 인력과 자원과 창의력을 동원해 미국의 제해권에 도전장을 내밀까봐 두려웠기 때문이다. 미국은 소련을 상대로 지상에서 위협을 가함으로써 소련으로 하여금 해상력 구축에 재원을 투자하기 어렵게 만들었고 팽창을 추구하기보다는 자신의 입지를 지키는 데 집중하도록 만들었다. 한국전쟁은 소련과 중국이 팽창을 시도하면 어떤 결과를 얻을 수 있을지 가늠하려는 최초의 시도였고, 미국은 그들의 팽창을 저지할 역량을 과시할 기회였다. 소련이 도발하고 미국이 대응하는 이러한 한국전쟁 모델은 보다 큰 규모로는 베트남에서, 그리고 작은 규모로는 앙골라 등 여러 지역에서 나타났다. 미국의 승리는 소련이 해상에서 미국에게 맞서지 못하게 했기에 가능했다. 유라시아에서의 도전은 어떤 도전이든 지상에서의 도전이었고 소련이 지상전에 재원을 쏟아붓게 만들 수만 있으면 미국이 전쟁에서 져도 승리하는 셈이었다. 이 때문에 한국 같은 나라들은 유럽 대륙의 나라들과 마찬가지로 전장이 되거나 전장이 될 가능성이 있었다.

　냉전 종식으로 미국은 전략 없는 제국의 입장에 놓였다. 냉전 동안 미국은 분명한 적이 있었고 영리하고 무자비하게 전장을 관리했다. 냉전이 끝난 후 미국은 분명한 적도 없는데 여전히 미국이 책임을 져야 할 동맹체제는 존재했다. 따라서 불가피하게 미국은 이 동맹체제를 자산이 아니라 부채로 여기게 되었고 한국 같은 나라들과의 관계는 예전보다 그 목적이 분명치 않게 되었다. 지난 30년 동안 미국은 새로운 강대국에게 무엇이 정상적인 상황인지에 대해 확신을 느끼지 못했다. 대영제국은 1783년 미국에 패했지만 이 패배는 크게 의미가 없었고, 그래도 대영제국은 부상했다. 나폴레옹은 패배했지만 이는 프랑스 제국의 끝이 아니라 시작을 뜻했다. 제국은 자국의 막강한 힘을 어디에 써야 할지 모르는 혼란 상태에서 제국으로 부상하고, 장기적으로 볼 때 크게 중요하지 않은 패배를 겪는다.

따라서 오늘날 미국이 처한 입지는 이중적이다. 첫째, 힘이 주는 이득을 누리려면 그 대가를 지불해야 한다는 사실을 받아들여야 한다. 둘째, 무엇이 자신의 국가 전략인지 결정해야 한다. 1991년부터 2016년까지 미국은 사실상 적이 없는 냉전체제를 유지했다. 중동에서의 전쟁 같은 행동들은 냉전에서 파생된 개입 모델을 따른 것으로, 더 이상 타당하지 않다는 사실이 점점 분명해졌다. 분명하고도 도달 가능한 목표 없이 동반구에서 전쟁을 벌이는 짓은 비합리적이었다. 미국이 맞설 강대국은 없었다.

2016년 도널드 트럼프의 당선은 미국의 정책이 바뀐다는 신호탄이었다. 첫째, 트럼프는 미국의 국익을 동맹체제의 이익과 분리시키고 싶어 했다. 둘째, 트럼프는 미국이 맺고 있는 관계를 이미 존재하는 동맹구조의 맥락에서가 아니라 각각 개별적으로 바라보고 싶어 했다. 셋째, 트럼프는 러시아의 행동에 군사적으로 대응하는 냉전모델에서 벗어나 미국이 수입국으로서 지닌 힘에 의존하는 새로운 모델로 전환하고 싶어 했다.

미국은 이 전환기를 벗어나면서 두 가지 분명한 이해관계를 갖게 된다. 첫째는 러시아의 서진(西進)을 막는 것이다. 둘째는 첫째보다 훨씬 중요하고 복잡한 문제인데 바로 중국과의 관계다. 미중 관계의 핵심은 경제다. 중국의 경제는 미국 시장에 접근하면서 급격히 성장했다. 중국 이전에 일본이 그랬듯이, 중국은 저비용 제조 국가가 되어 미국으로 하여금 미국 시장과 경쟁하기보다는 보완할 저가 제품을 조달할 수 있게 했다. 중국 이전에 일본이 그랬듯이, 중국은 결국 내부적으로 중대한 경제 위기에 직면하게 된다.

일본은 자국의 내수 규모에 비해 너무 많은 산업시설을 구축했었고 지나치게 수출 의존적인 경제가 되었다. 과거의 일본과 현재의 중국이 지닌 문제는 미국 시장에 대한 접근에 경제를 의존할 뿐만 아니라 미국의 경기순환 주기와 자국의 경제가 맞물려 있다는 점이다. 미국 시장이 침체할 때마다 이 두 나라에도 문제가 생기고, 일본이나 중국의 내수는 미국의 소비를 대체하지도 못하며, 미국을 대체할 수출 시장을 찾지도 못한다. 게다가 일본과 중국의 시장은 주식이 아니라 부채로 굴러간다. 따라서 이러한 경기순환 주기에 따라 침체기가 오면 금융체제는 상환불능 부채에서 비롯되는 비용을 흡수해야 했다. 일본에서 이는 1989-1992년 금융위기와 경제체제의 구조조정으로 이어졌다. 금융체제가 일본보다 몸집이 훨씬 크지만 잘 조직화되어 있지 않은 중국의 경우 이 문제가 체제에 만연해 있다.

중국은 미국이 지닌 의도에 대해 우려하고 있다. 중국은 무역 국가이고 세계시장에 접근해야 한다. 지리적으로 볼 때 중국은 대단히 불리하다. 태평양에 접근하려면 말라카 해협 동쪽에서부터 일본 남부에 이르기까지 자잘한 섬들이 형성하고 있는 도련선(島鍊線)을 통과해야 하기 때문이다. 이 섬들을 이용하면 중국에 적대적인 나라가 중국을 해상봉쇄하는 일도 가능하다. 중국에게 이는 실존적인 위협이다. 중국에게는 두 가지 전략적 선택지가 있다. 첫 번째 선택지는 대만을 점령하거나 대만과 타협하는 것이다. 이는 지금까지 먹히지 않았다. 두 번째 선택지는 남중국해나 동중국해 주변의 섬들을 장악하는 것이다.

이 전략은 군사적으로 실행하기 어렵고 중국의 상품을 수입하는 가장 큰 고객인 미국의 심기를 건드리게 된다는 문제가 있다. 미국은 제2차 세계대전에서 일본으로부터 태평양 장악력을 획득했고 태평양은 미국이 아시아로 가는 지름길일 뿐만 아니라 미 본토와 아시아 사이에 반드시 있어야 할 완충지대이기도 하다. 중국이 도련선 장벽을 뚫는 데 성공하면 태평양에 대한 미국의 장악력이 도전받게 된다. 따라서 미국은 특히 남중국해에서 중국의 진출을 적극적으로 봉쇄해야 했다. 동중국해에서는 일본과 한국 같은 동맹국들 덕분에 중국이 미국에 취약한 여건이 몇 배로 증폭된다.

중국의 딜레마는 중국은 미국이 절실히 필요하고 미국과의 무역관계가 단절되면 자국에게 재앙이라는 점이다. 중국은 또한 도련선을 뚫어야 했다. 대양에 대한 접근권을 상실하면 더욱 위험해지고 미국에게 또 다른 전략적 우위를 넘겨주는 셈이기 때문이다. 따라서 중국은 모순된 전략을 추구할 수밖에 없었다. 미국과 경제적으로는 우호적인 관계를 유지하면서도 군사적으로는 맞서는 전략이다. 미국은 남중국해에서의 자국의 입지와 남중국해 주변 국가들과의 관계에 대해 확신이 있었고 따라서 중국과의 무역관계를 유지했다.

미국은 여러 가지 정치적 사건을 겪으면서 자신의 입지에 대한 확신이 흔들리게 되었다. 필리핀의 입장이 불확실해지면서 잠재적인 지리적 여건의 문제가 야기되었다. 북한이 제기한 위협 때문에 미국은 그에 대응하느라 전력을 재배치해야 했다. 북한이 핵무기를 개발하는 데 중국이 얼마나 관여했는지는 알려져 있지 않다. 분명한 사실은 북한이 미국에게 예기치 않은 위험을 조성했다는 점이다. 이러한 상황은 북한에 군사적으로 대응하면 한국을 용납할 수 없는 위험에 빠뜨리게 된다는 사실로 인해 더욱 복잡해졌다. 미국은 한국에서 문제가 발생하는 상황에 직면하는 대신에 이제는 중국 해상 주변 전역에서 문제에 직면하게 되었다.

미국 앞에는 이제 한국에서부터 싱가포르에 이르기까지 잠재적인 군사적 도전들이 놓여 있다. 이러한 위협은 미국이 감당 못할 정도는 아니지만 예측불가능하다는 게 문제다. 또한 아시아 북부지역을 안정적으로 유지하는 데 중요한 미국 동맹구조에 긴장을 야기한다는 점도 문제다. 일본은 북한을 실존적인 위협으로 간주하고 설사 어떤 사태가 일어나지 않는다 해도 자신의 군사역량을 증강하려 한다. 한국은 어떤 갈등이든 잠재적으로 재앙이라고 여긴다. 한국은 북한을 달래는데 착수했다. 바로 이 점이 한일 관계가 갈등을 빚고 있는 근본적인 원인이다. 두 나라 모두 미국의 동맹국이지만 북한의 위협을 서로 매우 달리 평가하고 있다. 한국은 일본의 군사력 증강 계획이 잠재적으로 자국의 이익을 위협한다고 여긴다.

북한의 움직임은 중국의 입지를 강화시켰다. 첫째, 미국은 이제 훨씬 폭넓은 여러 가지 위협에 직면하고 있다. 둘째, 한국-일본 관계가 벌어진 이유는 전략적인 상황 때문이기도 하고 역사적인 문제 때문이기도 하다. 이러한 소원한 관계는 동중국해에서 미국의 입지를 잠재적으로 약화시켰고 남중국해에서 미국이 후퇴해야 하는 상황을 만들 가능성도 있다. 이는 필리핀의 입장 변화와 복합적으로 작용해 중국은 자국의 입지가 개선된 것으로 보게 된다.

미국은 군사적으로 대응할 역량이 충분하지만 군사적 개입에 대한 시각은 냉전시대 모델에서 벗어났다. 미국은 이제 다른 대응수단을 강구하고 있는데, 바로 중국이 미국으로 수출하는 제품에 대한 관세 부과였다. 이는 중국 경제에 심각한 압박을 가하는 조치였으며 중국이 그에 상응하는 맞대응을 하기 어려운 조치였다. 미국이 이러한 조치를 취한 이유는 국내의 정치적 사정을 고려했기 때문이기도 하다. 그러나 이와 동시에 중국이 그동안 취해온 전략이 얼마나 모순적인지를 중국에게 각인시키고, 중국이 어떤 조치를 취하든 중국의 가장 취약한 부분, 즉 중국의 경제와 금융체제가 위험에 처하게 된다는 점을 분명히 보여주기 위한 것이었다.

미국의 이러한 조치는 한국과 일본에게 그들도 취약하다는 사실을 상기시켰다. 결국 한국과 일본은 두 나라 간의 긴장관계에 대해 재고할 수밖에 없게 된다. 두 나라의 갈등은 미국의 전략에 도움이 되지 않기 때문이다. 마찬가지로 미국은 한국에게 주한 미군에 대해 재무적 지원을 늘리라는 압력을 가하고 있는데 이는 미국이 생각하는 보다 균형 잡힌 모습으로 한미 관계를 바꿀 필요성을 한국에게 각인시키려는 의도다.

중국의 행동과 아마도 이에 발맞춰 북한이 보이는 행동에 대해 미국은 군사적 대응에서 경제적 대응으로 대응 방식을 바꾸었다. 이와 함께 미국은 경제적 수단을 이용해 한국 및 일본과의 동맹 구조를 확고히 다지고, 무엇보다도 중국에게 그들이 취약한 입장에 있다는 사실과 중국이 취약하다는 사실을 자신이 인지하고 있음을 보여주고자 했다.

중국은 무엇보다도 일대일로 같은 여러 가지 황당한 정책들을 통해 자국의 힘을 세계에 인식시킬 방법을 모색했다. 이러한 정책들은 중국이 미국이 보라고 한 정책이 아니라 다른 나라들에게 중국의 힘이 막강해지고 있다는 인식을 심어주어서 미국이 어쩔 수 없이 중국에 대한 입장을 누그러뜨리게 하려는 의도에서 나왔다. 냉전시대에는 이런 조치가 먹혔을지 모른다. 미국이 세계 곳곳에 이해관계를 가지고 있었기 때문이다. 지난 몇 년 사이 미국은 냉전 종식 이후 잃어버린 관점(perspective)을 어느 정도 지니게 되었고, 자국의 직접적인 이익과 무관한 나라들이 어떤 생각을 지니고 있는지에 대해 무관심하게 되었다.

과거 같았으면 미국이 북한과 중국과 군사적으로 한판 붙는 방법을 택했을지도 모르지만 이제는 아니다. 미국은 본질적으로 북한의 대륙간탄도미사일(ICBM) 실험이 아닌 다른 사안의 경우, 한국과 일본이 해결해야 할 문제로 취급하고 있다. 미국은 해결을 지원하는 역할만 하면 된다고 본다. 미국은 중국과의 군사적 대결을 거부하고 대신 경제적인 지렛대를 활용해 중국을 설득하는 방안을 택했다. 미국은 필리핀의 입장 변화를 무시했으며, 중동에 배치되었던 군사력을 러시아와 아시아 쪽으로 재배치했다. 다시 말해서 미국은 일촉즉발의 군사 개입이라는 냉전시대의 모델을 벗어나 훨씬 복잡한 전략들을 구사하고 있다.

이는 미국이 새로운 제도적 주기에서 성숙한 태도를 보인다는 증거다. 극단적인 이슬람 세력과 전쟁에 돌입하는 단순한 접근방식을 버리고 훨씬 복잡한 새로운 접근방식을 취하게 되었다는 의미다. 이는 미국이 변하고 있음을 알리는 신호탄임을 명심해야 한다. 미국은 그

어마어마한 힘을 제대로 관리할 방법을 터득하려면 아직 멀었다. 그러나 시간은 미국 편이다. 도전자들은 많지만 하나같이 허약하고 미국에 맞서는 위험을 감수하기를 꺼리기 때문이다.

미국은 힘든 시기를 겪고 있다. 미국인들은 도널드 트럼프의 대통령직에 매몰되어 있다. 그의 적들은 그가 부패하고 무능하다고 믿고 있다. 그를 지지하는 이들은 그를 기득권 엘리트 계층이 파멸시키려는 희생자로 간주한다. 미국 내 갈등과 긴장은 대부분 트럼프에 집중되어 있다. 마치 오로지 트럼프만이 문제이거나 해결책이라는 듯이 말이다.

이런 현상은 새로울 게 없다. 오늘날 미국에서 나타나는 서로에 대한 분노와 분열은 미국 역사상 그 어느 시대와 비교해봐도 사소하다. 65만 명이 목숨을 잃은 남북전쟁이나 1960년대 제82공수사단이 파견되어 저격수들에 맞섰던 디트로이트 폭동2 등과 비교해보면 말이다. 에이브러햄 링컨은 일자무식에다가 원숭이라는 조롱을 받았다. 리처드 닉슨은 범죄자로 불렸고, 실제로 그런 것으로 드러났다. 그는 자기 범죄를 언론매체 탓으로 돌렸지만 말이다. 링컨, 닉슨, 그리고 트럼프 같은 대통령들은 호불호가 극명히 갈리지만, 사실 그들은 문제를 야기할 만큼 막강한 권력을 휘두르지 못한다. 그들은 자기가 올라탄 시류를 통제할 만큼 막강하지도 않다.

미국인이 대통령의 권력을 강조하는 성향은 워싱턴, 잭슨, 링컨 시대로 거슬러 올라간다. 당시에 미국 대통령은 유럽의 총리들과 비교하면 거의 힘이 없었기 때문이다. 미국 건국의 아버지들은 의도적으로 권력구조를 이렇게 설계했고 이는 세월이 흘러도 시험을 견뎌냈다. 대통령은 상하 양원, 수많은 연방판사들, 주권을 지닌 50개 주를 상대해야 한다. 대통령은 거의 아무 일도 성사시킬 수 없는데 온 나라의 관심의 초점이 된다. 따라서 미국이 주기적으로 나타나는 뻔한 위기를 겪을 때면 사태를 주도하는 눈에 보이지 않는 힘들을 이해하려하기보다는 대통령 탓으로 돌리거나 대통령을 칭송한다.

이 책에서 나는 미국 역사의 저변에 흐르는 과정에 초점을 맞추고 지금 우리가 살고 있는 이 순간을 보다 넓은 역사적 맥락에서 해석하고, 현재 만연하고 있는 격렬한 정서를 그 맥락에서 이해하려고 한다. 또한 2020년대부터 2030년대에 닥칠 매우 실제적인 위기가 무엇인지 설명하고, 궁극적으로는 미국이 어떻게 고통과 혼란을 극복하고 보다 강하고 역동적인 국가로 거듭날지 보여주려고 한다.

현재 미국에서는 일련의 심오한 구조적 변화가 일어나고 있고, 이러한 변화는 심각한 스트레스를 야기하고 있다. 연방정부는 그 작동 방식과 사회와의 전통적인 관계가 변하는 주기적 전환의 상황에 놓여 있다. 그러한 전환은 연방정부 체제가 제대로 작동하는 데 실패하는 사례들이 점점 늘어나면서 야기되고 있다. 이와 동시에 경제체제도 자금은 넘쳐나는데 투자할 기회가 제한되어 있는 여건이 원동력이 되어 근본적인 전환이 진행되고 있다. 제한된 투자 기회는 다시 혁신의 저하로 인해 생산성 증가가 급격히 떨어지는 결과로 이어진다. 이 두 가지 스트레스와 미국이 세계체제에서 균형을 잡으려고 애쓰는 데서 오는 압박 사이에서 미국 사회를 하나로 응집해온 결속력이 약해져 왔고 2020년 내내 계속해서 그 결속력이 약화된다. 앞으로 10여 년 동안은 누가 미국 대통령이 되든 이 땅은 두려움과 역겨움이 떠날 날이 없게 된다.

한발 뒤로 물러서서 장기적인 안목에서 바라보면 미국 역사에서는 두 가지 굵직한 주기가 존재하고, 이러한 주기들을 이해하면 오늘날 미국의 상황을 이해할 수 있다. 첫 번째는 제도적 주기다. 첫 제도적 주기는 독립전쟁이 끝나고 1780년대 중엽에 헌법을 제정하면서 시작되었고 1865년 남북전쟁이 일어나면서 마무리되었다. 두 번째 제도적 주기는 그로부터 80년 후 제2차 세계대전 종전과 함께 마무리되었다. 다음전환기에 겪을 고통(strains)이 무엇일지는 현재 분명해지고 있고 이는 2025년 무렵 발생하게 된다.

두 번째 굵직한 주기는 "사회경제적" 주기인데, 이는 대략 50년마다 일어난다. 가장 최근의 사회경제적 전환은 1980년 무렵에 일어났다. 1960년대 말에 시작된 경제적, 사회적 역기능이 이 시기에 절정에 달하면서 경제적, 사회적 체제가 기능하는 방식에서 근본적인 전환이 일어났다. 이 책의 뒷장들에서 더 자세히 설명하겠지만, 1980년 바로 전의 사회경제적 주기는 대공황이 시작된 후인 1930년대 초에 시작되었고, 그 이전의 사회경제적 주기는 남북전쟁 후 국가적 목표가 재설정되면서 1880년대에 시작되었다. 미국은 현재 또 다른 사회적, 경제적 불안정의 시기에 직면하고 있는데 이러한 불안정은 2020년 말에 마무리된다.

이 두 가지 굵직한 주기를 살펴보면 이전에는 보이지 않았던 뭔가가 보인다. 현재의 제도적 주기는 2020년대 중엽 무렵에 위기가 오면서 마무리되고, 사회경제적 주기는 그로부터 몇 년 안에 위기를 맞으면서 마무리된다. 미국 역사상 처음으로 이 두 주기가 앞서거니 뒤서거니 아주 가까이 연달아 절정에 다다르는데, 사실상 겹치는 셈이다. 그렇다면 2020년대는 미국 역사상 가장 어려운 시기에 손꼽히게 된다. 특히 미국이 세계에서 복잡하고 새로운 역할을 수행하게 된다는 점을 생각한다면 말이다—이는 과거에 겪었던 주기들에서는 없었던 요인이다. 따라서 트럼프 행정부는 이 시기와 앞으로 닥칠 상황을 가장 먼저 겪게 되는 것일 뿐이다. 긍정적이든 부정적이든 이 시기는 도널드 트럼프가 주체가 아니다. 그를 대담하고 무모하다고 여기든, 무능하고 천박하다고 여기든 상관없이 그런 사소한 세부사항을 초월해 시선을 멀리 두면 트럼프—그리고 우리—는 그저 미국이라는 롤러코스터에 올라탄 승객일 뿐이다.

미국이 겪은 각각의 사회경제적 주기들은 자신감과 풍요의 시기로 마무리됐다는 사실을 기억할 필요가 있다. 남북전쟁이 끝나고 엄청난 성장의 시기가 뒤따랐고 35년 후에 미국은 세계 제조업 상품의 절반을 생산했다. 제2차 세계대전이 끝나고 전문 직종 계층이 전례 없이 성장하는 시기가 뒤따랐다. 그리고 냉전이 끝나고 기술 호황이 이어지면서 세계가 바뀌었다. 미국의 미래는 암울하지 않다. 현재와 미국 역사의 다음 주기가 시작되는 2030년대 초 사이의 아주 힘든 시기를 지나면 자신감과 풍요의 시대가 뒤따르게 된다.

다른 나라에서 이따금 일어나는 현상과는 달리 이러한 주기는 미국의 사기를 꺾지 못한다는 사실을 주목할 필요가 있다. 오히려 이러한 주기는 미국을 앞으로 나아가게 만드는 추진력이다. 이러한 주기는 미국에 활기를 불어넣는 원동력이다. 매 주기는 그 이전 주기가 야기한 문제와 더불어 시작하고, 미국의 강점을 이끌어내는 새로운 모델을 창조하며, 그러한 해결책이 효과를 발휘하고 그 해결책이 앞으로 해결해야 할 새로운 문제가 되면서 절정에 다다른다.

이러한 주기의 놀라운 특징은 질서정연함과 속도다. 다른 나라에서는 이러한 주기가 그 시기나 강도를 예측하기가 훨씬 어려운 반면, 미국의 주기는 매우 예측가능하고 빈번하다. 이는 미국의 발전 속도와 민첩성과 관련이 있다. 이는 다시 미국의 정체(regime), 국민, 영토라는 미국의 구조가 낳은 결과다. 이 모든 요소가 빠른 성장뿐만 아니라 성장을 관리할 토대를 만들었다. 한 나라가 성장하면서 그리는 궤적은 직선형이 아니다. 효용을 다한 낡은 체제는 파괴되고 새로운 체제가 창조되어야 한다. 미국은 속성상 늘 이러한 변화를 촉진해왔고, 이 책에서 살펴보겠지만, 앞으로도 계속 그러한 속성을 드러내게 된다.

염두에 둬야 할 가장 중요한 사실은 미국은 발명된 나라(invented nation)라는 점이다. 예컨대 중국이나 러시아처럼 하나의 토착지에서 수천 년에 걸쳐 한정된 집단으로부터 자연발생적으로 진화한 나라가 아니라는 뜻이다. 게다가 미국은 의도적으로 그리고 속성으로 발명된 나라였다. 미국의 정체는 독립선언문에서 처음 배태되었고 헌법에 제도화되었다. 미국 국민은 수많은 나라에서 각양각색의 언어를 쓰는 사람들이 서로 다른 여러 가지 사연을 지니고 모여들어 이루어졌다. 대부분이 자발적으로 미국으로 왔고 일부는 강제로 이주했다. 미국 국민은 백지상태에서 자신의 정체성을 만들어냈다. 그리고 여러 가지 중요한 면에서 미국의 영토는 스스로 발명되었다. 미국의 영토는 미국인에게 대부분의 사람들은 상상조차 할 수 없는 가능성을 부여했고 미국인은 아무도 예상하지 못했던 방식으로 이용할 수 있었다.

정체, 국민, 영토가 복합적으로 작용해 대부분의 다른 나라에는 없는 민첩성을 미국에 부여했다. 정체는 유연하게 설계되어 국민이 가능한 한 신속하게 영토를 십분 활용하면서 자유롭게 성장할 수 있게 했다. 이 덕분에 미국은 괄목할 만한 속도로 발전할 수 있었다. 그리고 어느 시점에 가서는 모든 게 완전히 소진되므로 미국을 산산조각 낼 듯한 위기가 빈번하게 일어난다. 그러나 오히려 미국은 이러한 위기를 통해 스스로 재충전하고 놀라울 정도의 민첩성을 가지고 스스로를 개혁한다.

이 책은 세 부분으로 나뉜다. 1부는 미국의 특성, 미국의 가치, 그리고 "미국 국민"을 형성한 역사를 논한다. 1부는 또한 미국이 그토록 복원력이 강한 이유와 격동의 시기를 견뎌내는 비결도 살펴본다. 2부는 앞서 언급한 두 가지 주기를 자세히 살펴보고 미국의 역사를 지배하는 현실, 특히 미국이 현재 겪고 있는 위기가 어디서 비롯되었는지를 알아본다. 3부는 미래에 대한 전망으로서 2020년부터 2030년까지 10년 동안 이 두 가지 주기가 지닌 막강한 힘이 수렴하면서 발생할 위기—과거에 일어난 적이 없는 그러한 성격의 위기이다—를 자세히 알아본다. 그런 다음 위기를 극복하고 폭풍이 지나간 후 다가올 미국의 미래에 대해 논한다.

이 책은 표면 아래에서 미국이 어떻게 작동하는지에 대한 이야기다. 이를 이해하려면 우선 미국의 정체, 국민, 영토의 속성을 파악해야 한다. 미국의 실체를 알려면 미국이 성장하기 위해서 어떻게 자신의 면모를 체계적으로 변화시키는지를 파악해야 한다. 그러려면 우선 건국 당시 미국의 면모를 이해해야 한다. 그리고 나서 앞서 말한 두 가지 주기가 어떻게 작동하고 그러한 두 주기가 어떤 미래를 예고하는지 살펴보아야 한다.

THE INVENTION OF
AMERICA

1부

미국을 발명하기

미국은 모순적인 나라다. 행복추구에 전념하는 미국은 전투에서 탄생했고 수많은 전쟁을 치렀다. 전사의 삶에서는 행복이 아니라 의무가 중요하지만 이러한 전사라는 상징은 미국 문화와 불가분의 관계. 카우보이, 발명가, 전사는 모두 미국을 폭풍 속으로 밀어 넣는 역동성을 상징하고 그 폭풍을 견뎌내면 미국은 발전한 모습으로 다시 태어난다.

01

미국의 정체(政體)와
안절부절 못하는 나라

The American Regime and
a Restless Nation

필라델피아 제헌회의 마지막 날, 헌법을 채택한 직후, 펜실베이니아의 낡은 주 의사당 바깥에서 기다리던 여성이 벤자민 프랭클린에게 이 나라가 군주국이 될지 공화국이 될지 물었다. 프랭클린은 "공화국이오, 당신이 유지만 할 수 있다면."이라고 답했다. 제헌회의는 미국 정부를 발명했다. 이는 두 가지 면에서 발명(invention)이었다. 첫째, 정부가 존재하지 않았던 곳에 정부를 만들었다. 둘째, 제헌회의는 하나의 기계(machine)를 만들었는데, 이 정부라는 기계는 건국의 아버지들의 머릿속에서 나온 것이었다. 다른 정부들과는 달리 이 정부는 과거가 없었다. 이 정부는 설계, 건축, 공학을 통해 존재하게 되었다.

이 기계는 두 가지 원칙을 토대로 구축되었다. 첫째, 건국의 아버지들은 정부를 두려워했다. 정부는 권력을 축적해 폭군이 되는 경향이 있었기 때문이다. 둘째, 건국의 아버지들은 국민을 신뢰하지 않았다. 국민은—자신의 사사로운 이익을 추구하는 과정에서—정부가 추구해야 할 목표인 공공선으로부터 정부를 이탈하게 만들지 모르기 때문이었다. 정부도 필요하고 국민도 필요하지만, 정부라는 기계가 권력을 축적하는 역량을 제한하는 방식으로써 정부와 국민 둘 다 제약을 받을 필요가 있었다. 건국의 아버지들은 그러한 기계를 만들어냈다.

건국의 아버지들은 스스로를 제약하는 기계를 발명함으로써 미국인의 삶에서 정부나 정치로부터 자유로운 영역을 방대하게 조성하려고 했다. 그들은 사적인 삶의 영역을 조성해 그 영역 안에서 국민이 독립선언문에서 약속된 행복을 추구하게 하려 했다. 사적인 삶의 영역은 상업, 산업, 종교, 그리고 사적인 삶에서만 누릴 수 있는 무한한 즐거움의 영역이었다. 그들이 발명한 정부라는 기계를 설계하는 데 있어서 가장 중요한 점은 그들이 가장 중요하게 여기는 것들, 정치적이지 않은 것들에 대한 정부의 간섭을 어느 정도나 제약할지였다.

기계를 발명하는 일과 그 기계가 크게 유지 관리할 필요 없이 잘 작동하도록 하는 일은 별개의 문제다. 그래서 생각해낸 해법은 이 기계를 비효율적으로 만드는 방법이었다. 그들이 설계한 힘의 균형은 세 가지 중요한 목적을 달성했다. 첫째, 법의 통과를 어마어마하게 어렵게 만들었다. 둘째, 대통령은 폭군이 되기가 불가능했다. 셋째, 의회가 달성할 수 있는 목표는 사법부가 제한했다.

건국의 아버지들이 발명한 놀라울 정도로 비효율적인 정부체제는 설계자들이 의도한 대로 작동했다. 정부가 하는 일은 되는 일이 거의 없었고, 그나마 하는 일도 제대로 하지 못했다. 정부는 국가를 보호하고 어느 정도 국내 교역을 유지하기만 하면 되었다. 하지만 사회, 경제, 그리고 제도들이 놀라울 정도로 빠른 속도로 변화할 수 있게 하고 그러면서도 나라가 사분오열되지 않게 하는 창의력은 주로 사적인 삶에서 발현되도록 했다. 거의 나라가 산산조각 날 뻔한 적이 몇 번 있긴 했지만 말이다. 벤자민 프랭클린이 필라델피아에 있는 펜실베이니아주 의사당을 떠나면서 자신만만하면서도 말을 아낀 까닭은 바로 이 때문이다. 그는 미국의 정체는 막강하고 위험천만한 힘들이 균형을 이루도록 설계되었다는 사실을 인식했고, 지금까지 시도된 적이 없는 새로운 형태의 정부라는 사실도 인식하고 있었다.

이는 단순히 헌법에 명시된 법조문의 문제가 아니었다. 무엇보다도 도덕적인 원칙들을 창조하고 소중히 떠받드는 문제였다. 암묵적인 원칙도 있고 명시된 원칙도 있었다. 공적 영역이든 사적 영역이든 불문하고 정치적 권위나 문서로써 사회에 제약이 가해져서는 안 되며, 비범한 도덕적 비전을 국가의 상식으로 만듦으로써 사회를 제약해야 한다고 보았다.

도덕적 원칙들은 복잡하고 때로는 서로 모순되기도 했지만 핵심적인 공통점이 있었다. 미국인 개개인은 성공하든 실패하든 자유롭게 자기가 원하는 바를 추구할 수 있어야 했다.

이것이 바로 행복추구권이 뜻하는 바다. 국가는 그 누구의 삶에도 간섭하면 안 된다. 개인의 운명은 오로지 본인의 품성과 재능으로만 결정되어야 한다. 건국의 아버지들은 국가와 개인의 삶을 구분하는 데서 그치지 않았다. 그들은 이 둘 간의 끊임없는 긴장관계를 조성했다. 어느 지역이든 그 지역의 공립학교 이사회 회의에 참석해보라. 정부의 현실이 주민의 요구와 부딪친다. 세금 인상을 막으려는 주민의 욕구—그러나 더 많은 공공서비스를 받고 싶어 하는 욕구—는 개선을 위해 노력하는 바가 없으면서도 끊임없이 권력과 재정을 확대하려는 정부와 부딪친다. 민주주의적 방식으로 선출된 학교이사회 이사들이 이 둘 사이에 껴서 점점 더 높은 압력을 받게 된다. 이러한 모습은 지역 차원에서 워싱턴의 연방정부 차원까지 이어지는 긴장 관계의 축소판이다.

원칙적으로 공화국은 어느 특정한 지역이나 국민에만 해당되는 게 아니었다. 건국의 아버지들은 공화국을 가장 자연발생적이고 도덕적인 사회와 정부의 형태로 간주했다. 어느 지역에서든 가장 이상적인 형태의 정부일 수 있었다. 공화국 형태가 미국에서 실패할 수도 있었겠지만, 다른 지역에 존재하든 말든 상관없이 건국의 아버지들은 여전히 공화국을 가장 정의로운 정치 질서로 여겼을 것이다.

이러한 점에서 이 정체(regime)는 독특했다. 오로지 미국에 사는 국민과만 연관된 정체가 아니었다. 누구든 이런 형태의 정체를 선택한다면 그 정체는 그들의 것이 된다. 이 점이 미국을 공통의 역사, 언어, 문화. 지역에 뿌리를 둔 다른 나라들과 천양지차로 갈라놓는 차이점이다. 예컨대, 프랑스와 일본은 자국의 과거와 깊이 연결되어 있다. 미국은 발명에 뿌리를 두고 있다. 즉 미국의 정부 형태는 도덕적, 실용적 목적을 염두에 두고 설계되었지, 원칙적으로 미국 국민에게 뿌리를 두지는 않았다. 따라서 프랭클린이 경고했다. 미국 공화국이라는 개념 자체가 인위적이고 과거와 무관하다고.

이 정체는 합중국(United States)이라 불린다. 국가(country)는 아메리카(America), 미국이라고 불린다. 정체와 국가는 정체를 구성하는 원칙들을 국가가 수용함으로써 서로 연결된다. 미국이라는 국가가 존재하기 위해서 합중국이라는 정체가 필요한 게 아니다. 미국인은 다른 형태의 정부—예컨대 군주제—로 전환하는 선택을 할 수도 있고, 그래도 국가는 여전히 미국이었을 것이다. 그러나 그렇게 되면 더 이상 합중국은 아니다. 이 용어가 지닌 제도적, 도덕적 의미를 제대로 구현한 합중국 말이다. 미합중국(United States of America)[3]은 정체를 구성하는 원칙들이 국가를 통치하는 곳이다. 대부분의 다른 나라들에 존재하는 것과는 매우 다른 개념이다. 그리고 이는 심오한 결과를 낳는데, 때로는 그러한 결과가 인식되지 못하는 경우도 있다.

자신을 합중국의 국민이라고 일컬을 수는 있지만 "합중국인(United Statian)"이라고 일컬을 수는 없다. 언어 자체가 그런 명칭을 허락하지 않는다. 개인과 조국인 미국과의 관계는 자연스러운 관계다. 자신이 미국인이라고 말하기는 쉽다. 그러나 조국과 국민에 대해 개인이 지닌 애정과 합중국과 개인의 관계는 별개다. 공화국이 끊임없이 직면하는 난관은 바로 이 두 요소가 서로 합치되도록 하는 일이다. 인간은 천성적으로 자기 조국을 사랑하지만, 공화국을 사랑하려면 지적인 훈련이 필요하다. 이 두 요소가 하나가 될 필요는 없지만, 미국 건국의 토대는 이 두 요소가 분리되어 도저히 연결시키기 불가능한 상황이 초래되지 않도록 설계되었다. 대개의 경우 설계한 대로 작동한다. 제대로 작동하지 않을 때 긴장이 조성된다.

토머스 제퍼슨, 존 애덤스, 벤자민 프랭클린은 독립선언문에 서명한 직후 위원회를 구성해 미국을 상징하는 문장(紋章) 도안을 만들었다. 합중국은 독립선언문에 서명을 한 직후 전쟁에 돌입했다는 점으로 미루어 볼 때, 문장 도안을 만드는 일은 우선순위가 높은 사안이 아니었을 것이다. 그러나 이 세 사람은 합중국은 도덕적인 프로젝트이고, 도덕적 프로젝트에는 상징물이 필요하다는 사실을 알고 있었다. 도덕적 사명을 규정하고 그 사명에 고결함을 부여하는 상징물 말이다.

합중국의 국장(the Great Seal)을 설계하는 데 수년이 걸렸다. 1782년에 개최된 대륙회의(Continental Congress)[4]의 서기 찰스 톰슨이 이 프로젝트를 완성할 임무를 맡았다. 그는 그 임무를 완수했고, 최종안은 오늘날 여러 곳에 쓰이고 있으며 미국인은 공화국의 원칙들 못지않게 이 국장을 성스럽게 여긴다. 국장이 쓰이는 가장 중요한 용처는 바로 미국인의 삶과 가장 가까이에 있다. 바로 달러 지폐다.

정부의 발명은 국가의 발명을 알리는 서막이었다. 정부는 기계일지 모르지만 국가는 국민의 실제 삶을 수용해야 한다. 국민은 추상적인 삶을 살지 않는다. 국민은 실제 삶을 산다. 국가 내에서. 그리고 국가는 국민에게 그들이 누군지 정체성을 부여해야 한다. 이는 부분적으로는 정부와 관련 있고, 부분적으로는 국가의 원칙들과 관련이 있다. 이러한 것들은 우리가 어떤 종류의 국민이고 어떤 국민이어야 하는지를 말해준다. 이 주제에 관해 모두 설명하려면 두툼한 책 한 권이 되겠지만, 제퍼슨, 애덤스, 프랭클린은 국장으로 대신했다. 이 국장을 통해서 국민은 자신을 바라보는 관점을 지니게 되고 자신이 지금처럼 행동하는 이유를 설명할 수 있다. 국장은 상징적이고 상징은 해석이 필요하다. 그러나 이러한 상징물을 통해 그들이 미국인의 정체성은 무엇이고 합중국에서의 시민이란 어때야 한다고 생각했는지를 읽어낼 수 있다.

국장을 진지하게 받아들여야 하는 이유는 국장을 탄생시킨 이 세 사람 때문이다. 그들은 비범한 인물들로 구성된 집단에서도 가장 비범한 구성원이었을 뿐만 아니라 독립 혁명을 대표하는 주요 파벌들을 모두 대표했다. 제퍼슨은 민주당원이었다. 애덤스는 연방주의자였다. 프랭클린은 우상타파주의자였고 아마 미국의 정신을 가장 잘 대표하는 인물이었다. 프랭클린은 진지한 인물이었다. 그는 점잖은 인물은 아니었다. 프랭클린은 1인 정당이나 다름없고 미국을 사랑한 국민을 대표했지만 품위를 지키되 유머가 필요하다는 사실을 인식했다. 이런 뛰어난 세 인물—철학적 천재, 법률적 천재, 어떤 삶이 바람직한지 파악하는 데 천재—이 미국인의 정체성과 앞으로도 간직해야 할 정체성이 뭔지에 대해 단일한 혜안을 공유했다는 사실은 경이롭다.

국장의 전면에 보이는 흰머리수리(American Bold Eagle)는 미국의 힘을 상징한다. 벤자민 프랭클린은 사실 흰머리수리를 문장에 넣는 데 반대했는데 그는 그 이유를 딸에게 보낸 편지에서 다음과 같이 설명했다.

우리나라를 대표하는 상징물로 흰머리수리를 선택하지 말았어야 한다는 게 내 개인적인 견해다. 흰머리수리는 도덕적인 품성이 형편없는 새다. 정직하게 삶을 꾸려가지 않는다. 강변에 서 있는 고목에 자리를 차지하고서 직접 물고기를 잡지는 않고 열심히 물고기를 잡는 매를 눈여겨보고 있는 흰머리수리를 본 적이 있을 게다.

부지런한 매가 마침내 물고기를 잡아서 자기 짝과 새끼들에게 먹이려고 둥지를 향해 날아가면, 흰머리수리는 매의 뒤를 쫓아가서 그 물고기를 빼앗는다.

프랭클린은 흰머리수리보다 정직한 칠면조가 훨씬 낫다고 말했다고 알려져 있다. 그가 실제로 위의 이야기를 믿었다기보다 그저 흰머리수리에 대해 알려진 상투적인 이야기가 마음에 들지 않았기 때문일 가능성이 높다. 프랭클린은 그저 우스갯소리로 한 말이지만, 상징이 얼마나 중요한지를 지적한 발언이기도 하다.

독수리 양쪽으로 펄럭이는 깃발에는 라틴어로 이 플루리부스 우눔(E pluribus unum)이라고 쓰여 있다. "여럿이 하나로(From many, one)"라는 뜻이다. 당시에는 13개 식민지가 통합해 하나가 된다는 뜻이었다. 그러나 세월이 흐르면서 역사는 이 문구에 또 다른 의미를 부여했다. 이민의 물결이 미국을 휩쓸면서 이 문구는 서로 다른 다양한 문화권에서 미국으로 건너온 이들이 하나의 국가를 이루는 방식을 일컫는 데 이용되었다. 건국의 아버지들이 헌법에 귀화 관련 규정들을 제시한 점으로 미루어볼 때 이민을 분명히 예상하기는 했지만, 이처럼 다채로운 이민을 예상했을 가능성은 낮다. 잉글랜드5 섬 주민들에 뒤이어 (6세기경 스코틀랜드에서 이주해 아일랜드에서 거주하다가) 아일랜드에서 건너온 개신교도인 스코틀랜드계 아일랜드인은 폭력적이고 현지사회에 잘 동화되지 않는다는 이유로 배척당했다. 미국 이민 역사에서 오래전부터 흔히 있어온 사연이다.

미국 국장은 원칙적으로는 고정불변이지만 실제로는 변화한다. "여럿이 하나로"라는 원칙은 미국 국민을 구축하는 토대가 되었지만 쉬운 과정은 결코 아니었다. 그로부터 250년이 지난 오늘날, 이민의 원칙은 여전히 미국이라는 국가를 사분오열시키고 있다.

그러나 "이 플루리부스 우눔"의 본래 의미는 남북전쟁으로 이어진 또다른 치명적인 문제를 가리키고 있다. 우리들은 아메리카 식민지들이 얼마나 각양각색이었고 그들이 이러한 차이를 얼마나 뼈저리게 인식하고 있었는지를 쉽게 잊는다. 로드아일랜드와 사우스캐롤라이나는 지리적 여건에서도, 관습과 사회질서에서도 서로 달랐다. 이러한 차이는 오늘날에도 여전히 남아있지만, 예전에 비하면 많이 희미해졌다. "이 플루리부스 우눔"이 국장에 새길 문구로 선택된 이유는 새로운 주들이 공통점이 많아서가 아니라 그들이 어느 정도는 서로를 낯설고 이질적인 외국인으로 간주했기 때문이다. 오늘날 미국 국민들은 서로에 대해 이방인으로까지 느끼지는 않을지 몰라도, 뉴욕 출신과 텍사스 출신은 서로에 대해 이국적이라는 인상을 느끼는 경우가 빈번하다. 이러한 긴장감은 지금도 여전하다.

국장의 뒷면에는 완공되지 않은 피라미드가 있다. 국장을 만들 당시에는 이미 수세기 전부터 더 이상 피라미드가 건축되지 않고 있었을 때인데, 신흥 근대국가로서는 흥미로운 선택이었다. 그러나 그 상징성은 막강한 위력을 발휘한다. 피라미드는 국가의 부와 자원과 노동력이 총동원되는 대역사(大役事)다. 피라미드는 나라를 하나로 통합하는 원칙이다. 피라미드는 그것이 상징하는 공화국과 그러한 피라미드를 하나로 구축하는 국민을 묶어준다. 피라미드는 공화국이 한낱 개념이 아니라 국민이 만들어낸 생산물이며, 이를 통해 공화국이 국가와 결속된다는 사실을 말해준다.

국장은 공화국이 지속적으로 개선되는 과정에 있으며 미국인의 부단한 노력을 통해서 점차 개선되어야 한다는 뜻을 나타낸다. 국민은 국토 위에 끊임없이 피라미드를 건축한다. 피라미드를 쌓으려면 건설 작업이 특정한 방식으로 진행되어야 한다. 벽돌을 만들고 모르타르를 만들고 끊임없이 한 층 한 층 벽돌을 쌓아올려야 한다. 피라미드는 노동에 형태와 예측가능성을 부여한다. 노동에는 위기를 맞는 순간도 있고 성공을 맛보는 순간도 있다. 이는 미국인의 삶이 어떤 면모를 띨지를 나타낸다.

피라미드 위쪽에는 아누이트 코엡티스(Annuit Coeptis)라는 라틴어 문구가 있다. "그가 보기에 좋았더라."라는 뜻이다. 여기서 "그(He)"는 신(God)으로 추정된다. 그러나 국장을 만든 당사자들은 "신"이라는 단어는 쓰지 않기로 결정했다. 미국에서는 미국은 기독교 국가라고 주장하는 이들과 완전한 세속국가라고 주장하는 사람들 사이에 갑론을박이 뜨겁다. 국장을 만든 이들은 이 문제를 분명히 파악하고 있었다. 서로 타협을 했는지 아니면 만장일치로 결정을 했는지는 모르지만 독립선언문에도 헌법에도 그리스도는 전혀 언급되지 않으며, 심지어 신(God)도 전혀 언급되지 않는다. 그러나 과업에 대해 판단을 내려주고 총애를 보여주는, 인류를 초월하는 존재를 언급하고 있음은 분명하다. 독립선언문에서는 이를 섭리(providence)라고 했다. 건국의 아버지들은 그리스도를 직접 일컫거나 신격에 대한 언급을 완전히 회피할 수도 있었지만 그러지 않았다. 그들은 단순히 계몽주의의 세속주의를 답습하지도, 영국의 종교를 답습하지도 않았다. 그들은 섭리적 힘에 이름을 붙이기를 거부했지만 섭리가 존재한다는 점은 분명히 했다. 그들이 의도적으로 이러한 모호한 태도를 취했다고 나는 생각한다. 여기서 조성된 창의적인 긴장감이 오늘날까지 지속되고 있다.

피라미드 밑에는 국장의 세 번째 문구가 적혀 있다. "노부스 오르도 세

클로룸(Novus ordo seclorum)." "시대의 새 질서(new order of the ages)"라는 뜻이다. 건국의 아버지들은 미국의 건국을 이런 시각으로 바라보았다. 단순히 새로운 형태의 정부가 아니라 인류 역사에서 극적인 전환점으로 여겼다. 그만하면 충분히 급진적이었다. 그러나 이 문구를 창안한 찰스 톰슨은 이 문구가 "새로운 미국 시대의 시작"을 뜻한다고 말했다. 새로운 시대가 시작되었고 미국이 새 시대의 중심에 위치하게 된다는 해석이 가장 합당하다. 당시에는 이러한 확신은 전혀 합리적이지 않았다. 사실 완전히 어불성설이었다. 미국은 신생국이었고 천 년은 아니더라도 수세기 전부터 존재하고 진화해온 나라들로 가득한 세계에서 공존하고 있었다. 유럽이 주도해온 시대는 끝날 기미도 보이지 않았고 유럽의 시대를 초월하는 새 시대는 아직 시야에 들어오지 않고 있었다. 그럼에도 불구하고 건국의 아버지들은 새 시대가 부상하고 있음을 인지했고, 그것은 미국의 시대였으며, 그들은 이를 국장에 도드라지게 표현했다.

국장은 건국의 아버지들이 미래에 대해 얼마나 탁월한 감각을 지녔는지 보여준다. 비록 노예제도로 오염되기는 했지만 말이다. 이에 대해서는 나중에 자세히 다루겠다. 건국의 아버지들은 미국의 건국을 새 시대로 간주했다. 끊임없는 노력이 요구되지만 결국 예정된 논리적인 결말을 향하도록 설정된 노력으로 점철될 새 시대 말이다. 신성한 어떤 대상을 인정하면서도 그 신격을 구체적으로 명시하지는 않은 시대가 될 예정이었다. 그들은 위대함, 성스러움, 그리고 피땀 흘린 노력의 토대 위에 건설된 나라를 꿈꿨다. 국장을 보면 건국의 아버지들이 무엇을 원했는지 감이 잡히지만 정확하게 알 길은 없다. 국장에 새겨진 문구들은 미국이 나아갈 방향과 목적들을 제시해준다. 목적지를 알면 목적지에 도달할 경로를 개척할 수 있고 우리가 직면할 위험과 우리를 반겨줄 기회를 예측할 수 있다.

건국의 아버지들은 대서양의 서쪽 가장자리에 자리 잡은 보잘것없는 수의 사람들이 영국 같은 세계적인 대제국을 물리칠 수 있을 뿐만 아니라 세계의 면모를 바꿔놓을 역량을 지닌 국가를 건설할 수 있다고 믿었다. 따라서 논의의 대상은 자연스럽게 국장에서 혁명으로 바뀌었다. 어찌 보면 미국의 독립 혁명은 영국만을 겨냥한 게 아니었다. 1492년에 시작된 유럽의 시대에 맞서는 혁명이기도 했다. 미국인은 유럽의 시대가 억압과 불평등을 토대로 한 시대라고 보았다. 유럽 국가들은 이러한 가치가 자연의 질서라고 믿었다. 이러한 질서에 맞서는 건국의 아버지들은 자유와 평등을 주장하는 데 그치지 않고 자연을 지배하겠다는 의지도 표명했다. 산업혁명은 초기 단계였지만 그 기본적인 원칙은 이미 가시화되었다. 이성과 기술로 자연을 지배하겠다는 원칙이었다. 미국 역사는 대부분 과학과 과학의 산물인 기술을 중심으로 전개되었다. 벤자민 프랭클린이나 토머스 제퍼슨을 보면 국가를 초월하는 미래상을 품은 건국의 아버지들이 보인다.

이 국장 제작을 의뢰한 세 인물 가운데 두 사람이 발명가였다는 사실을 유념할 필요가 있다. 제퍼슨과 프랭클린은 가벼운 쟁기에서부터 피뢰침까지 수많은 물건들을 발명했다. 제퍼슨은 뛰어난 건축가로서 버지니아에 뛰어난 건축물인 몬티첼로(Monticello)를 건설했다. 그가 거주했던 이 건축물에는 아래위층으로 물건을 운반하는 엘리베이터인 그의 발명품, 덤 웨이터(dumb waiter)가 설치되어 있다. 미국의 정체가 발명되었다는 말은 평생 발명가였던 이들이 발명했다는 뜻이다. 그들은 기술자였다. 그들은 자연을 관리하고 인간의 삶을 편리하게 해주는 물건들을 만들어내려고 애썼다. 발명은 미국 정체의 일부일 뿐만 아니라 미국의 문화에도 내재되어 있다. 제퍼슨과 프랭클린은 기존의 모든 정치적 전제조건에 대해 의문을 품었다. 그들은 모든 사물에 대해서도 의문을 품었고 그런 사물들을 개선할 방법을 모색했다. 이러한 발명의 재능은 농기구에서부터 스마트폰에 이르기까지 미국 역사를 통틀어 드러난다.

이러한 발명의 재능은 절박함과도 연관되어 있다. 미국으로 이주한 사람들은 떠나온 고국에서보다 나은 삶을 갈망했다. 빈손으로 뉴욕이나 미네소타에 정착한 이민자는 눈치가 빨라야 했다. 적절한 시기를 포착하는 게 관건이었고 미국 문화에서 적절한 시기를 포착하는 재주는 여전히 관건이다.

미국을 앞으로 나아가게 하는 원동력은 바로 이러한 절박함과 기술이 복합적으로 작용한 데서 비롯된다. 각 세대마다 인간이 사는 방식을 바꾼 발명품들이 등장했고 이는 사회 전체가 변모하는 주기를 조성했다. 기술에 내재되어 있는 필연적인 실패와 실망으로 점철된 주기도 있었다. 집의 설계든, 전기 관리방법이든, 정부 형태의 발명이든 말이다. 일단 발명되고 나면 새로운 난관을 헤쳐 나가고 새로운 가능성을 모색하기 위해 발명을 새로이 해야 했다.

독립선언문에 있는 한 구절을 예로 들어보자. 미국인이면 누구나가 알고 있는 문구라서 놀라울 정도의 독특한 문구라는 점이 간과되곤 한다. 건국의 아버지들은 세 가지 권리를 논했다. 생명, 자유, 행복추구권이다. 이 문구는 영국의 철학자 존 로크가 한 말에서 비롯되었다. 그는 "생명, 자유, 사유재산권"을 논했다. 건국의 아버지들은 "사유재산"을 "행복추구"로 바꿨다. 그들은 의도적으로 이 용어를 선택했는데, 이 용어는 이해하기 어려운 동시에 미국 문화의 핵심이기도 하다.

어찌 보면 기술과 발명은 행복과 연관되어 있다. 컴퓨터, 자동차, 전화 등등은 업무, 여행, 소통을 더 편리하게 만들었다. 이러한 기술들은 그 기술이 존재하기 전까지는 없었던 가능성을 열어주었다. 의학의 발전을 생각해보라. 의학적 혁신이 나타나면 인간이 죽음을 면하게 해주지는 않아도 한동안 늦출 수는 있고 그렇게 되면 행복해진다. 따라서 기술과 행복은 미국인의 삶과 밀접하게 연관되어 있다. 심지어 기술이 때로는 사랑과 신에 대한 믿음 같은 다른 형태의 행복을 대체하기까지 한다. 미국인은 그러한 사랑과 신에 대한 믿음 같은 대상들을 소중히 여기지만 이와는 또 다르게 첨단 기술을 열렬하게 아낀다.

미국 정부의 발명을 논하자면 우선 일반적인 의미에서의 발명을 논해야 하고 그 다음 행복을 논해야 한다. 건국의 아버지들은 이를 잘 알고 있었고, 바로 이 때문에 독립선언문은 행복추구를 본질적인 권리로 선언했다. 그리고 이 때문에 당혹스러운 문제가 발생한다.

행복추구는 미국의 문화를 규정한다. 의무와 사랑과 자선 등 미국의 문화를 규정하는 다른 경로들이 없다는 얘기가 아니다. 하지만 이 모두가 행복이라는 하나의 목적을 추구한다는 게 핵심이다. 행복은 대단히 개인적인 개념이고 사람마다 행복의 정의는 제각각이다. 누구든지 자기 나름대로 행복을 규정할 수 있다. 그렇다면 자유의 정의는 분명해진다. 자유는 행복을 추구하는 데 필요한 전제조건이다. 자유는 자기 나름대로 행복을 규정할 자유를 뜻한다.

행복은 미국에 감성이라는 동력을 공급한다. 행복추구를 기본권으로 명시한 나라는 미국밖에 없다. 그러나 행복이 있으면 절망도 있듯이 기술은 새로운 기술이 등장하면 쓸모없어지기도 한다. 그러나 성취되어야 할 대상이 바뀌면 정체의 구조도 바뀌어야 한다. 그리고 통상적으로 국가의 제도가 바뀌면 고통이 수반되고 이러한 변화는 전쟁과 밀접하게 연관되어 있다. 이제 2장으로 넘어가겠다. 우선, 미국의 영토를 살펴보아야 한다. 영토는 항구적이지만, 미국에서 영토는 여러 차례 변했고 재창조되었다.

02

영토—아메리카 (America)라고 불리는 곳

The Land—a Place Called America

신 대륙인 서반구의 지명은 마르틴 발트제뮐러(Martin Waldsee-muller)가 지었다. 독일인 지도제작자인 그는 1507년 신대륙의 지도를 그렸다. 포르투갈을 향해 항해한 이탈리아 탐험가 아메리고 베스푸치(Amerigo Vespucci)는 콜럼버스가 도달한 곳이 인도가 아니라 신대륙이었다는 사실을 처음으로 깨달은 인물이다. 발트제뮐러가 지도를 제작하고 있다는 사실을 알고 있었던 베스푸치는 그에게 이 사실을 전달했다. 발트제뮐러는 지도 위에 이 지역을 나타내는 명칭을 적어 넣어야 했고 콜럼버스가 어떻게 생각했든 그 명칭은 인도가 될 수는 없었다. 발트제뮐러는 아메리고 베스푸치를 기리는 뜻에서 서반구를 "아메리카"라고 부르기로 했다. 그렇게 해서 아메리카라는 지명이 탄생했다.

아메리카라는 지명이 탄생하기 전까지는 서반구를 일컫는 지명이 존재하지 않았다. 그 지역에 거주한 이들은 자신과 자기가 아는 타인들에게는 이름을 지었지만 자신이 아는 세상의 전부인 반구에 이름을 붙일 필요를 느끼지 않았다. 구대륙인 동반구 원주민들도 서반구에 대한 호칭이 없었다. 발트제뮐러는 서반구에 이름을 부여함으로써 세계를 재창조했다. 그는 세계가 두 개의 반구로 구성되어 있다고 주장했고, 한 이탈리아인의 이름을 따서 지명을 붙여 유럽적인 정체성을 부여했다. 이 명칭은 오늘날에도 사용된다.

아메리카라는 지명은 서반구를 규정하게 되었고, 이렇게 이름을 부여해 새로이 규정하면서 인디언이 인식한 세상이 아니라 유럽의 정체성에 훨씬 가까워졌다. 지리적 특징은 변함없이 그대로였다. 상전벽해하려면 무수히 긴 세월이 걸리지만 지리적 장소와 그곳에 거주하는 이들 간의 관계는 바뀌었다. 철도가 깔리고 거대한 도시가 개발되면서 나라의 풍경뿐만 아니라 지리에 대한 사람들의 인식도 바뀌었다. 사막에서 작물을 경작하기 위해 강의 물길을 바꾸면서 지리를 달리 이해하게 되었고 무엇이 가능한지에 대한 생각이 바뀌었다. 인간은 누구나 어떤 식으로든 지리를 재창조하지만 미국인은 미국의 지리를 창조하고 재창조하는 데 다른 이들보다 훨씬 야심만만했다고(무모했다고) 내가 주장하는 이유가 바로 이 때문이다. 미국이 폭발적으로 발전하고 그토록 짧은 기간 만에 막강한 나라로 변신하게 된 까닭은 바로 이러한 재창조 덕분이었다.

미국의 정체가 발명되었듯이 영토도 새롭게 창조되었다. 아니면, 적어도 영토와 그 영토에 정착하게 된 이들과의 관계가 새롭게 창조되었다. 각 세대마다, 이민의 물결이 새로이 일 때마다 산과 토양과 강의 의미가 변했다. 유럽이나 아시아와 비교하면 인구가 희박한 광활한 나라였다. 유럽인은 미국인이 되었고 인디언을 밀어냈다. 그러면서 그들은 영토를 창조하고 재창조할 문을 열어젖혔다. 어찌 보면 미국의 영토는 미국의 정체 못지않게 인위적이었다.

북아메리카에 정착하기

아메리카는 두 개의 거대한 땅덩어리로 구성되어 있고 이 두 땅덩어리는 파나마에서 육로로 가까스로 연결되어 있다. 이 두 거대한 섬의 지리적 여건은 천양지차다. 남아메리카의 가장 두드러진 특징은 아마존이라 불리는 거대한 열대우림과 서쪽 연안을 따라 솟아있는 안데스산맥이다. 북아메리카의 가장 두드러진 특징은 로키산맥과 애팔래치아산맥 사이에 있는 광활한 평원과 이 산맥에서 흘러나와 평원을 관통해 멕시코만으로 빠져나가는 복잡하게 얽히고설켜 있는 강들이다. 남아메리카는 금은이

원래 비단길

풍부하게 매장되어 있다. 북아메리카는 멕시코를 제외하고 농경지가 풍부하다. 유럽인이 굳이 아메리카까지 온 이유는 인도와 동인도에 도달하기 위해서였다. 그 유명한 비단길은 인도와 중국에서부터 서쪽으로 이어졌고 지중해를 경유해 유럽으로 상품을 전달했다. 15세기 중엽 비단길은 터키를 중심으로 이슬람제국 오스만이 부상하면서 통행이 막혔다. 그들은 우선 비단길을 봉쇄하고 이 지역을 통과하는 상품에 부과하는 세금을 급격히 인상했다. 유럽인은 상품을 수입하기 위해 비단길에 의존하고 있었는데, 오스만제국은 이러한 상품에 부과하는 세금을 고통스러운 수준으로 인상했다.

오스만제국을 우회해 인도에 도달할 경로를 찾아내는 이는 누구든 유럽이 안고 있는 문제를 해결하고 부자가 될 운명이었다. 포르투갈이 아

52

프리카 대륙을 돌아서 인도에 도달하는 데 최초로 성공했다. 무슬림과 전쟁을 치르느라 한발 늦은 스페인은 서쪽으로 가는 경로를 모색했다. 이론상으로는 적절한 시도였지만 실제로는 실패했다. 스페인은 서반구가 그들이 가는 경로를 가로막고 있다는 사실을 알지 못했다.

그러나 처음에는 실패로 보였지만 결과적으로는 대단한 성공으로 귀결되었다. 적어도 스페인에게는 말이다. 이베리아반도에서 비롯되는 해류와 바람은 이베리아반도에서 카리브해로, 카리브해에서 남아프리카의 동부해안으로, 그리고 훗날 서부해안으로 가는 고속도로 역할을 했다. 포르투갈은 무력으로 밀고 들어가 브라질을 점령했고 아프리카에서 데려온 노예와 노예로 삼은 인디언들을 이용해 거대한 농장을 구축했다. 그러나 포르투갈의 뒤를 이어 남아메리카에 도달해 브라질을 지나 서부해안으로 진출함으로써 엄청난 전리품을 획득한 나라는 스페인이었다. 오늘날의 페루인 잉카제국은 생산성이 매우 높은 금광과 은광을 장악하고 있었고 이미 방대한 양을 채굴하고 있었는데, 스페인은 이를 탐냈다.

해류와 해풍의 방향 때문에 남아메리카보다 북아메리카에 도달하기가 훨씬 어려웠고 북아메리카에서 확보할 만한 재물이 무엇인지도 분명하지 않았다. 북아메리카는 별로 가치가 없는 땅처럼 보였다. 특히 스페인은 정착이 목적이 아니라 착취가 목적이었고 따라서 스페인은 금과 은이 풍부한 남아메리카에 집중했다. 스페인은 유럽에 위치했고 유럽은 적들로 들끓었다. 스페인은 대규모 군대가 필요했고 따라서 자국민의 이주를 허용할 여유가 없었다. 포르투갈도 마찬가지였다. 두 나라는 원주민의 제국을 파괴하고 제국의 주민들을 노예 삼아 농장을 경영하고 금은을 착취하는 데 만족했다. 소수 관료와 탐험가 계층이 원주민 인구를 지배했다. 한 줌밖에 안 되는 탐험가들이 여러 나라 전체를 정복하는 놀라운 일

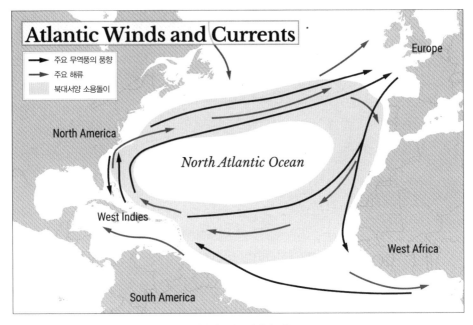

대서양에 부는 바람과 해류

이 벌어졌다. 그들은 월등한 기술을 보유하고 있었지만 그들이 승리한 진짜 이유는 그들이 유럽에서 들여온 질병 때문이었다.

단기적으로 보면 포르투갈과 스페인이 승자였지만 장기적으로 보면 그렇지 않았다. 그들은 해류와 해풍이 반대 방향으로 흐른다거나 분다는 이유로, 또 날씨 때문에 북아메리카를 기피했고, 탐험가들은 대서양 연안에는 폭풍이 자주 몰아치고 쉽게 굴복하지 않는 인디언들이 거주한다는 사실을 발견했다. 그러나 북아메리카는 남아메리카에 없는 두 가지를 지니고 있었다. 하나는 풍성한 모피를 두른 동물들, 특히 비버가 많았다. 이러한 모피는 값비쌌고 프랑스인들이 특히 모피 채집으로 짭짤한 수익을 올렸는데, 그들 가운데 정착하는 이들은 거의 없었고 주로 덫으로 동물을 잡아 교역을 했다. 프랑스인은 인디언 부족의 나라들과 비버로 가득한 광활한 자연에서 북아메리카의 가능성을 보았다. 프랑스는 퀘벡에 정착지를 건설했지만 스페인과 마찬가지로 프랑스도 자국의 군대에 동원할 인력이 절실했기 때문에 자국민을 대거 북아메리카로 이주시켜 정착하도록 하는 데 관심이 없었다. 그러나 덫을 놓아 동물을 잡고 모피를 교역하는 데서 수익이 창출되었다. 그리고 교역은 덫으로 동물을 잡는 일보다 훨씬 효율적이었기 때문에 프랑스인들은 인디언 국가들과 상업적, 정치적으로 긴밀한 관계를 구축했다—그렇게 함으로써 그들과 전투를 하느라 상당한 재원을 할애할 필요가 없었다. 그러한 관계가 북아메리카에서 그들이 지닌 힘의 토대였다.

남아메리카에는 없지만 북아메리카에는 있는 두 번째 요소는 광활한 농경지와 생산물을 항구로 운반하는 강 운송망이었다. 장기적으로 볼 때 북아메리카가 최상의 전리품이라는 사실을 깨달은 이는 잉글랜드인들이었다. 잉글랜드는 섬이었고 따라서 대규모 군대가 필요하지 않았다. 그들은 정착민을 이주시킬 여력이 있었고 북아메리카는 그들을 환영했다. 결국 이베리아반도 사람들을 수적으로 앞지르고 북대서양에서 스페인 해군을 축출하고 북아메리카의 지리적 여건을 재구축한 이들은 잉글랜드 사람들이었다. 이주는 끊임없이 높은 비용을 지불해야 하는 지난한 과정이었다. 그러나 북아메리카를 세계체제의 중심으로 변모시킨 주역은 잉글랜드인들의 이주와 정착이었다.

콜럼버스가 항해를 시작한 지 한 세기가 채 되지 않은 1587년, 첫 번째 잉글랜드 식민지가 구축되면서 더불어 정착이 시작되었다. 오늘날의 노스캐롤라이나에 있는 로어노크 섬(Roanoke Island)이었다. 그러나 처참한 실패로 끝났다. 로어노크에 정착지가 구축된 후 잉글랜드와 스페인 사이에 전쟁이 일어났고 자급자족이 불가능한 식민지에 3년 동안 물품이 공급되지 않았다. 전쟁이 끝나자 공급물자를 실은 화물선이 돌아왔지만 정착지는 사라지고 없었다.

로어노크 식민지에서 무슨 일이 일어났는지 아무도 확실히 알지 못한다. 물자를 공급받지 못해 생활을 이어가기가 불가능해지자 정착민들이 자기들에게 우호적인 인디언들 공동체에 귀의했다는 게 가장 설득력 있는 증거다. 유럽인과 마찬가지로 인디언 국가들도 서로 끊임없이 전쟁을 했다. 정착민을 난민으로 받아들인 인디언 국가는 적대적인 인디언 국가의 공격을 받았고, 공격을 받은 인디언 국가와 귀의한 난민이 모두 학살당했다는 흔적들이 있다. 이역만리에서 맞은 고독한 죽음이었다.

잉글랜드인들은 20년 동안 절치부심한 끝에 다시 식민지를 구축했다. 이번에는 오늘날의 버지니아 연안에 있는 제임스타운이었다. 북아메리카 동쪽 해안에서 살아남은 최초의 식민지였다. 이 식민지는 버지니아 회사가 소유하고 있었고 투자에 대한 고수익을 추구하는 투자자들이 재정적인 지원을 했다. 정착민들은 주로 노동 지분(sweat equity)6을 통해 재산을 일구려는 (귀족과 농노 사이의 계급인) 유한계층 모험가들이었다. 이 식민지에는 다른 구성원들도 있었다. 보다 소박한 야심을 품은 장인들과 노동자들이었다. 이 식민지는 이민자들이 재산을 일굴 수 있는 곳이었지만 잉글랜드의 계층 구조가 여전히 그대로 남아있어서 계층에 따라 재물을 모으는 방법이 정해졌다. 제임스타운은 아메리카의 미래를 미리 보여주었다. 다른 이들의 야심과 노력을 이용해 상당한 수익을 얻으려는 투자자들이 재정적으로 뒷받침하는 곳이었다. 제임스타운은 영국 귀족 계층과 아메리카 벤처자본가가 결합된 곳이었다.

뒤이어 수십 년에 걸쳐 새로운 유럽 식민지들이 구축되었다. 오늘날 뉴멕시코주의 주도인 샌타페이는 1607년에 스페인이 건설했다. 스페인 인들은 더 많은 금을 탐색하고 있었고 멕시코 북쪽으로 가면 보물이 있 다는 낭설과 거짓이 난무했다. 스페인인들은 금은 찾지 못했지만 오늘날 의 멕시코와 나머지 북아메리카 지역 사이에 광활한 사막과 산악지대가 가로놓여 있다는 사실을 알게 되었다. 멕시코인들은 사막을 가로질러야 했다. 잉글랜드인들은 대양을 가로질러야 했다. 수세기 동안 제임스타운 이 샌타페이를 능가하게 될지는 분명치 않았다. 그런데 샌타페이가 건설 된 지 1년 뒤인 1608년, 세인트로렌스 강변을 따라 퀘벡이 건설되었다. 창설의 시기였다. 1608년은 위대한 유럽 세 도시, 런던, 파리, 마드리드 의 경쟁과 더불어 진정한 근대 역사가 시작된 해였다.

그로부터 12년 후, 오늘날의 매사추세츠주에 플리머스가 구축되었다. 플리머스 식민지는 미국인들에게 훨씬 잘 알려져 있고 많은 이들이 이곳 이 최초의 잉글랜드 식민지라고 생각한다. 사실은 제임스타운에 이어 두 번째 식민지이고, 로어노크까지 포함하면 세 번째 식민지다. 제임스타운 과 마찬가지로 플리머스 식민지도 벤처자본가 집단이 재정적인 지원을 했는데, 이 집단은 상인 모험가(Merchant Adventurer)로 불렸다. 정착민 은 대부분 청교도가 아니라 제임스타운에 정착한 이들처럼 모험가였다. 청교도들은 이 식민지를 운영하지 않았다. 상인 모험가들이 운영했다. 그리고 이 식민지는 종교인들과 이방인이라고 불린 모험가들로 나뉘어 졌다. 메이플라워 서약(Mayflower Compact)[7]은 해석하기가 매우 까다로 운 문서였다. 정착민들 가운데 남성은 대다수가 이방인이었다. 그러나 투표권이 없는 여성과 어린이까지 포함하면 청교도가 과반이었고 득표 수에서 청교도인들이 모험가들을 능가하면서 규율을 정했고 이 때문에 상당한 갈등이 조성되었다.

플리머스 식민지가 구축되고 5년 후, 네덜란드인들은 오늘날의 맨해튼 남쪽에 뉴암스테르담 식민지를 구축했다. 프랑스인들과 마찬가지로 네덜란드인들도 정착이 아니라 교역이 목적이었다. 그들은 네덜란드 서인도회사로부터 종잣돈을 조달해 교역 전초기지를 구축했다. 애팔래치아 산악지대를 가로지르는 허드슨강 계곡을 통해 네덜란드인들은 뉴욕주 북부와 서부 그리고 5대호 지역에 접근했다. 이 지역에는 비버가 많이 서식했고, 비버 모피는 남성의 실크해트(정장 모자)용으로 가치가 매우 높았다. 사냥꾼들은 덫을 놓아 비버를 포획하거나 인디언들과의 교역을 통해 모피를 구한 다음, 오늘날 올버니(Albany) 근처에 있는 교역지점에서 팔았다. 모피 가죽은 뉴암스테르담으로 운송되었고 거기서 배에 실려 유럽으로 팔려나갔다. 뉴암스테르담 항구는 북아메리카와 유럽을 잇는 주요 연결고리가 되었다. 그러다가 1664년 잉글랜드가 이 항구를 차지해 뉴욕이라고 이름을 바꿨다.

이러한 식민지들은 미국이 미래에 맞게 될 현실을 미리 보여주었다. 각 식민지는 사실상 상당한 액수의 돈을 손에 넣으리라는 희망을 품고 위험을 감수하는 투자자들이 소유한 기업 프로젝트였다. 투자자들은 돈을 모을 수단과 방법을 가리지 않았고 거래대상도 따지지 않았다. 노예제도를 토대로 운영되는 농장에서 얻는 수익이든, 모피를 확보하는 교역지점에서 나오는 수익이든 돈이면 다 똑같았다. 플리머스 식민지가 개신교 반골들이 장악한 지역이라고 해도 만족할 만한 수준의 투자수익이 창출되는 한, 상인 모험가 집단은 개의치 않았다. 궁극적으로 식민지는 투자자들이 장악하고 있었고, 정착민들은 수익을 창출해야 한다는 압박을 받았다.

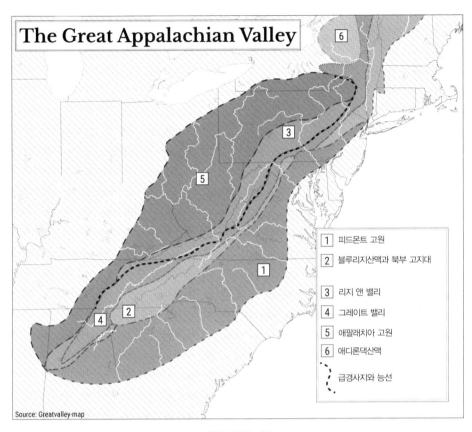

애팔래치아 계곡

북아메리카에서의 삶

대서양과 애팔래치아산맥이 식민지들을 규정했다. 둘 사이의 거리는 식민지의 상업적 속성뿐만 아니라 도덕적 속성도 결정했다. 펜실베이니아 남쪽에 위치한 애팔래치아산맥은 대서양 연안에서 200마일 이상 떨어져 있다. 그 사이에는 상업용 대규모 농장을 구축할 비옥한 평지가 풍부하다. 펜실베이니아 북쪽은 애팔래치아산맥에서 대서양 연안까지의 거리가 훨씬 짧고 땅은 거칠고 경사져 있으며 겨울이 길었다. 가족이 경작하는 소규모 자영농, 장인, 상인, 은행가들이 살 정도의 공간밖에 없었다. 남부에 있는 대규모 농장은 값싼 노동력이 필요했다. 북쪽에서는 일손 한두 명만 있으면 족했다. 이러한 차이가 미국 역사를 규정했다. 노예와 자유인, 남부연방주의자와 남북통합연방주의자. 식민지 초창기부터 이런 구도가 존재했다. 지리적 특성으로 인해 남부에서는 노예제도가 바람직했고 이를 통해 수익이 창출되었다. 북쪽에서는 지리적 특성 때문에 노예제도가 경제성이 없었다. 수세기 후 미국을 갈기갈기 찢어놓은 제도적, 도덕적 위기의 토대는 바로 이러한 지리적 특징에서 비롯되었다.

두 종류의 식민지를 반영하는 서로 다른 두 개의 아메리카가 있었다. 대서양에서부터 애팔래치아산맥까지의 거리가 멀어서 농장 구축이 가능했던 남쪽에서는 신앙은 몰라도 예의범절에 있어서는, 제임스타운의 모험가들이 좇고 싶어 한 잉글랜드 귀족의 품격을 반영하는 남성들이 배출되었다. 북쪽에서는 플리머스 식민지의 칼뱅주의자의 금욕주의가 확산되어 상업과 철저한 도덕주의를 연관 짓는 식민지가 탄생했다. 이 두 지역에서는 서로 다른 유형의 지도자들이 배출되었고 두 지역 간에 깊은 골이 파이면서 미래에 공화국의 분열을 예견했다. 영국으로부터 독립하기 위한 전쟁을 이끈 두 지도자들을 살펴보자.

조지 워싱턴은 1656년 버지니아로 이주한 존 워싱턴의 증손자다. 존 워싱턴의 부친은 잉글랜드 왕족가문 출신이다. (찰스 1세를 지지한) 왕당파가 권력을 잃자 상당히 저명한 사제였던 존의 부친은 사유재산을 모두 몰수당했다. 그의 아들 존은 2등 항해사 자격으로 아메리카행 선박에 올랐다. 잉글랜드에서 자기 가족이 가진 것을 몽땅 잃는 광경을 목격한 그는 유한계급이었지만 가난했다. 그는 장가를 잘 갔고 새로운 환경에서 최선을 다했다. 그는 토지를 사고팔았고, 땅을 사들여 담배를 재배해 수출했다. 그의 사업은 번성했고 작위는 없지만 노예를 소유한 잉글랜드 귀족의 삶을 살았다. 당시로서는 이례적인 사연이 아니었다.

존 애덤스는 매사추세츠의 청교도 집안에서 태어났다. 그의 부친은 교회 집사였고 모친의 아버지는 의사였다. 잉글랜드 귀족의 삶을 좇을 생각이 전혀 없었던 애덤스는 법을 전공해 전문직 종사자가 되겠다는 야망을 품었다. 상업 금융과 조선 부문에 기회가 있었다. 뉴잉글랜드 지역에는 부를 거머쥘 기회가 많았지만 이는 잉글랜드인들이 중산층이라고 일컫는 이들의 삶이었다.

정착민들은 모두 잉글랜드 출신이었지만 아메리카에 품고 온 야망은 제각각이었다. 잉글랜드 귀족의 호화로운 삶을 누리려고 온 이들도 있었다. 대저택에 살면서, 농노는 없지만 노예의 시중을 받으며 살고 싶었다. 목사로서, 변호사로서, 상인으로서 기반이 탄탄한 중산층의 삶을 꿈꾸며 아메리카로 온 이들도 있다. 그렇지만 노동으로 먹고 살기 위해 건너온 이들이 대부분이었다. 그들의 뒤를 이어 아메리카로 온 수백만 명의 이주민들과 마찬가지로 그들은 자신이 지닌 장인기술의 가치를 인정하는 일자리나 경작할 땅을 얻기 위해서 왔다. 대부분 고향에서보다 나은 삶을 살겠다는 소박한 희망을 품고 이주했다. 상인으로서 정직하게 벌어들인 부를 자기가 소유하겠다는 꿈을 품고 온 이들도 있었다. 잉글랜드에서는 불가능했던 귀족을 꿈꾼 이들도 있었다.

이러한 남북의 분열은 애팔래치아산맥 탓만은 아니었다. 강도 한몫했다. 뉴욕 남쪽에서는 모든 강이 애팔래치아산맥 동쪽에서 대서양으로 빠져나간다. 북쪽에서는 북에서 남으로 흐르면서 여러 주를 연결한다. 남

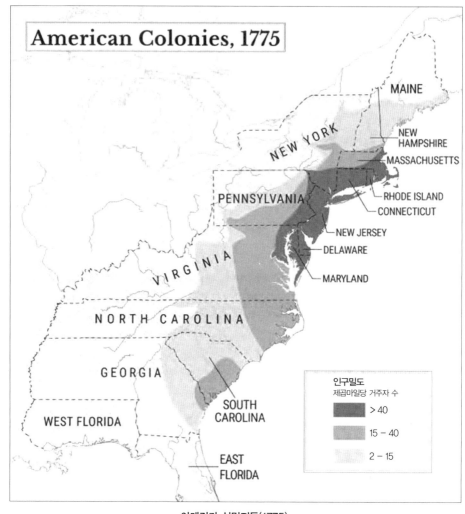

American Colonies, 1775

MAINE

NEW YORK

NEW HAMPSHIRE

MASSACHUSETTS

PENNSYLVANIA

RHODE ISLAND

CONNECTICUT

NEW JERSEY

DELAWARE

VIRGINIA

MARYLAND

NORTH CAROLINA

GEORGIA

SOUTH CAROLINA

WEST FLORIDA

EAST FLORIDA

인구밀도
제곱마일당 거주자 수

> 40

15 – 40

2 – 15

아메리카 식민지들(1775)

쪽 강들은 남쪽 주들을 통합하지 못했다. 이 강들은 주와 주 사이에 운송
수단을 제공하지 못했고 도로는 건설하기가 어렵고 비용이 많이 들었다.
따라서 남쪽에서는 식민지마다 특성이 제각각이었고 여전히 그러하다.

남부 식민지들을 서로 고립시키고 남부 식민지들을 북부 식민지들로 부터 고립시키는 또 다른 요인이 있었다. 형편없는 운송여건에다가 물리적으로 방대한 크기의 땅에 희박한 인구 때문에 남부는 북부와는 다른 상품들을 생산했다. 바로 담배와 목화다. 농장에서 생산한 이 두 주요 상품은 북부 식민지가 아니라 주로 잉글랜드로 팔려나갔다. 남부는 독립전쟁에는 가담했지만 아메리카인이라는 정서보다는 다른 식민지들과 연합한, 독자성을 지닌 식민지로서의 정서가 더 강했다. 단일한 정부 하의 통일된 국가라는 개념은 남부 대부분 지역의 지리적 현실에 정면으로 배치되었다. 뉴잉글랜드 지역에서는 그렇지 않았다. 식민지들 간의 거리가 짧고 인구밀도가 훨씬 높고 식민지들 특성의 차이가 남부만큼 두드러지지 않았다. 막강한 단일국가 정부라는 개념은 북부에서 훨씬 이해하기가 쉬웠다. 당시에 근본적인 문제는 아직은 북부와 남부의 관계가 아니라 식민지들과 잉글랜드의 관계였다.

미국의 기원

1754년, 7년 전쟁[8]이 발발했다. 거의 모든 유럽 국가들이 관여했고 전세계가 전쟁의 광풍에 휩싸였다. 전쟁은 각각 동맹을 결성한 두 진영이 맞붙었는데, 하나는 영국이 이끌고 다른 하나는 프랑스가 주도했으며 전쟁을 촉발한 문제는 슐레지엔(Schlesien)의 지위였다. 또 다른 문제는 북아메리카에서의 영국 식민지들이었다. 프랑스는 자국이 북아메리카에서 영국에게 축출당할까봐 두려워했고, 영국은 프랑스와 그들의 인디언 동맹세력이 영국의 식민지들을 장악할까봐 두려워했다. 그러나 진짜 문제

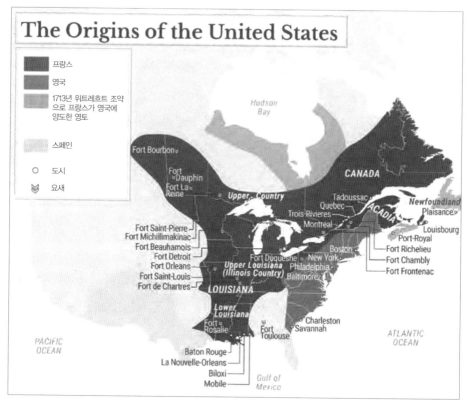

미국의 기원

는 유럽과 세계를 누가 장악할지를 두고 영국과 프랑스가 벌인 패권전쟁이었다.

북아메리카에서 전략적 문제는 오하이오 준주(準州, Territory)를 누가 장악할지였다. 애팔래치아산맥 서쪽에 위치한 이 지역의 심장부는 오하이오강이었다. 그러나 영국이 애팔래치아 동쪽을 장악하고 있었으므로 프랑스는 애팔래치아산맥을 가로질러 식민지들을 제압하고 북아메리카에서 영국을 축출해야 했다. 애팔래치아산맥이 전선(戰線)이 되었다.

영국의 입장에서 볼 때 이는 세계 전쟁의 일부였다. 식민지 거주자들에게는 모든 게 걸린 전쟁이었다. 식민지 거주자들은 민병대를 조직해 프랑스와 인디언들을 봉쇄했다. 이 가운데 한 민병대를 이끈 이가 당시 22살의 조지 워싱턴 대령이었다. 식민지 거주자들은 경험보다 계급을 중요시하는 잉글랜드 전통을 따르고 있었다. 워싱턴은 식민지 거주자들에게 최악의 사령관은 아니었지만 22살짜리 사령관인 그는 애팔래치아산맥의 도움이 절실히 필요했다. 관통하기 어려운 애팔래치아산맥이 적의 진군을 막아주어야 했다. 영국은 자국의 군대를 더 긴요하게 쓸 용처가 있었다.

결국 영국은 군대를 보내긴 했다. 에드워드 브래독(Edward Braddock) 장군이 이끄는 군대였다. 브래독은 애팔래치아산맥의 지형을 파악하지 못했다. 영국이 치른 대부분의 전쟁은 지형이 아주 평평한 북부 유럽평원에서였다. 군인들이 대규모로 일사분란하게 열과 오를 지어 싸웠다. 점잖은 신사들은 그렇게 싸웠다.

험준한 경사지와 나무가 빽빽이 들어찬 숲으로 이루어진 애팔래치아산맥에서는 신사적인 전투는 불가능했다. 이러한 지형에서 군인은 홀로 또는 소규모로 집단을 이루어 바위와 나무 뒤에 숨어서, 그리고 매복할 장소를 구축해놓고 싸웠다. 잠복과 선제공격이 승리의 열쇠였다. 대규모 군대를 동원하고 명령을 하달하는 방식은 불가능했다. 당연히 인디언들은 이를 잘 알고 있었고 그들로부터 지형을 배우고 터득한 프랑스 군인들도 잘 알고 있었다. 식민지 거주자들이 지닌 지식은 잉글랜드인을 모방하고 싶어 하는 신사계급(gentry)의 지식과 산악지대에서 사냥을 하고 살면서 사회적으로 자기들보다 상류층인 이들이 제정신이 아니라고 생각한 빈곤한 계층의 지식으로 나뉘었다. 워싱턴의 장점은 전장(戰場)의 현실을 파악하고 있었다는 점이다.

브래독과 그를 따르는 장교들이 보기에 식민지 거주자들이 전투를 하는 방식은 천박했다. 전쟁은 이기는 게 능사가 아니라 품위 있고 고상하게 이기는 게 중요했다. 따라서 영국인들은 아메리카 군대와 장교들을 깔보았다. 아메리카인들은 야만인처럼 싸웠다. 자신을 잉글랜드인이라고 생각한 워싱턴 같은 사람들은 영국인들로부터 경멸을 당하자 참기가 힘들었다. 영국 귀족들이 보기에 아메리카인들은 아무것도 아니었다. 여기서 영국과 식민지들 간에 균열이 일어났다. 브래독은 북아메리카에서 전투를 지휘할 장군으로서는 재앙과도 같은 인물로서 자기가 지휘하는 부하들을 위험에 빠뜨렸다. 영국군이 패배했는데도, 식민지 거주자들은 여전히 영국군에게 업신여김을 당했다.

이 전쟁은 식민지 거주자들이 영국인에 대해 품고 있던 분노에 불을 지폈다. 특히 영향력 있는 계층들 사이에서 격렬한 분노가 일었다. 이러한 분노를 통해 깊은 깨달음을 얻었다. 식민지 거주자들이 자신들은 잉글랜드인이 아니라 아메리카인이라는 사실을 깨닫게 된 순간이었다. "국가(nation)"라는 새로운 정서가 이 전쟁을 통해 그리고 애팔래치아산맥으로부터 부상하기 시작했다.

애팔래치아산맥을 사수하기 위한 투쟁은 아메리카의 성격을 바꾸었고 국가를 형성하기 시작했다. 식민지 거주자들이 영국 귀족 흉내를 냈는지는 몰라도 통치권이 능력이나 업적과는 무관하다는 귀족들의 신념에는 동조하지 않았다. 무엇이든 투쟁해서 쟁취해온 아메리카인들에게 업적과 성과는 무엇보다도 중요했다. 워싱턴 같은 3세대 귀족도 그쯤은 알고 있었다. 그는 아주 아메리카적인 귀족이었다. 영국인의 경멸이 식민지

아메리카를 탄생시켰다. 애팔래치아산맥에서 전투하는 영국 장교단을 지켜본 식민지 거주자들은 독립전쟁에서 승리할 수 있겠다는 확신을 얻었다. 영국은 결국 요크타운에서 식민지 거주자들에게 항복하게 되지만, 그보다 몇 년 앞서 펜실베이니아 듀케인 요새(Fort Duquesne) 전투에서 브래독이 처참하게 박살났을 때 영국인들은 이미 식민지들을 잃은 셈이었다. 영국인들은 이겼어야 했을 전투에서 패배했다. 아메리카인들은 이 전투에서 얻은 교훈을 절대로 잊지 않았다.

브래독이 패배하면서 식민지들과 영국 사이에는 문화적으로 깊은 골이 파였다. 아메리카인들은 영국인들이 아메리카를 이해하지 못한다는 사실을 깨달았다. 그들은 아메리카가 영국과는 아주 다른 곳임을 깨달았다. 어찌 보면 이러한 사실에서 훨씬 큰 충격을 받은 지역은 뉴잉글랜드 식민지들보다는 영국의 사회질서를 모방하려 한 남부 식민지들이었다. 그러나 영국이 밟아온 역사의 패턴은 아메리카의 패턴이 될 수 없다는 깨달음을 얻었고, 이로 인해 아메리카가 무엇인가에 대해 깊은 고민을 하는 시발점이 되었다.

독립선언문에 서명한 인물들은 7년 전쟁을 겪은 세대에 속했다. 서명한 인물들 대부분이 1720년부터 1740년 사이의 기간에 태어났고, 그들이 사는 기간 동안 미국은 극적으로 변했다. 1720년에 식민지에 거주하는 유럽인은 약 46만 6천 명이었다. 1740년 무렵 이 수치는 90만 명으로 증가했고 1776년 무렵 250만 명에 달했다. 식민지에 거주하는 인구가 성숙기에 도달한 대륙국가인 포르투갈 인구 규모와 거의 같았다. 이 세대는 한 눈은 대서양을, 한 눈은 애팔래치아산맥을 예의주시하고 살았다. 그리고 토머스 제퍼슨같이 애팔래치아산맥 너머로 시선을 돌린 이들도 있었다.

아메리카를 굽이치는 강들

아메리카는 동부 연안을 따라 난 길고 비좁은 띠 모양의 영토로 생존하기는 불가능했다. 영국은 자국이 잃어버린 식민지들을 잊지 못했고 미국은 스스로 방어하기가 쉽지 않았다. 소규모 해군이 있었고 군대를 쉽게 이동시킬 수 없었다. 문제는 강 때문이었다. 아메리카의 강들은 대부분 서쪽에서 동쪽으로, 애팔래치아산맥에서 대양으로 흘렀다. 따라서 군대를 신속하게 북쪽과 남쪽으로 이동시키기가 어려웠다. 강이 흐르는 방향은 미국의 힘을 약화시켰다. 감내하기 힘들 정도로 전략적 깊이가 없었다. 그러나 애팔래치아산맥의 서쪽에는 전략적 깊이가 있을 뿐만 아니라 강들이 서로 얽히고설켜 운송망을 구축하고 있었다. 전략적 깊이가 있으면 많은 문제들이 해결된다.

미국의 확장을 추진한 원동력은 캐나다로부터 약 100마일 떨어진 미네소타 북부에 있는 아주 작은 호수 이타스카(Itasca)에서 시작된다. 풍경이 수려한 외딴 지역에 있는 이 호수는 크기가 2제곱마일 정도다. 20피트 넓이의 시내가 이 호수에서 발원해 남쪽을 향해 흐른다. 치페와 인디언 부족은 이 시내를 미시시피라고 불렀다. 영어로 "큰 강"이라는 뜻이다. 미시시피강이 남쪽으로 흐르면서 13개의 주요 강들이 이 강에 합류하고 이보다 규모가 작은 77개의 강들도 합류한다. 이 강들은 대부분 배가 다닐 수 있고, 하나같이 (1718년에 구축된) 뉴올리언스 시를 지나 남쪽으로 흘러 멕시코만과 대양으로 빠져나간다.

제퍼슨은 다음과 같이 기록했다. "루이지애나를 소유한 프랑스는 폭풍의 씨눈(embryo)이다. 이 폭풍은 대서양 양안에 위치한 국가들에 휘몰아치고 그 여파는 그들의 운명에 막대한 영향을 미치게 된다." 제퍼슨은 루

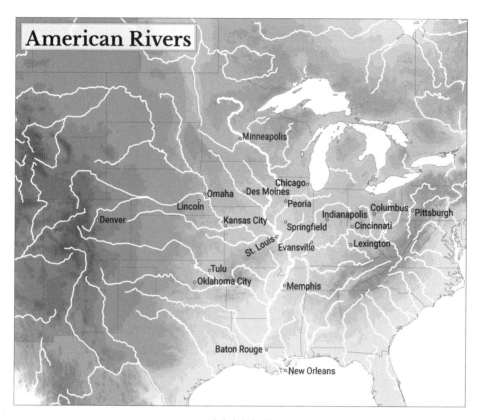

아메리카의 강들

이지애나를 장악한 자가 세계에서 가장 막강한 나라가 될 가능성이 높다는 사실을 내다보았다. 그리고 그의 예상은 적중했다. 나폴레옹은 현금이 절실히 필요했고, 제퍼슨은 루이지애나를 차지하고 싶었다. 따라서 미국은 당시로서도 푼돈에 불과한 1,500만 달러를 주고 세계 패권을 차지할 열쇠를 손에 넣었다. 나폴레옹은 위대한 군인이었다. 제퍼슨은 대전략을 이해했다.

토머스 제퍼슨이 보기에 이 지역은 미국에 전략적 깊이와 안보를 부여할 뿐만 아니라 정착민들에게 자신의 땅을 소유하고 경작하게 해줄 곳이었다. 그러나 무엇보다도 그들이 생산한 잉여작물을 바지선에 실어 남쪽에 있는 뉴올리언스까지 운송할 수 있고 여기서 대양을 오가는 화물선에 선적해 유럽에 판매할 수 있게 된다. 그리고 그러한 판매를 통해 자유롭고 평등한, 부유한 농민들에 기반한 풍요로운 아메리카를 구축하게 된다. 이는 애팔래치아산맥 동쪽과 서쪽, 북서부 준주들에서는 가능하지 않았다. 유럽의 위협이 여전히 존재했기 때문이다. 미국이 로키산맥에 이르는 서쪽 땅을 차지하면 미국은 안전하고 막강한 나라가 된다.

제퍼슨의 업적을 이해하려면 1787년 의회에서 통과된 법안, 북서부 조례(Northwest Ordinance)를 알아야 한다. 북서부 준주 지역은 미국이 독립전쟁에서 영국으로부터 빼앗은 애팔래치아산맥과 미시시피강 사이에 위치하고 있었다. 이 조례는 서부 구축의 법적 근거를 마련했다. 이 조례에 따르면, 북서부 준주 지역은 인구가 증가하게 되면 단순히 식민지가 되는 것이 아니라 새로운 주들로 나뉘게 된다. 준주와 이렇게 해서 탄생하는 주들은 노예제도를 금지한다고 되어 있다. 이 조례에 따라 독립전쟁 참전군인들은 거의 무상으로 토지를 획득하게 되었고 그들은 소유하게 된 땅을 자유롭게 팔거나 교환할 수 있었다. 농노가 아니었다. 그리고 이 조례에서 가장 이례적인 내용은 준주에서 떨어져 나와 형성된 각 주는 토지를 팔아 재원을 마련해 주립대학교를 의무적으로 설립하도록 한 점이었다. 1804년 최초로 오하이오 대학이 설립되었다. 이 모든 규정들은 루이지애나 준주에 적용되어 토지를 소유한 자작농들이 탄생했고 의무적으로 대학들이 설립되었다. 그리고 이러한 대학들은 아메리카를 혁명적으로 변화시켰다.

제퍼슨이 서쪽으로 영토를 확장한 데는 다음과 같이 정치적인 이유도 있었다.

우리 연합체의 규모가 클수록 국지적인 정서에 덜 흔들리게 된다. 그리고 어느 모로 보나 미시시피강 서쪽 지역을 이방인 집안보다 우리 혈육이 자치하는 게 훨씬 바람직하지 않은가?

제퍼슨에 따르면, 그 지역을 매입한 데는 전략적인 이유뿐만 아니라 사활이 걸린 정치적 이유도 있었다. 나라가 클수록 더 안정적이다. 큰 나라보다 작은 나라에서 지역감정이 나라를 훨씬 더 사분오열시키기 때문이었다. 경제적 이유도 있었다. 루이지애나 준주에는 세계에서 가장 비옥한 농경지가 있었다. 이 땅을 차지하면 미국의 경제에 추진력을 부여하는 동시에 경제성장이 야기하는 원심력을 제어할 수 있게 된다. 제퍼슨은 분열의 위협을 상쇄할 해결책과 미국이 직면하게 될 주기적 변화의 충격을 흡수할 경제적 토대를 마련하려고 했다.

루이지애나 매입은 한 세기 후 미국을 세계 강대국으로 부상시키는 원동력이 된다. 루이지애나 매입으로 서부에 정착한 이들이 동부의 은행가들과 농장주들의 권력에 도전장을 내밀면서 미국 역사에서 첫 번째 주기를 끝내게 되는 계기 또한 조성되었다. 미국의 정체(regime)가 미국이 지닌 권력의 도덕적, 정치적 토대를 마련했다면, 루이지애나 매입은 경제적 힘들에 추진력을 부여해 향후 2세기가 넘는 기간 동안 일련의 주기를 거치면서 미국을 체계적으로 변모시키게 된다.

인디언과의 전쟁

북아메리카에 자생적인 국가들의 명칭을 두고 수많은 사람들이 갑론
을박해왔다. 당연히 가장 적절한 용어는 원주민 본인들이 사용하는 명칭
이다. 그러나 이 원주민들을 하나로 뭉뚱그려 표현할 용어도 필요하다.
"인디언(Indian)"이라는 명칭은 콜럼버스의 오류에서 비롯된 명칭이다.
"아메리카 원주민(Native American)"이라는 명칭은 한 이탈리아인의 이
름을 따서 붙여졌다. 캐나다가 선호하는 명칭은 "최초 국가(First Nation)"
인데 이는 사실이 아니다. 그들은 수천 년 동안 서반구에 살아왔고 여느
지역의 거주자들과 마찬가지로 서로 전쟁하고 서로 영토를 점령했다. 유
럽인들이 서반구에 진출했을 당시에 자생적인 국가들은 최초의 국가와
는 거리가 멀었다. 명칭 문제는 복잡한 도덕적 딜레마를 가리킨다. 나는
인디언이라는 명칭을 사용하겠다. 다른 선택지들보다 적절하지 못할 이
유도 없고 통용되기 때문이다.

북아메리카는 인디언 국가들이 차지하고 있었고 미국 초기 역사는 인
디언의 역사와 얽히고설킨 불가분의 관계다. 멕시코와 페루에서는 스페
인 정복자들이 아즈텍족과 잉카족을 어안이 벙벙하게 만들고 그들의 정
치체제를 급속히 파괴했다. 북아메리카에서는 사정이 달랐다. 첫째, 국
가가 여러 개였다. 따라서 한 국가가 붕괴된다고 해서 다른 국가도 붕괴
되지는 않았다. 서로 다른 언어를 구사하고 문화도 각양각색인 수많은
국가들이 있었다. 이 나라들은 유럽인이 정착하기 훨씬 전에 이미 (10세
기경 중앙 멕시코에서 번성했던) 톨텍족(Toltec)이나 아파치족 같은 외국인
에게 둘러싸여 있었다. 그들은 코만치족과 싸우면서 전쟁과 외교술을 터득
하거나 (여러 부족으로 구성된) 이러쿼이(Iroquois) 연방에 합류했다.

Indian Nation Groupings, 1800

인디언 국가들(1800)

외세는 북아메리카 문화의 일부였고 새로운 세력이 도래한다고 해도 심리적 붕괴를 야기하지 않았다. 유럽인의 낯선 외모와 신기술조차도 충격을 주지 않았다. 예컨대, 이러쿼이 부족은 자기들이 정복해 예속시킨 국가들뿐만 아니라 여러 국가들로 구성된 복잡한 연방을 이끌었다. 철과 화약 같은 신기술을 보고 신기해했을지는 모르지만, 유럽인들의 수와 유럽인들이 지형을 파악하는 역량이 형편없다는 사실을 알고 이러쿼이족과 다른 인디언들은 심리적 붕괴를 겪지도 않았을 뿐만 아니라 유럽인들과 대결하게 될 경우 초전박살내곤 했다.

1800년 인디언 부족의 국가들은 위 그림과 같이 무리를 지었다.

북아메리카 인디언의 지도는 동반구의 여느 지역 지도와 비슷했다. 대륙은 여러 집단들 사이에 쪼개져 있고 집단들은 서로에게 낯설었으며 적대적인 경우가 빈번했다. 막강한 중앙정부의 부상에 저항한 하위집단들도 있었다. 인디언을 전체로 뭉뚱그려보면 다른 여느 인간 집단보다 평화롭지도 호전적이지도 않았다. 이 지역에서 전쟁이 폭발하지 않도록 막은 안전장치는 정착이 완결되지 않은 드넓은 대륙이어서 세력이 축소된 약한 집단들이 유목민으로 떠돌며 생존할 수 있었다는 점이다. 이러한 점에서 이 지역은 중앙아시아와 유라시아 다른 지역들과 비교된다. 결론적으로 어떤 차원에서 보면 인디언 문화와 유럽 문화를 철저히 구분하는 것이 타당하다. 그러나 인디언이 자신을 개별적인 국가들로 간주하고 이웃국가들과 외교를 하고 전쟁을 한다는 보다 넓은 차원에서 보면 이러한 구분은 불분명해진다. 유럽에서와 마찬가지로 이러한 국가 분류는 이의를 제기하는 사람들에 의해 흐트러지곤 한다. 하지만 인디언 국가들은 서로를 같은 동포로 여기지 않았다는 사실을 이해하는 것이 무엇보다 중요하다. 그들은 서로를 외국인으로 간주했고 유럽인을 이국적이지만 결국은 이해할 수 있는 대상이라고 여겼다.

유럽인이 침략하면서 복잡한 지정학적 상황이 연출되었고 인디언 국가들은 유럽 국가들과 합종연횡하면서 때로는 다른 유럽 국가들과, 때로는 다른 인디언 국가들과 싸웠다. 이러한 동맹이 오랜 기간 지속되는 경우도 있었고 금방 와해되는 경우도 있었다. 유럽인들, 그리고 뒤이어 아메리카인들은 유리한 점이 세 가지 있었다. 첫째, 대륙에 발을 붙일 근거지를 확보할 수만 있다면 장기적인 기간에 걸쳐 엄청난 수의 사람들을 이주시킬 역량이 있었다. 둘째, 그들이 보유한 기술은 일반적으로 인디언이 보유한 기술보다 월등했다. 마지막으로 가장 중요한 유리한 점은,

인디언은 서로 반목이 심했고 유럽 세력과 동맹을 맺음으로써 다른 인디언 적들을 쉽게 제압할 수 있었다. 유럽인의 입장에서 무기보다 훨씬 막강한 위력을 휘두른 이점은 유럽인이 들여온 질병이었다. 인디언들은 이러한 질병에 대해 전혀 면역력이 없었다.

코만치족의 사연은 북아메리카 역사를 이해하려면 반드시 알아야 한다. 여러 개의 상을 수상한 저서 『코만치 제국The Comanche Empire』에서 저자 페카 해맬래이넨(Pekka Hamalainen)은 아메리카 정착민들이 서부로 이동하던 시기에 존재했던 공격적인 인디언 제국의 흥망성쇠를 연대순으로 다룬다. 1700년까지만 해도 코만치족은 뉴멕시코 계곡을 기반으로 한 작은 국가였다. 그들은 한때는 캘리포니아 한가운데에 있는 센트럴 밸리(the Central Valley) 평원에 살기도 했지만 훨씬 막강한 국가들에게 강제로 축출되어 척박한 계곡지대로 퇴각했고, 그곳에서 그들은 안전했다. 아무도 그런 황량한 지형의 영토를 탐내지 않았기 때문이다. 해맬래이넨은 다음과 같이 쓰고 있다.

> 코만치족의 시작은 미미했으나 남부 평원으로 진출하면서 초기 아메리카 역사에서 핵심적인 전환점이 마련되었다. 이러한 이주는 흔했고 본격적인 식민지화 프로젝트로 발전해 지정학적, 경제적, 문화적으로 큰 반향을 불러일으켰다. 이 때문에 아파치족과 반세기 동안 계속된 전쟁이 촉발되었고 아파체리아(Apacheria)─그 자체로서 방대한 아파치족의 지정학적 통일체─는 북부 뉴스페인 한복판에 위치한 리우그란데 남쪽 초원지대에서 축출되어 이주하는 결과를 낳았다. 코만치의 남부 평원 침략은 아메리카 서부가 목격한 전쟁 가운데 최장 기간 동안 가장 치열하게 벌어졌던 정복 전쟁

이었다. 한 세기 반 후, 미국이 영토를 잠식할 때에 가서야 이 기록
은 깨지게 된다.

스페인인들은 당시에 이미 멕시코에 있었고 코만치족은 스페인인들
이 유럽에서 들여온 말들을 약탈하거나 물물교환으로 확보했다. 코만치
족은 새로운 방식으로 전쟁을 수행하는 신기술을 확보해 완전히 터득했
다. 코만치 용사들은 말 다루는 솜씨가 뛰어났고 다른 인디언 국가들의
용사나 심지어 수천 년 동안 말을 탄 유럽인들도 능가했다. 말을 다루는
신기술과 영토에서 축출당했던 과거의 한을 원동력으로 코만치족은 다
시 부상했다.

그 다음 세기에 걸쳐 코만치족은 척박한 계곡 지대를 벗어나 로키산맥
동쪽 평원으로 이주했다. 18세기 말 무렵, 그들은 다른 인디언 국가들을
그들의 영토에서 축출하고 거대한 제국을 구축했다. 그들의 영향력이 미
치는 범위는 그들이 직접 장악한 지역을 넘어섰다. 코만치 약탈단들은
사방으로 멀리까지 진출했기 때문에 그들의 영향력이 닿는 지역은 지도
상의 지역보다 훨씬 넓었다. 스페인 정복자들의 기술을 터득한 그들은
스스로 정복자가 되었다.

19세기 무렵, 코만치족은 유럽 세력들의 이동을 봉쇄할 역량을 갖추게
되었다. 해맬래이넨은 애팔래치아산맥 서쪽으로의 이동이 본격적으로
일어날 무렵 북아메리카의 현실을 묘사하면서 다음과 같이 자신의 견해
를 밝힌다.

식민 세력에 대한 원주민의 정책을 생존 전략으로 간주하기보다는
인디언 또한 전쟁을 일으키고 상품을 교환하고 협약을 맺고 사람

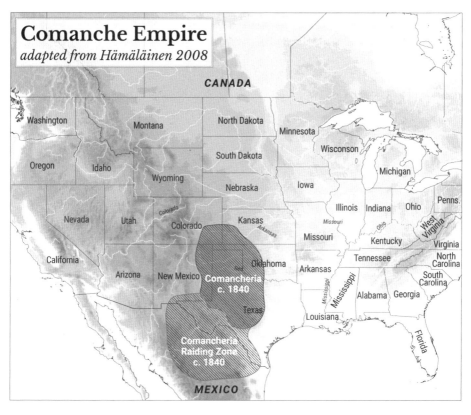

코만치 제국
해맬래이넨의 저서(2008)에서 인용

들을 흡수해 팽창하고 갈취하고 조종하고 지배했다고 본다.···인디언 토착 문화들의 운명이 반드시 가진 것을 빼앗기고 인구가 붕괴되고 문화가 쇠락할 수밖에 없는, 돌이킬 수 없는 지경에 있었던 것은 아니었다.

코만치족은 유럽인들 못지않게 학살을 자행했다. 효율성은 유럽인들보다 떨어졌을지 모르지만 말이다. 그들은 다른 부족들을 학살하거나 노예로 삼아 말살했다. 그들의 무자비한 성향을 유럽에서 온 정착민들뿐만 아니라 다른 부족들도 매우 두려워했다. 그러나 그들은 또한 복잡한 문화를 구축했고, 그들의 국가 안에서는 철저히 문명화된 질서를 유지했다.

유럽에서 이주한 정착민들이 힘없고 영적인 인디언들을 제압했다거나 나약한 야만인들을 깔아뭉갰다는 인식은 사실이 아니다. 사실 유럽인들은 나약한 인디언 국가들뿐만 아니라 역량 있고 정교한 제국을 구축한 국가들도 패배시켰다. 코만치족과 이러쿼이족은 아즈텍족과 잉카족과 더불어 상당히 막강한 제국을 구축하고 다른 국가들을 자국에 예속시켰다. 그들은 힘을 어떻게 사용해야 하는지도 알고 있었고, 인디언은 유럽인과 마찬가지로 인간으로서의 장단점을 모두 지니고 있었다.

인디언 국가들은 북아메리카를 점유하고 있었는데, 이는 미국의 발전 단계마다 인디언은 피해자로, 동맹으로, 적으로, 정복자로 등장했다는 뜻이다. 결국 그들이 패배한 이유는 기술 때문이기도 하고 정치적인 이유 때문이기도 하다. 1880년대 막판까지도 그들은 결코 서로 총체적인 동맹을 결성하지 않았다. 일부 인디언 국가들은 아메리카인들과 동맹을 맺고 아메리카인보다 위험한 적을 물리치는 게 이득이 된다고 여기기도 했다. 아파치족과 코만치족 사이의 적개심은 그들이 아메리카인들에 대해 지닌 증오보다 훨씬 골이 깊었다. 특히 유럽인들이 대거 유입되던 초기에는 더더욱 그랬다. 로마인과 영국인을 포함해 정복에 성공한 모든 정복자들과 마찬가지로 아메리카인들은 이러한 인디언 국가들 간의 분열을 자신들에게 유리하게 활용했다.

모든 인디언들이 하나로 뭉쳐 협력하고 유럽인들에게 맞섰다면 어떤 결과가 나왔을지 상상해봄직도 하지만 이는 불가능했다. 북아메리카 대륙은 광활했고 인디언들은 자기가 사는 지역과 바로 이웃한 국가들은 알았지만 먼 지역들은 알지 못했다. 그들은 같은 언어를 구사하지도 않았고 같은 신을 숭배하지도 않았다. 다른 여느 지역 사람들과 마찬가지로 그들도 새로 등장한 이방인보다 서로를 더 두려워했다. 미국의 부상과 더불어 아메리카인들은 영국을 물리쳤고 프랑스를 축출했으며 멕시코를 훨씬 남쪽으로 밀어냈고, 그들에 맞서 힘을 합하지 못하는 인디언 국가들과 제국들을 섬멸했다. 그 결과는 필연적이었다.

그레이트 밸리(The Great Valley)

애팔래치아산맥과 로키산맥 사이에 놓인 땅은 하나의 거대한 사각형 계곡의 일부로 간주된다. 동서로 그리고 남북으로 길이가 각각 1,000마일이 약간 넘는다—따라서 넓이가 100만 제곱마일이다. 이 계곡은 경사가 굽이치는 지형인 곳도 있고 완전히 평지인 지역도 있다. 그러나 땅을 갈고 씨를 뿌릴 수 없는 곳은 거의 찾기가 힘들다.

이 계곡에서 아메리카가 반드시 해야 할 일을 하려면 물이 필요하다. 이 계곡은 물에 관한 한 서로 아주 다른 두 지역으로 나뉜다. 서쪽 지역에서는 물이 지하수 대수층에서 나온다.

강수량이 급격히 하락하는 지점이 있는데 바로 미네소타에서 텍사스 중부로 이어지는 지역이다. 경도 100도 위치인 이 지점을 중심으로 북아메리카 대륙이 명확히 양분된다.

이 경도선 동쪽에는 나무가 빽빽한 삼림지대가 있었다. 이곳에 정착하

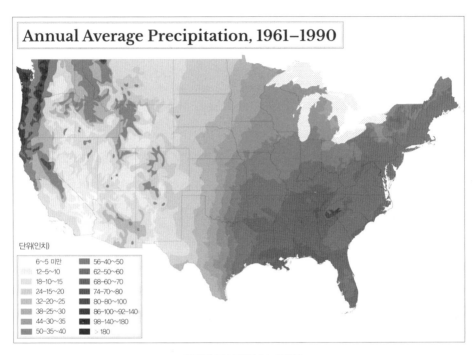

Annual Average Precipitation, 1961-1990

단위(인치)

6~5 미만	56~40~50
12~5~10	62~50~60
18~10~15	68~60~70
24~15~20	74~70~80
32~20~25	80~80~100
38~25~30	86~100~92~140
44~30~35	98~140~180
50~35~40	> 180

연평균 강수량(1961-1990)

는 이들은 농사를 지으려면 나무를 잘라내야 했고, 잘라낸 나무로 통나무집을 지었다. 애팔래치아산맥을 가로질러 간 세대를 대표하는 인물로는 에이브러햄 링컨이 떠오른다. 강우량과 삼림지형 때문에 동쪽 지역에는 인구밀도가 높았고 이는 오늘날까지도 이어진다. 미국을 남북으로 관통하는 선을 그으면 그 선을 중심으로 서쪽으로 갈수록 강우량이 잦아들고 나무를 찾기 힘들어지며 인구밀도가 희박해진다.

이 선의 서쪽 지역도 대부분 연중 15에서 20인치 정도 비가 내린다. 그러나 숲이 성장하기에 충분치 않다. 이는 카우보이 전설에 나오는 광활한 초원이다. 이곳에 정착한 사람들은 목재가 아니라 잔디로 집을 지었

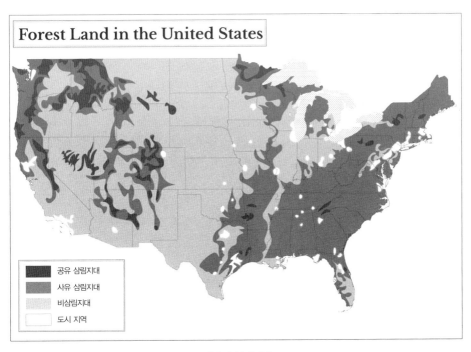

Forest Land in the United States

공유 삼림지대
사유 삼림지대
비삼림지대
도시 지역

미국의 삼림지대

다. 수세기 동안 이 지역을 뒤덮어온 단단한 풀뿌리 잔여물 말이다. 게다가 정착민들이 농사를 지을 수 있었던 이유는 우물을 파서 끌어올릴 지하수가 어마어마하게 풍부했기 때문이다. 이를 발견한 초창기 탐험가들은 깜짝 놀랐다.

목재는 부족하고 우물을 파야 했으므로 이 지역은 인구가 훨씬 적었다(지금도 여전히 적다). 이 때문에 아메리카에서의 삶은 두 가지로 나뉘었다. 동쪽에서는 인구밀도가 높은 농경 지역사회들이 등장했고 아메리카의 기억 속에 자리잡은 소규모 마을이 탄생했다. 서쪽에서는 인구가 훨씬 널리 흩어져 살았다. 어느 한 지역이 지나치게 지하수를 집중적으로

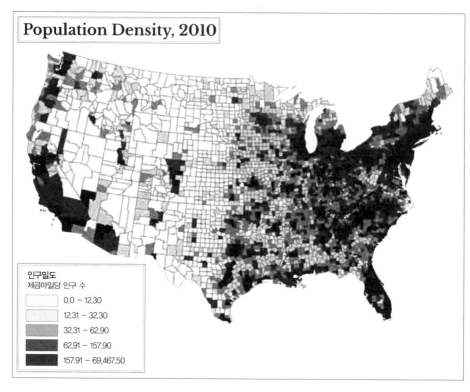

인구밀도(2010)

끌어다 쓰면 우물을 더 깊이 파야 하고 물을 확보하기가 훨씬 힘들어지기 때문이었다. 서쪽으로 갈수록 경작은 줄어들고 방목이 늘어났다. 서쪽에서는 지역사회들이 훨씬 규모가 작고 흩어져 있었으며 정착민들은 이웃에게 훨씬 덜 의존했다. 서로 매우 다른 두 가지 윤리 체계가 등장했다. 동쪽에는 지역공동체들이 들어섰고 서쪽에서는 훨씬 고독한 삶을 영위했다. 이로 인해 사뭇 다른 정치적 정서가 조성되었다. 동쪽에서는 협력을 강조했다. 서쪽에서는 협력하려면 일이 쓸데없이 복잡해졌다.

뉴올리언스 보호하기

미국을 가능케 한 주인공은 강이다. 강들을 쓸모 있게 만드는 주인공은 뉴올리언스다. 뉴올리언스가 없다면 그레이트 밸리는 무용지물이다.

제퍼슨은 뉴올리언스가 아메리카의 생존에 중심적인 역할을 한다는 사실을 깨닫고 있었다.

> 지구상에 둘도 없는 한 지역이 있는데 그 지역을 소유한 주체는 우리의 숙명적인 적이 된다. 그 지역은 바로 뉴올리언스다. 이 지역을 통해서 우리 영토의 생산물 8분의 3이 시장에 도달하고, 이 지역의 비옥한 토양에서 머지않아 전체 생산물의 절반 이상이 생산되며, 우리 주민들의 절반 이상이 거주하게 될 것이다. 프랑스가 뉴올리언스를 차지하는 날, 프랑스는 자국을 불리한 입지에 묶어놓은 천형에서 벗어나게 된다. 프랑스와 영국 두 나라는 공동으로 대양을 배타적으로 소유하게 된다. 그 순간부터 우리는 영국함대와 영국에 우리 자신을 의탁해야 한다.

제퍼슨은 뉴올리언스를 프랑스에게 빼앗기든, 스페인이나 영국을 비롯해 어느 나라에 빼앗기든 아메리카 독립의 꿈은 무산된다는 사실을 알고 있었다. 뉴올리언스를 장악한 자가 그레이트 밸리를 장악하게 되어 있었다. 그레이트 밸리를 장악한 자는 누구든 미국의 운명을 좌지우지했다. 미국은 뉴올리언스를 장악해야 했고 1812년 전쟁이 끝나갈 무렵 영국이 이 지역을 장악하려 하자 이에 맞서 싸웠다. 영국이 뉴올리언스를 차지하면 미국을 애팔래치아산맥 동쪽으로 다시 밀어낼 수 있었다. 그렇게 되면 머지않아 독립운동의 전세를 역전시킬 수 있었다. 앤드루 잭슨이 아메리카 군대를 지휘해 뉴올리언스에서 영국군을 물리쳤다. 잭슨은 훗날 애팔래치아산맥 서쪽 지역에서 배출한 첫 번째 미국 대통령이 된다. 그는 강이 중요하다는 사실을 파악하고 있었다. 자기 고향 근처에 있는 컴벌랜드강이 미시시피강 체계로 흘러들어갔기 때문이다. 잭슨은 이 싸움에 어떤 이익이 걸려 있고 그가 승리하면 어떤 의미가 있는지 알고 있었다.

영국을 물리친다고 해서 뉴올리언스와 미시시피강의 취약성이 사라지지는 않았다. 적어도 앤드루 잭슨은 그리 생각했다. 멕시코와의 국경 동쪽은 세이바인강(The Sabine River)과 접하고 있었는데 이 강은 미시시피강으로부터 약 100마일, 뉴올리언스로부터 200마일 거리에 있다. 세이바인강(오늘날 텍사스와 루이지애나의 경계)에 집결한 멕시코군은 동쪽으로 진군해 미시시피강을 가로질러 뉴올리언스를 손에 넣을 수 있었다. 멕시코는 멕시코 시민이 된 앵글로계 정착민을 포함해 텍사스에서 인구를 불리고 있었다.

앤드루 잭슨은 1828년 대통령에 선출되었고 여전히 뉴올리언스에 집착하고 있었다. 그는 멕시코와의 완충지대 역할을 할 주를 창설하고 싶었고, 멕시코에 정착한 앵글로계 정착민을 부추겨 멕시코 중앙정부를 상대로 반란을 일으키게 하는 데 성공했다. 그 결과 멕시코는 이 반란을 뒤엎을 대규모 군을 파병했다. 잭슨이 바랐던 바와는 정반대 결과였다. 대규모 군대를 텍사스로 끌어들인 셈이 되었기 때문이다. 이 군대는 세이바인강을 가로지를 수 있었다. 미국은 멕시코와 전쟁을 할 태세가 되어 있지 않기 때문에 군사적으로 개입하지 않았다. 세이바인강 동쪽에 봉

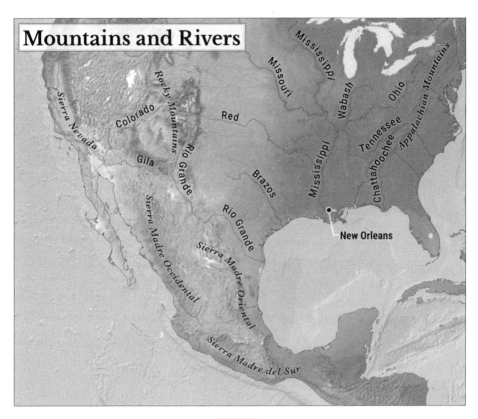

Mountains and Rivers

산맥과 강

쇄 병력을 배치하고 멕시코인들을 물리치는 임무는 텍사스인들에게 맡겨졌다.

텍사스로 진입하는 도로는 샌앤토니오(San Antonio)로 이어졌는데 이곳에는 알라모(Alamo) 요새가 있었다. 멕시코군을 지휘하는 산타아나(Santa Anna) 장군은 1836년 알라모에서 텍사스군을 물리치고 동쪽으로 방향을 틀어 세이바인강을 향해 진군했다. 그가 이 강을 건널 생각이었는지는 알려지지 않았다. 텍사스군을 지휘한 샘 휴스턴(Sam Houston)은 오늘날의 휴스턴인 샌재신토(San Jacinto)에서 멕시코의 진군을 봉쇄했다. 텍사스군은 멕시코군을 물리쳤고 텍사스는 독립국이 되었다. 7년 후 텍사스는 미국과 동등한 국가의 자격으로 국가 대 국가의 협약을 통해서 미국에 합류한 유일한 주가 되었다—오늘날까지 텍사스에 독특한 주권 의식을 부여해주는 문화유산이다. 그러나 1845년 텍사스가 미국의 주가 되면서 뉴올리언스에 대한 외세의 위협은 제거된 듯 보였다.

멕시코에 대한 집착은 1840년대 말까지 계속되었고, 포크 대통령9이 멕시코에 대한 전쟁을 감행하면서 멕시코로 하여금 오늘날 아메리카 남서부 지역을 포기하게 만들었다. 이 전쟁으로 북아메리카 대륙에서의 미국 건설은 완성되었다. 건국의 아버지들이 쌓아올린 피라미드가 지리적으로 거의 완성 단계에 도달했다. 포크 대통령에 대해서는 잘 알려지지 않았지만, 그는 미국의 규모를 최대한 확장하고 오늘날까지 이어지는 미국과 멕시코 두 나라 관계의 초석을 마련한 인물이다.

멕시코의 패배로 콜로라도주 덴버로부터 태평양까지 이어지는 북아메리카 남서부 지역이 미국에 통합되었다. 이로써 로키산맥에 대한 미국의 지배가 완성되었고 로키산맥 서쪽에 위치한 협소한 지역도 미국이 장악하게 되었다. 여기에는 샌디에이고와 샌프란시스코에 위치한 항구들도 포함되었으며 이 항구들과 더불어 미국이 태평양 연안 국가가 될 관문이 열렸다.

이 시점에서 미국의 첫 밑그림이 완성되었다. 애팔래치아산맥 동쪽 지역은 메릴랜드-펜실베이니아의 경계를 따라 북쪽과 남쪽으로 나뉜다. 애팔래치아산맥과 로키산맥 사이에 있는 그레이트 밸리는 북에서 남으로 이어지는 삼림지대를 따라 나뉜다. 멕시코로부터 빼앗은 지역은 태평양

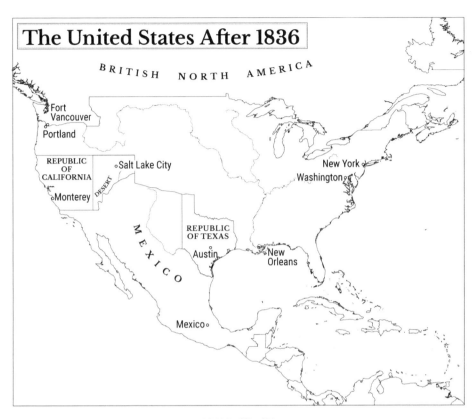

The United States After 1836

BRITISH NORTH AMERICA

Fort Vancouver
Portland

REPUBLIC OF CALIFORNIA
Salt Lake City
DESERT
Monterey

MEXICO

REPUBLIC OF TEXAS
Austin

New York
Washington

New Orleans

Mexico

1836년 이후 미국

연안과 사막으로 나뉜다. 그리고 각 지역마다 색다른 문화를 발전시켜왔
다. 초원지대는 북동부 연안과 다르다. 멕시코 지역은 동부 삼림지대와
다르다. 각 지역은 저마다 다른 방식으로 삶을 이어갔지만, 이러한 차이
가 유혈사태로 치달은 적은 단 한 번—남북전쟁—뿐이었다.

아메리카인들은 영리함, 창의력, 잔인함, 그리고 그 시초부터 인류를
규정해온 모든 특성들을 수단으로 미국을 건설했다. 놀라운 점은 이러한

그들의 노력이 치밀하고 철저했다는 점이다. 1776년에 시작된 작업이 70년 후에 사실상 완성되었다. 대서양에서 태평양까지 뻗은 생산성 높은 대륙국가 말이다.

북아메리카에서 그 어떤 세력도 이러한 과업을 달성한 적이 없었다. 인디언 국가들은 지리적 여건에 대해 다른 인식을 지녔다. 그들은 서로를 두려워했지만 세계를 무대로 활동하는 세력들을 두려워해야 한다는 사실을 알지 못했고, 이를 깨달았을 때는 이미 늦었다. 스페인 정복자들은 경작을 할 비옥한 땅을 구한 게 아니었다. 그들이 지니고 있던 지도에는 금광과 은광 그리고 금으로 만든 상상 속의 도시들이 표시되어 있었다. 프랑스는 사냥꾼들이 덫을 놓아 잡은 비버의 모피 말고는 아메리카 대륙이 부를 지니고 있다고 생각하지 않았다. 영국은 자국으로 흘러들어오는 목화와 담배에 만족했다.

대부분의 아메리카인들은 결코 꿈도 꾸지 못했던 미래를 맞이했다. 그러나 토머스 제퍼슨은 그런 꿈을 품었고 앤드루 잭슨도 마찬가지였다. 두 사람은 대륙국가를 구축하면 미국이 대단한 번영과 안정적인 민주주의 질서를 얻게 되리라는 점을 알고 있었다. 그들은 또한 대륙국가로서의 힘이 없으면 미국은 파괴되리라고 믿었다. 북아메리카에 과거에 존재했었던 수많은 국가들과 정착지와 마찬가지로 말이다. 미국이 아메리카 대륙의 일부에 불과하거나 그저 비좁은 땅이나 차지하면 생존하지 못한다는 사실을 알고 있었다. 유럽처럼 수많은 독립국가들이 빼곡히 들어찬 대륙은 유럽처럼 갈기갈기 찢어지리라고 보았다.

따라서 제퍼슨과 잭슨은 단일한 대륙국가를 건설하기 위해 있는 힘을 다했다. 그들은 아메리카 대륙의 지리적 여건을 잘 파악하고 있었고, 70년 만에 세계를 지배할 지리적 여건을 만들어냈다.

전체를 생각하기

　조지 워싱턴은 어떤 요인들이 미국을 사분오열시킬지 잘 알고 있었고, 1796년 두 번째 대통령 임기가 끝나갈 즈음에 한 고별 연설에서 다음과 같이 말했다.

　북부는 공통의 정부의 동등한 법으로 보호받는 남부와 부단히 교류하면서, 남부의 생산 활동에서 북부의 제조업에 필요한 귀중한 원료와 해운과 상업 활동을 위한 자원들을 상당량 확보하게 된다. 마찬가지로 남부도 북부의 기관으로부터 지원을 받으면서 북부와의 교류를 통해서 농업과 상업이 성장하게 된다. 북부의 선원들을 기용해 남부의 운항 체계에 활력을 불어넣게 된다. 그리고 남부도 나름의 방식으로 국가의 운항을 활성화하는 데 기여하는 한편, 상대적으로 취약한 해상력의 보호를 기대하게 된다. 마찬가지로 동부도 서부와의 교류를 통해, 그리고 육로와 수로를 통한 내륙의 소통이 점점 개선되면서, 해외에서 수입하는 상품이나 국내에서 생산되는 제조상품들을 판매할 소비처를 점점 많이 확보하게 된다. 서부는 성장과 편리한 삶에 필요한 물자들을 동부로부터 확보하고, 그리고 무엇보다도 지역 생산품을 판매하는 데 있어 연방의 대서양 연안이 지닌 비중과 영향력 그리고 미래의 해상력에 반드시 의존해야 한다. 서부가 지닌 그밖의 이점은 그것이 독자적인 강점에서 비롯되었든 외세와의 부적절하고 부자연스러운 연계에서 비롯되었든 본질적으로 불안정할 수밖에 없다. 이러한 의미에서 여러분의 연방은 여러분의 자유를 수호하는 중요한 버팀목임을 인식

하고, 여러분이 자유를 사랑한다면 연방을 수호해야 한다는 사실
을 명심하기 바란다.

위싱턴은 나라를 북부, 남부, 서부 세 지역으로 나누었다. 오늘날이라
면 여기에 가장 서쪽인 태평양 연안을 추가해야 한다. 그는 이러한 지역
들을 두 가지 요소를 통해 하나로 묶으려 했다. 첫째, 서로 다른 지역들이
경제적으로 서로 보완적인 관계라는 사실을 보여주려고 애썼다. 둘째,
서로 다른 지역들이 단결해야만 동반구 국가들에 맞서 나라를 효과적으
로 방어할 수 있다고 설득했다. 그러한 방어를 위해서는 막강한 해군이
필요했다. 분열되어서 한 지역이 외세의 수중에 들어가면 연방 전체가
붕괴된다. 위싱턴이 보기에 연방을 하나로 묶어주는 경제적 결속력은 상
호방어에 필요한 연방의 결속도 보장해주었다.

위싱턴은 나라를 분열시키는 지역들 간의 차이점들을 잘 파악하고 있
었고 그러한 차이를 두려워했다. 남부와 북부는 서로 다른 경제 구조와
서로 다른 도덕적 원칙을 지니고 있었다. 서부는 이민 온 정착민들—스
코틀랜드계 아일랜드인, 독일인 등 자신들을 업신여기는 동부지역 잉글
랜드인에 대해서 적개심밖에 없는 사람들—로 구성되어 있었다. 나라의
지리적 여건이 재창조되면서 나라의 해체를 위협하는 갈등과 긴장의 성
격도 바뀌었다.

문제의 근원은 두 가지였다. 제도적으로 미국은 단일 국가다. 그러나
지역마다 정서가 다르고 이러한 차이가 뿌리 깊어지면서 끊임없이 불화
를 야기했다. 오늘날 동쪽 끝과 서쪽 끝 연안지역들은 기술과 금융이 지
역 경제를 이끌고 자부심과 정의감이 대단하며 자신과는 다른 이들을 경
멸한다는 공통점이 있다. 제조업 위주인 중서부는 한때 경제적으로 번성

했던 미국의 심장부였는데, 지금의 처지와 자신들이 소중히 여기는 가치가 무시당한다는 데 대해 분노하고 있다. 정치적 분열은 늘 있어왔고 이 때문에 남북전쟁이 일어나기도 했다. 그러나 예전보다 갈등이 덜한 지금과 같은 시기조차도 도널드 트럼프에 대한 견해는 북동부와 태평양 연안, 그리고 남부와 내륙서부 지역에서 천양지차다. 그리고 이러한 분열은 1960년대 분위기와 매우 비슷하다. 갈등이 심하고 주기적인 변화가 일어나는 시기에는 조지 워싱턴이 언급한 지리적 여건이 다시 부상한다.

미국에는 강한 결속력도 존재하지만 동시에 고통스러운 시기에는 지역 간에 뿌리 깊은 차이가 서로에 대한 경멸로 바뀌기도 한다. 이러한 긴장상태 안에는 사실 장점이 숨어 있다. 나라 안에 긴장이 존재하고 지역 간에 문화와 미래에 대한 전망이 매우 다르다는 점은 사실 나라를 앞으로 나아가게 만드는 힘이 되기도 한다. 하지만 그 과정에서 뒤처지는 이들이 생긴다. 남북전쟁이 끝나고 35년이 지난 후 미국은 세계에서 생산되는 공산품의 절반을 생산하게 되었지만, 남부는 패전에서 비롯된 가난에 여전히 허덕이고 있었다. 남북전쟁은 가장 극단적인 사례이지만 미국에서는 늘 승자와 패자가 있었다. 디트로이트가 쇠락하고 애틀랜타가 부상한다. 지리적 여건은 바뀌고 사람들은 이주하고 미국은 계속 나아간다. 워싱턴은 고별 연설에서 미국이 지닌 취약점들을 지적하면서 미국을 올바른 길로 이끌려면 핵심적인 결속력을 유지하고 수완을 발휘해야 한다는 점을 강조했다.

03

미국인

The American People

대부분의 나라들은 역사, 문화, 가치를 공유하는지 여부로 국적을 규정한다. 미국 국민들은 이 세 가지 중 어느 것도 공유하지 않았다. 심지어 같은 언어를 쓰지도 않았다. 그들은 외국인으로서 이주했고 공통점이 전혀 없었다. 그러나 야릇한 변화가 일어났다. 이민자들은 두 가지 문화를 지니게 되었다. 하나는 그들이 과거라고 일컫는, 가족의 문화였다. 다른 하나는 그들이 자신의 정체성을 버리지 않고 융합된 나라의 문화였다. 미국의 문화는 이러한 이중적 구조로 규정되었고, 따라서 "미국인(American people)"은—인위적이긴 하나—실재하는 대상이다.

미국인을 만든 요인은 이주뿐만이 아니었다. 미국인들은 스스로를 재창조했다. 그들은 세계에서 유례를 찾기 힘든 천혜의 땅과 역사상 전례가 없는 통치체제를 지닌 나라에서 살게 되었고, 떠나온 나라에서는 찾지 못한 것을 찾으려 이곳에 왔다. 일단 여기 정착하고 나면 그들은 자기 삶을 창조해야 했다. 이는 단순히 수많은 가능성 가운데 하나를 선택하는 일이 아니었다. 아직 본 적이 없는 가능성을 만들어내는 일이기도 했다. 벤자민 프랭클린에서부터 스티브 잡스에 이르기까지 발명가의 아이디어는 미국적인 삶을 구성하는 요소들을 상징했다. 창조된 국민은 사물을 발명하고 자신의 정체성도 만들어냈다. 그리고 그러려면 미국인은 아메리카로 이주함으로써 증명한 용기에 더해 자립할 방법을 찾아야 했다. 다른 모든 사람들과 마찬가지로 미국인도 많은 단점들을 지니고 있지만, 이 점만은 그들의 장점이었고 이러한 장단점이 복합적으로 작용해 독특한 국민이 탄생했다.

한 나라 국민의 특징들을 빠짐없이 제대로 묘사하기란 불가능하지만, 몇 세기 전까지만 해도 존재하지도 않았던 국민의 특징들을 설명하기는 그보다 훨씬 더 어렵다. 미국인은 이주와 변모를 통해서 시간이 흐르면서 존재하게 된 국민이다. 이민자들은 미국 국민을 역동적으로 변모시켜 왔지만, 미국인의 정체성을 끊임없이 바꾼 것은 변하는 지리적 여건과 기술과 전쟁을 통해 끊임없이 변하는 일상적인 삶이었다. 미국인이라면 누구든 지닌 공통점이 하나 있었다. 주어진 삶을 뒤로하고 아메리카로 이주했다는 점이다. 세대를 거듭할수록 더 많은 이들이 이주해왔고, 각 세대마다 한때 자기 가족이 지녔던 정체성에 대한 기억은 점점 희미해졌지만 완전히 사라지지는 않았다. 잉글랜드가 뿌리인 이들이나 아일랜드나 폴란드에서 이주한 이들은 여전히 그러한 뿌리가 그들을 꽉 붙들고 있다는 사실을 인식하고 있었다. 아프리카에서 건너온 이들조차도 한때 자기들이 누구였는지를 기억했다. 어쩌면 그들은 자기 의지에 반해서 강제로 끌려와 처참한 삶을 살았기 때문에 다른 이들보다 더욱 자신의 과거에 매달렸는지도 모른다.

이러한 양면성은 잉글랜드에서 이주한 이들이 정착했을 때부터 계속 미국이 지닌 본질적인 속성이다. 그들의 과거는 가족의 내력과 함께하지만 그들의 미래는 미국에 있다. 그리고 세월이 흐르면서 가족력과 국적이 서로 섞여 구분하기 힘들게 되었다. 이 모두가 지정학에 뿌리를 두고 있었다. 동부 해안지역을 선점한 잉글랜드 출신 정착민 인구는 대륙을 장악하기에는 턱없이 부족했다. 흑인 노예들을 포함한다고 해도 인구가 턱없이 모자랐다. 헌법 제1조 8항은 이 점을 인식하고 이주자들이 귀화할 방법을 제시했다. 건국의 아버지들은 이 문제를 파악하고 통치체제가 이에 대응할 방안을 마련해두었다. 첫 세대 이주자들은 아일랜드에 정착해 살던 스코틀랜드계 아일랜드인, 스코틀랜드 장로교 신자들이었다. 그들은 토지를 소유하고 싶었고 지배 계층으로부터 자유로워지고 싶었다. 그들은 거칠었고 많은 잉글랜드 출신 정착민들에게는 동화하기 불가능한 존재로 비춰졌다. 그 후에 아메리카에 온 이주자들도 그런 낙인이 찍혔다.

미국을 대표하는 첫 번째 핵심적인 문화는 잉글랜드에서 이주한 최초 정착민들의 문화였다. 처음에 이는 잉글랜드 출신 개신교도를 뜻했다. 백인 앵글로색슨 개신교도는 미국 문화의 중추를 구성했지만 제2차 세계 대전이 끝난 후 다른 민족적 배경과 종교를 지닌 이들이 대거 군에 통합되면서 백인 앵글로색슨 개신교도—흔히 와스프(WASP, White Anglo-Saxon Protestant)라고 일컫는 집단—와 어깨를 나란히 하게 되었다. 이와 더불어 와스프가 미국 문화라는 인식은 쇠퇴했다. 단 한 가지만 빼고. 바로 영어다. 영어는 미국적인 삶에서 늘 중심적인 자리를 차지했다. 영어를 배우지 않는 건 선택의 자유지만 그렇게 되면 미국의 경제적, 사회적 삶으로부터 제외된다. 미국으로 이주하는 이유는 바로 그러한 사회적, 경제적 혜택을 누리기 위해서인데 영어를 배우지 않으려 한다면 스스로 실패하는 길을 선택하는 셈이었다.

미국인이라고 느끼게 해주는 세 가지 상징이 있다. 하나는 카우보이와 그가 지닌 의무, 악, 그리고 여성과의 복잡한 관계다. 둘째는 발명가인데, 미국을 앞으로 나아가게 해주는 기발한 물건들을 생각해내는 존재다. 마지막은 전사다. 미국은 모순적인 나라다. 행복추구에 전념하는 미국은 전투에서 탄생했고 그 이후로 수많은 전쟁을 치렀다. 전사의 삶에서는 행복이 아니라 의무가 중요하지만 이러한 전사라는 상징은 미국 문화와 불가분의 관계다. 카우보이, 발명가, 전사는 모두 미국을 폭풍 속으로 밀어 넣는 역동성을 상징하고 그 폭풍을 견뎌내면 미국은 발전한 모습으로 다시 태어난다.

이러한 고정관념을 넘어서는 한 가지가 있다. 나는 미국인 하면 미묘함이 떠오른다. 미묘함은 보통 미국인의 특성으로 간주되지 않는다는 사실을 잘 알고 있다. 미국인은 세련되지 못하고 교양 없다는 인식이 널리 퍼져 있다. 어느 정도 사실일지도 모르지만 낯선 땅에 이주해 삶을 개척하는 역량과 끊임없이 변하는 기술과 관습에 적응하면서 사는 역량, 그리고 끊임없이 재규정되는 땅에서 나아갈 방향을 잃지 않는 역량을 갖추려면 미묘함과 깊이가 상당히 필요하다. 미국의 회복력은 바로 여기서 비롯된다. 그 어느 특징보다도 카우보이 전설에서 이러한 회복력이 더 잘 드러난다.

카우보이

우선 미국적인 이미지의 정수(精髓)인 카우보이부터 살펴보자. 미국의 예술과 영화에서 빠지지 않는 미국적인 상징의 정수다. 카우보이는 유럽인들이 미국인을 비난할 때 일컫는 용어이고 미국인 남녀 모두에게 남자다움을 상징한다. 카우보이는 강인하고 말수가 적으며, 두려움을 모르고, 옳다고 생각하면 기어이 해내고야 마는 불굴의 의지를 지녔다. 그의 장점은 생각이 깊은 게 아니라 생각을 행동으로 옮긴다는 데 있다.

카우보이의 현실은 영화에 비춰진 모습하고는 달랐다. 그들은 철도가 확장되기 전까지 겨우 20년 동안 비중 있는 역할을 했다. 많은 카우보이들이 흑인, 멕시코인, 인디언이었고 대부분이 막 이민 온 가난한 백인들도 이에 합류했다. 영화에서는 카우보이를 멕시코인을 요리사로 둔 백인으로 묘사했다. 그리고 대부분의 영화에서는 소는 보이지 않고 총잡이와 법을 집행하는 사람으로 묘사했다. 이러한 영화들은 대부분 오락용일 뿐이었다. 그러나 걸작 영화에서는 신비에 싸인 카우보이를 보다 깊이 있고 미묘하게 묘사했다. 그런 영화에서 카우보이는 겉으로 보이는 모습과 그의 실제 삶은 천양지차다.

카우보이 영화의 진수(眞髓)로 손꼽히는 영화 〈하이 눈High Noon〉은 총잡이의 삶을 놀라울 정도로 미묘하게 묘사한다. 게리 쿠퍼(Gary Cooper)는 뉴멕시코의 보안관 윌 케인(Will Kane)을 연기하는데, 그는 그레이스 켈리(Grace Kelly)가 맡은 역 에이미(Amy)와 신혼부부다. 두 사람은 신혼여행을 떠날 예정이었는데, 마을을 떠나기 직전 케인을 죽이려는 무법자 일당이 마을에 나타난다.

에이미는 부친과 오빠가 총격에 숨진 후 평화주의자이자 퀘이커교도가 되었다. 그녀는 케인이 결투를 피해 죽음을 모면하고 자신과 함께 마을을 떠나기를 바란다. 케인은 자기 신부가 원하는 바와 무법자들로부터 마을을 보호해야 하는 의무 사이에서 갈등한다. 그러나 영화를 보는 사람은 이는 단순히 아내냐 마을이냐 양자택일의 문제가 아님을 깨닫게 된다. 케인이 겪는 갈등은 미국적인 특징을 구성하는 두 요소 간의 갈등이다. 하나는 암약하는 악에 맞서는 남자다운 용기를 대표하는 이상형이다. 다른 하나는 그와 반대되는 잉글랜드 개신교의 전통이다. 남성 케인은 용기라는 전통을 구현한다. 여성 에이미는 온유함이라는 기독교 전통을 구현한다.

케인은 자신이 마을을 지키는 보안관으로서의 의무를 다해야 한다고 본다. 그러나 그는 자신이 지키는 마을 사람들이 자신을 지지하지 않는다는 사실을 깨닫게 된다. 겁을 먹은 사람들도 있고 무법자들과 공감하는 이들도 있고, 케인에게 불만을 품은 이들도 있다. 무법자들과의 결투는 다가오고 마을 사람들이 케인을 지지하지 않은 이유는 수없이 많다.

따라서 케인은 악에 홀로 맞선다.

케인은 마을에 봉사하는 게 아니라 자기 자신에게 다짐한 의무를 다할 뿐이다. 이 영화에 등장하는 노래 가사에는 "비겁한 겁쟁이"로 죽게 되면 어떻게 되는지 경고하는 내용이 있다. 케인이 보기에 이는 마을을 위해서도, 마을 보안관으로서 자신이 한 맹세 때문도 아니다. 그는 마을을 벗어나 신혼여행을 떠나지 않고 보안관 뱃지를 달고 허리춤에 총을 찬다. 그는 죽는 한이 있어도 남자답게 싸울 작정이다. 그리고 이 때문에 아내와의 사이에 갈등의 골이 깊어진다. 전사의 전통과 기독교 전통 간의 갈등이다.

그러나 줄거리에서 반전이 벌어진다. 네 명의 무법자들은 총을 쏘며 케인에게 달려든다. 케인은 둘을 쏴죽이고 또 다른 한 명은 몸을 숨긴다. 그는 매복해서 케인을 기다리고, 케인의 아내는 장총을 집어 들고 매복한 무법자의 등을 겨냥해 총을 쏜다. 그녀는 자신의 남편을 저버릴 수 없었고, 따라서 자신의 도덕적 원칙을 포기하고 무법자를 무자비하게 죽임으로써 남편의 목숨을 구한다. 그리고 케인과 마주선 마지막 무법자는 에이미를 인질로 삼고 케인에게 총을 버리라고 명령한다. 케인이 막 총을 버리려는 순간 에이미는 손을 뻗어 무법자의 눈을 할퀸다. 그녀는 무법자의 손아귀에서 벗어나고 케인은 그 무법자에게 총을 쏴 쓰러뜨린다. 그러고 나서 케인은 아내와 포옹을 하고 보안관 뱃지를 땅바닥에 내던진 후 아내와 함께 마을을 떠난다.

〈하이 눈〉은 케인을 침착하고 의지가 결연하고 감정에 휘둘리지 않는 인물로 묘사한다. 그러나 이 영화의 영웅은 케인이 아니다. 그의 아내가 이 영화의 영웅이다. 그녀는 자기 남편의 목숨을 구하기 위해 종교적 믿음과 자기 자신에게 했던 맹세를 저버린다. 경고 없이 등 뒤에서 총을 쏘지 않으려는 케인과는 달리 에이미는 거리낌이 없다. 남자가 "비열하게 싸운다"고 할 만한 행동도 마다하지 않는다. 마지막 남은 무법자의 눈을 할퀴어 케인에게 총을 쏠 기회를 마련해주는 행동을 한다. 그녀의 의무는 그녀가 사랑하는 대상에 대한 의무이며, 그 밖의 모든 것은 부차적이다. 케인의 아내가 남편인 케인처럼 도덕적 원칙을 고수했다면 케인은 죽었을지 모른다. 그는 원칙을 포기할 수 없었지만 그녀는 포기했다. 그를 향한 그녀의 사랑은 그녀의 종교를 초월하고 전쟁에서 준수해야 할 규칙도 초월했다. 케인은 겁쟁이로 비춰질까봐 두려워서 행동했다. 에이미는 미래를 결정했다. 케인의 도덕관은 단순하다. 에이미는 자신이 태어난 뉴잉글랜드 지역의 한 마을에서 기독교의 복잡한 원칙들을 마음에 간직하고 있다. 도덕적 모호함이라는 짐을 짊어진 이는 남성 케인이 아니라 여성 에이미이고, 그 짐을 기꺼이 짊어지겠다는 그녀의 의지가 케인을 케인 자신으로부터 구한다.

이 영화는 미국인이 떨쳐버리지 못하는 특성인 공포감을 나타낸다. 케인을 죽이러 마을로 쳐들어온 무법자들은 사악하고 자신만만하다. 그들은 사악함 말고는 그 어떤 인간으로서의 감정도 없다. 그들의 목표는 살인이고 그들은 자기들이 성공하리라는 사실을 알고 있다. 그들 가운데 한 명은 수감되었었는데 무슨 연유 때문인지 사면을 받았다. 이 무법자들이 누구이고 어디서 왔는지, 그리고 케인을 죽이는 일 말고 그들의 최종적인 목표가 무엇인지는 영화에서 밝히지 않는다. 무법자들은 서로와의 관계 말고 그 누구와도 연결된 그 어떤 대상도 등장하지 않고 가족이 있다는 기미도 보이지 않으며, 동정심도 두려움도 느끼지 않는다. 그리고 그들을 서로 묶어주는 것은 오로지 악을 행하려는 의지뿐이다. 그들은 끝없이 펼쳐진 초원으로부터 작은 마을로 쳐들어온 두려운 존재다.

당시 대부분의 작은 마을들과 마찬가지로 이 마을도 외진 곳에 있고 오로지 가끔 지나다니는 기차로만 바깥세상과 연결되어 있다. 마을 주민들은 마을 바깥 초원지대에 어떤 위험이 도사리고 있는지 알지 못한다. 다만 그 광활한 땅에는 그들만 있는 게 아니고 이는 생각만 해도 두려운 현실이다. 그러나 대도시라고 해서 다르지 않다. 사람들이 가득한 도시에서 느끼는 외로움은 생생하고 고립감은 강력했다. 악의 위협에 대한 두려움은 미개척지인 서부에 있는 작은 마을 못지않게 도시에서도 생생하게 느껴졌다.

아메리카에는 부평초 같은 정서가 있는데, 이는 장점이기도 하다. 사람들은 가족과 전통의 제약을 받지 않고 자유롭게 이주한다. 케인의 마을로 이주한 사람들도 시카고에 새로 이주한 사람들과 마찬가지로 그 지역사회에 수세대 동안 뿌리를 내린 이들이 아니었다. 아메리카에서 부평초 같이 정처 없는 삶은 해방감을 주는 동시에 두려움도 느끼게 했다. 어둠 속에 도사리고 있을 미지의 악에 대한 두려움이 존재했다. 경찰은 멀리 떨어져 있고 이웃들은 자신 못지않게 두려움에 떨었다.

〈하이 눈〉의 미묘한 정서는 관람객으로 하여금 상투적인 서부지역의 보안관을 상투적인 고정관념으로 보도록 한다. 그는 강인한 남성이고 옳다고 생각하면 굽히지 않으며 승산이 없는 상황에서도 두려워하지 않는다. 그게 이 이야기의 결말이라면 그는 죽은 목숨일 게다. 흔히 간과되는 사실은 케인의 아내가 결단력이 있는 인물로서 자신이 지닌 도덕적 가치에 반하는 행동을 한다는 점이다. 도덕관은 단순한 개념으로 시작해 복잡해진다. 남녀관계는 단순한 개념으로 시작되지만 어마어마하게 복잡해진다.

서부영화가 분명한 이 영화는 미국 사회에서 일어나는 복잡한 변화를 가리킨다. 〈하이 눈〉은 제2차 세계대전이 끝나고 7년 후인 1952년에 제작되었다. 제2차 세계대전은 남성들에게 케인처럼 죽음보다 비겁함을 두려워해야 한다고 가르쳤다. 〈하이 눈〉은 서부에 대한 이야기였지만 제2차 세계대전과 남성들이 미치지 않으려면 어떻게 행동해야 하는지를 보여주는 이야기이기도 했다. 남성은 전쟁에 나가 싸웠지만 전쟁에서 승리한 사람은 여성이었다.

여성은 전통적인 의미에서 전쟁을 이겼다. 남성은 자신의 신념, 조국, 그리고 가족을 위해 참전한다. 전쟁에는 고대 시대부터 존재한 역동성이 있고 이와 연관된 수많은 고정관념들이 존재한다. 남성은 자신의 나약함 말고는 무엇이든 여성이 용서하리라고 생각한다. 전쟁은 강인함을 시험하는 최종적인 시험대이고 군인은 강인함의 증거로 전쟁을 여성에게 바친다. 여성은 남성이 일시적으로 약해진 상태로 전쟁에서 돌아오면 그들을 위로하고 다시 강인하게 만든다. 이러한 남녀의 특성들은 고정관념이긴 하나 고대부터 존재한 진실이기도 하다. 그리고 남성과 여성은 이러한 공감대를 통해 전쟁의 고통을 견뎌낸다.

여성은 또한 대단히 새로운 방식으로 제2차 세계대전을 승리로 이끌었다. 이 전쟁은 산업 전쟁이기도 했다. 미국의 승리는 생산과 밀접한 관련이 있었다. 미국의 항공 산업에 종사하는 근로자의 65퍼센트는 여성이었다. 기혼녀의 25퍼센트가 직장에서 일했고 전쟁을 치르는 동안 총 근로자의 37퍼센트는 여성이었다. 총 35만 명의 여성이 군대에서 복무했다. 공장에서 전투 공군기지까지 폭격기를 조종한 조종사는 여성이었다. 미국은 여성이 아니었으면 독일과 일본을 물리치지 못했을지 모른다. 소련과 영국이 독일에 맞서고 독일을 파멸시킬 수 있었던 까닭은 오로지 미국이 그들에게 장비를 제공했기 때문이다. 독일군의 척추를 부러뜨리고 프랑스의 점령을 가능케 한 주인공은 소련군이었다. 그들이 독일군의 척추를 부러뜨릴 수 있었던 이유는 오로지 미국 여성이 생산한 장비 덕분이었다.

어느 문화든 남녀관계가 핵심이다. 인류 역사 대부분의 기간 동안 남녀관계는 생물학적 현실과 인구학적 현실에 의해 규정되고 제약을 받았다. 인구 규모가 안정적으로 유지되려면 여성은 세상을 떠나기 전에 가능한 한 많은 자녀를 출산해야 했고, 출산을 하다가 목숨을 잃는 경우도 잦았다. 남성은 땀 흘려 노동했고 동시에 여러 명의 아내를 두거나 연속해서 여러 명의 아내를 두었다. 결혼은 사회적인 이유로도 개인적인 이유로도 반드시 해야 했다. 여성은 반드시 있어야 하는 존재였지만 그들이 종족번식에서 하는 핵심적인 역할이 그들을 심각한 위험에 처하게 했다. 현대 의료기술이 발달하고 위생상태가 개선되면서 이 모두가 바뀌었다. 여성의 수명이 40세가 아니라 80세로 급격히 늘었고, 자녀를 여덟이 아니라 한두 명만 두었으며, 따라서 여성은 가정을 벗어나 생산적인 삶을 누리게 되었다.

1963년 베티 프리던(Betty Friedan)이 『여성의 신비The Feminine Mystique』를 출간했는데, 많은 이들이 이 책을 현대 페미니즘의 시초로 본다. 20세기 끝 무렵 미국에서 여성의 역할은 변했다. 이는 미국이 겪는 주기적인 과정에서 새롭게 파악해야 할 국면도 조성했다. 페미니즘에는 수많은 차원이 있다. 지적으로는 여성의 삶에서 생물학적 현실이 변하고 있으며, 이러한 변화로 전혀 새로운 가능성들이 열렸다는 사실을 공식적으로 인정했다. 남녀 간의 억지스러운 구분은 막을 내렸고 남녀관계는 변했다. 결혼은 종족번식이라는 벗어날 수 없는 절박한 투쟁에서 낭만적인 이끌림과 자유로운 선택의 결과로 변했고 구애의 의례도 사실상 붕괴되었다.

보다 심오한 변화는 미국에서 오랜 규범이 변하는 속도였다. 사회적, 경제적 계층 이동성을 말한다. 미국의 뿌리에는 문화적 이동성이 있다. 미국적인 삶에는 수많은 놀랄 만한 일들이 있지만 여성의 역할과 성적인 관계가 전례 없는 속도로 변했다는 사실보다도 더 놀라운 것은 없다. 이러한 변화로 대단한 불확실성이 조성되었다.

〈하이 눈〉에서 케인의 아내가 아무리 용감하다고 해도, 위기가 수습된 후에는 케인과 함께 가정을 꾸리고 그의 아이들을 낳게 된다. 그녀의 의식 저변에 깔린 기독교의 시각으로 바라본다면, 그로부터 100년 후에 변모한 삶을 본다면 충격을 받을 게 틀림없다. 결혼관계 내에서 성생활과 종족번식은 복합적으로 여성의 역할을 규정하곤 했다. 〈하이 눈〉에서 에이미 역할을 한 그레이스 켈리와 리벳공 로지(Rosie the Riveter)[10]는 전통적으로 행해지고 도덕적으로 필요하다고 간주되었던 여성의 역할이 갑자기 행복추구의 일환으로 선택할 수 있는 수많은 선택지들 가운데 하나가 되었다는 사실을 뜻하지 않게 드러냈다.

발명가

〈하이 눈〉은 영화였고, 영화는 영화 촬영용 카메라 없이는 만들어지지 못했을 것이다. 영화 촬영 카메라를 발명한 사람은 토머스 에디슨이다. 에디슨은 전기를 응용한 제품을 발명해 부를 쌓았다. 그는 전기를 발견하지도 않았고 전기의 중요성을 최초로 깨달은 인물도 아니다. 일찍이 벤자민 프랭클린이 전기의 복잡한 성질을 간파했었다. 에디슨이 한 일은 전기를 응용하는 방법을 개발하고 그러한 응용 방법을 금전화할 사업체를 만든 일이다. 때로는 제품을 만들어 팔기도 했지만 그보다는 다른 기업들에게 응용 방법을 판매해 그 기업들이 제품을 마케팅하고 판매하게 하는 경우가 더 빈번했다.

세계에는 에디슨 말고도 수많은 발명가들이 있었다. 전기 부문에서 많은 연구를 했지만 기업을 성공적으로 일군 적은 없는 니콜라 테슬라(Nikola Tesla)도 그중 하나다. 에디슨이 한 일은 발명의 기술을 사업과 접목시키는 일이었다. 에디슨은 다른 이들이 놓친 점을 간파했다. 기술은 제품을 만들기 위해 발명되고 제품은 팔려야 한다는 점이다. 그는 발명의 미묘한 의미를 간파했다. 과학에 통달하는 것도 제품을 설계하고 제조하는 것도 발명의 묘미는 아니었다. 발명의 묘미는 사회가 필요한 게 무엇이고 고객이 무엇을 살지 파악하는 데 있었다. 과학자이거나 엔지니어인 것만으로는 부족했다. 사회학자일 필요도 있었다. 토머스 에디슨은 헨리 포드, 빌 게이츠, 일론 머스크, 그리고 다른 모든 이들의 본보기가 되었다. 발명가는 사용자가 필요하고 발명가와 사용자를 연결하는 가교역할은 기업이 한다는 사실을 깨달은 모든 이들의 본보기 말이다.

에디슨은 오하이오주에서 태어나 미시간주에서 자랐다. 그는 어머니가 홈스쿨링으로 가르쳤다. 자연에 관한 책에 관심이 있었던 점 말고는 그가 어렸을 때, 훗날 어떤 업적을 남길지 예견할 만한 징후는 전혀 없었다. 그의 생각을 엿볼 수 있는, 그가 했다고 알려진 발언이 있다. "대부분의 사람들이 기회를 놓치는 이유는 기회는 작업복을 입고 있고 일처럼 보이기 때문이다." 그가 했다고 알려진 또 다른 발언은 "천재는 1퍼센트의 영감과 99퍼센트의 노력으로 만들어진다."이다. 그가 한 말의 뜻은 단순하다. 그러나 그런 단순한 발언에 담긴 통찰력은 전혀 예사롭지 않다.

에디슨이 이룬 가장 중요한 업적은 물건을 발명하는 구조를 만들었다는 점이다. 그는 뉴저지주 먼로 파크에 최초로 산업연구 실험실을 세웠다. 이 실험실에서는 팀별로 발명 기술을 응용할 방법을 설계했다. 그는 물건을 발명하는 원칙도 개발했다. 그는 시장이 요구하는 것이 발명의 원동력이 되어야 한다고 했다. 그는 최초로 기술을 마케팅하면서 자신의 이름을 삼척동자도 아는 이름으로 만들고 유명인사가 되었다. 그는 발명을 자신이 관리하고 시장 판매기회가 추진력이 되는, 여러 팀의 협력의 산물로 변모시켰고 자신의 개성을 중심으로 마케팅 활동을 구축했다.

(에디슨의 절친한 친구인) 헨리 포드에서부터 스티브 잡스에 이르기까지 소비자 상품을 판매하는 기술전문가들을 보면 그 모델이 떠오른다. 혈혈단신의 발명가가 팀으로 대체된다. 발명의 목적은 기본적인 과학적 발견이 아니라 과학을 상품에 응용하는 일이다. 이러한 노력은 시장과 밀접하게 연관되었고 시장이 넓을수록 바람직하다. 에디슨은 밤을 낮으로 바꾸겠다는 꿈을 꾸었고 헨리 포드는 교통수단을 더 저렴한 가격에 이용하도록 만들겠다는 꿈을 품었으며, 스티브 잡스는 컴퓨터를 응용 방법이 무한한 가정용 제품으로 만들겠다는 야심을 품었다. 세 사람 모두 어마어마한 돈을 버는 게 목적이었지만, 동시에 의도하지는 않았지만 정치적인 목적도 있었다. 바로 행복을 증진시켜 민주주의적인 삶을 향상시키는 일이었다. 그리고 이들은 영화 촬영용 카메라, 자동차, 컴퓨터가 이 두 가지 목표를 달성시켜주리라는 깊은 뜻을 공유했다. 기술이 변하면 사업모델도 변하지만 사업의 개념, 핵심은 변하지 않으며, 사업가로서의 발명가는 미국적인 삶에서 여전히 본질적인 요소다.

기업은 국가의 힘을 상쇄하는 존재였다. 건국의 아버지들은 국가를 불신했지만 국가는 군사력을 소유했다. 기업의 세계는 그 자체가 분산되어 있고 부를 소유했다. 국가와 기업은 서로 상대방이 절대통치를 할 역량을 봉쇄했고 상호이익을 추구하기 위해 협력했다. 건국의 아버지들은 국가의 권력이 아무리 분산되어 있어도 힘없는 민간 영역은 국가를 절대로 좌지우지할 수 없다는 사실을 알고 있었다. 그러나 건국의 아버지들은 사업가이자 민간인이기도 했다. 그리고 그들은 기업 이익의 존재는 국가를 타락시키고 훼손하는 반면 국가는 기업을 무력화시킬 수 있다는 사실도 알고 있었다.

미국의 국장을 제작할 때 무언의 합의에 도달했고, 이는 건국 이후로 지속되어왔다. 정치권력과 경제권력 간의 거래였다. 공화국 초기부터 비난을 받아온 거래지만 절대로 사라지지 않을 거래였다. 결국 누군가는 건국의 아버지들이 건설하려고 했던 피라미드를 건설할 계약을 맺어야 했다. 건국 초기부터 미국은 금전과 정치의 대결과 협력, 그리고 이 둘을 전쟁에 응용하는 방식이 존재했다.

전사

아메리카의 문화는 전사의 문화다. 토머스 에디슨의 사연과는 대조적인 듯이 보일지 모르겠다. 그가 평화주의자여서가 아니라 기술전문가이자 사업가이기 때문이다. 기술과 사업은 고객을 만족시켜 돈을 벌고 행복을 추구하는 데 전념한다. 전쟁에는 희생과 의무의 이행이 필요하다. 나는 미국은 사업을 중시한다고 감히 말할 수 있다. 그러나 미국은 전쟁수행을 중시한다고도 말할 수 있다. 이 모순은 실제적이고 서로 조화시키기가 어렵다. 그러나 미국 국민의 미묘함에 대해 논했듯이 이 모순된 두 가지 특성은 처음부터 나란히 존재해왔다고 주장하고 싶다.

앞서 말했듯이 미국은 전투에서 탄생했다. 8년 동안 끊임없이 이어진 처절한 전투에서 25,000명의 아메리카 군인이 목숨을 잃은 끝에 탄생했다. 이 전쟁 당시에 아메리카인이 250만 명 정도였으니, 인구의 1퍼센트가 목숨을 잃었다는 뜻인데, 이는 그 어떤 전쟁보다도 사망자 비율이 높다. 거의 매 세대마다 전쟁을 치렀다. 전사의 수가 적은 소규모 전쟁이 대부분이었지만 규모가 어마어마한 전쟁도 있었다.

다음과 같은 수치들을 한번 생각해보자. 지금 이 순간 미군에 복무중이거나 퇴역한 남녀가 250만 명 정도 된다. 어마어마한 수치지만, 군의 전체 면모를 다 포착하지는 못한다. 군인은 혼자 참전하는 게 아니다. 그들에게는 참전한 군인을 통해 전쟁을 겪는 부모, 배우자, 자녀, 그리고 친척들이 있고 그들은 혈육인 군인이 참전하는 동안, 그리고 때로는 전쟁이 끝난 후에도, 그리고 기억을 통해서 전쟁을 겪는다. 그들은 전사들 못지않게 전쟁으로 깊은 영향을 받는다. 복무한 군인 한 명당 평균 네 명의 삶이 전쟁의 영향을 받는다고 치면 약 1억 명의 미국인의 삶이 전쟁이나 전쟁 가능성 때문에 변모하는 셈이다. 미국 총 인구의 거의 3분의 1에 해당한다.

영국으로부터 독립하고 30년이 지나 미국은 1812년 전쟁을 치렀다. 그로부터 34년 후 멕시코와의 전쟁이 있었다. 그러고 나서 약 13년 후 남북전쟁이 일어났다. 60만 명이 사망한 전쟁이었다. 그 후로 인디언 국가들과의 마지막 투쟁이 오랜 기간 이어졌다. 그러더니 1898년 스페인과의 전쟁이 일어났다. 그로부터 16년 후 제1차 세계대전이 발발했고 그로부터 23년 후 제2차 세계대전이 일어났다. 뒤이어 한국전쟁과 베트남 전쟁이 일어났고 21세기 들어 지금까지 지하디스트(jihadist)를 상대로 전쟁이 계속되고 있다.

전쟁이 점점 빈번해지는 데는 지정학적 이유가 있다. 그러나 문화적으로 보면 아리송한 의문이 떠오른다. 어떻게 전쟁의 문화와 행복의 문화가 공존할까? 간단히 말하면 전사는 늘 사회에서 독특한 위치를 차지해 왔다. 전쟁의 황폐함에 자신의 몸을 던져 사랑하는 조국을 보호하는 행동은 가장 숭고한 행위로 여겨졌다. 전쟁은 전통적으로 남자다움, 용기, 의무, 강인함을 시험하는 계기였다.

전쟁이 주는 매력은 그처럼 단순할지 모른다. 미국은 국가이고, 모든 국가는 전쟁을 치르며, 전사는 남성이—그리고 이제는 여성도—갈망하는 특별한 지위를 차지한다. 그러나 미국은 또 다른 부류의 영웅이 있다는 점에서 여느 나라들과는 다르다. 빈털터리로 엄청난 부를 일군 이들 말이다. 두 부류 모두 전투를 치르고 자신과 자신의 조국을 위해서 싸운다고 주장할 자격이 있었다. 미국에는 이 둘을 겸할 수 있는 이들이 있고 그런 이들을 사람들은 가장 우러러보았다.

그러나 더 깊은 시너지 관계가 존재한다. 지금까지 나는 진보, 기술, 사업에 대해 논했다. 이 과정을 조금 세분화해서 이 모두가 어떻게 맞아 떨어지는지 파악하고 여기서 비롯되는 문화적 조화와 긴장을 살펴볼 필요가 있다. 세 부분이 존재한다. 첫 번째는 기초과학이다. 자연의 기초적인 현실을 이해하는 행위다. 두 번째는 기술인데, 기초과학이 자연을 이용하기 위한 도구로 변모한 것이다. 세 번째는 제품인데, 특정한 목표를 달성하는 데 사용된다.

〈하이 눈〉의 결투는 뉴멕시코에서 벌어졌는데, 이곳은 가장 대단한 과학적 전투의 본거지이기도 하다. 바로 원자폭탄의 개발이다. 황량한 사막과 외진 마을들이 있는 뉴멕시코에서 원자폭탄을 설계하고 조립하고 실험했다. 학계와 군부가 만난 곳이었다. 과학자들은 케인처럼, 지구를 어슬렁거리고 있던 악에 맞서 그것을 파멸시키기 위해 있는 온 힘을 다했다. 맨해튼 프로젝트를 통해 뉴멕시코에서 원자폭탄을 개발한 이후로 군은 기초과학과 과학자에게 집착해왔다. 과학자들은 적을 물리치고 미국의 힘을 꿈꿔온 이상으로 막강하게 만들 토대를 마련했다. 뉴멕시코는 미국 서부에 펼쳐진 광활한 공간이었고 이곳에서는 목재와 물을 얻기가 어려웠으며 인적도 드물었다. 드러내놓아도 눈에 띄지 않을 수 있는 곳이었다.

원자폭탄은 도덕적인 딜레마였다. 〈하이 눈〉에서 그레이스 켈리가 연기한 등장인물과 마찬가지로 미국인은 도덕적 절대성보다는 승리와 생존을 선택했다. 건국의 아버지들은 아메리카를 도덕적인 과업으로 생각하고 설계했다. 따라서 국가를 유지하는 데 필요한 행위 때문에 아메리카는 마음이 편치 않았다. 이러한 논쟁은 건국 때부터 시작되었다. 그리고 그 논쟁은 아메리카의 인적이 드문 황량한 벌판에서 결론이 났다.

45구경 콜트 권총이든 꼬마 소년(Little Boy)이라고 불린 원자폭탄이든, 미국의 문화에서 도덕과 무기는 서로 연결되어 있다. 제2차 세계대전이 끝난 후 도덕적 프로젝트로서의 전쟁과 기술 간의 친밀한 연계는 한층 더 발전해서 미국 사회의 새로운 토대를 만들었다. 예컨대, 국방부는 미닛맨(Minuteman) 미사일 유도체계에 쓸 초경량급 컴퓨터가 필요했다. 국방부는 민간인 과학자와 엔지니어들에게 이를 제작하라고 했다. 1956년 텍사스 인스트루먼츠(Texas Instruments)에 근무하는 잭 킬비(Jack Kilby)는 집적회로와 마이크로칩을 발명했고 1962년 이는 미닛맨 미사일에 장착되었다. 마이크로칩을 기반으로 한 컴퓨터는 대륙간탄도미사일(ICBM)을 유도하기 위해서 제작되었다. 1970년대 무렵 스티브 잡스와 빌 게이츠는 마이크로칩으로 가정용 컴퓨터를 개발했다.

1973년 국방부는 나브스타(NAVSTAR) 체계를 도입했다. 미군에게 정밀조종 기술을 제공하려는 목적이었다. 나브스타가 사용한 방법은 아인슈타인의 상대성 이론을 연구하는 물리학자들이 개발했다. 국방부는 무기의 정밀조종과 유도를 가능케 한 물리학자들의 업적을 바탕으로 인공위성 도표를 구축했다. 바로 GPS(Global Positioning System)라는 이름으로 잘 알려진 기술로서 오늘날 일상생활에 널리 쓰이고 있다.

1960년대에 미국 비밀 연구시설은 보안이 유지되면서도 데이터를 신속하게 공유할 방법이 필요했다. 국방부의 고등연구계획국(DARPA)은 최초로 전화선으로 데이터를 운반하는 이론을 응용했다. 이러한 응용에서 개발된 체계가 아프네트(ARPNET)이고 이 체계가 오늘날의 인터넷으로 진화했다. 이처럼 국방부는 일상생활을 급격히 변모시켰는데 이는 거의 제대로 인정받지 못하고 있다.

맨해튼 프로젝트는 미국의 특성을 이런 식으로 변모시켰다. 도덕과 폭력 간의 갈등은 오래전부터 늘 존재해왔다. 원자폭탄은 그저 이 문제를 극대화했을 뿐이다. 그러나 용기, 무기, 정의 그리고 도덕 간의 핵심적인 긴장관계는 과거와 마찬가지로 여전히 존재한다. 변한 것이 있다면 급격히 강화된 무기의 역량과 기술이 사회 전체를 변모시키는 방식이다. 평화와 전쟁, 전사와 민간인, 과학자와 사업가는 구분하기가 점점 힘들어졌다. 에디슨은 자신이 결코 무기를 발명하지 않은 데 대해 자부심을 느꼈지만 이는 당시에도 사실이 아니었고, 오늘날에는 기술과 무기를 구분하기가 점점 불가능해지고 있다.

기술이 존재하고, 사업이 존재하고, 전쟁이 존재한다. 이 세 가지는 서로 다른 듯이 보이지만 미국적인 삶에서 과학자, 카우보이, 전사, 그리고 이에 덧붙여 사업가는 단일한 문화를 구성하는 일부분이다. 미국 문화는 모순의 문화이지만 조화의 문화이기도 하다. 앞서 언급한 세 부류의 사람들은 서로 근본적으로 다른 유형이고 서로 거의 상종하지도 않을 것으로 추정된다. 그리고 개인적인 차원에서 보면 이는 사실일지도 모른다. 그러나 그들은 함께 단일한 미국 사회를 구성한다. 다른 수많은 부류의 사람들은 여기서 언급하지 않았지만 이 세 부류의 사람들이 미국 사회에 복잡함과 미묘함을 부여한다. 이 때문에 미국 사회는 살기 힘든 곳이고 긴장감이 높은 곳이다. 미국인이 되기는 쉽지 않다. 유럽인은 카우보이를 단순하다고 여긴다. 그러나 미국인의 삶은 복잡하고 마찰이 심하다.

미국 역사의 주기를 급속히 변하게 하는 원동력은 미국인들 내에 존재하는 모순이다. 각양각색의 사람들—카우보이, 과학자, 발명가 겸 사업가, 전사—이 합심해 끊임없이 부침을 거듭하는 주기를 겪으면서 미국을 재창조한다. 이와 같이 서로 다른 유형의 미국인들(그리고 지적한 바와 같이 이들은 빙산의 일각이다) 간의 긴장관계 때문에 미국적인 특성을 딱 꼬집어 뭐라고 말하기가 불가능하다. 미국의 특성은 이러한 모순들로부터 구축되었고, 이러한 모순은 최근에 스스로를 발명하지 않은 나라들 그리고 여전히 스스로를 재발명하는 과정에 놓이지 않은 나라들에 존재하는 모순보다 훨씬 크다. 유럽인과 아시아인은 돌이켜볼 수 있는 수천 년의 역사와 문화를 자랑한다. 미국인은 오로지 미래에 시선을 두고 있으며, 그러한 미래는 끊임없이 재창조되어야 한다. 미국의 통치체제는 발명되었다. 북아메리카 대륙을 이용하는 방식도 발명되었고 미국이라는 국가도 발명되었다. 그리고 이러한 발명은 계속되면서 과거의 미국인을 버리고 앞으로 구현될 미국인을 받아들이라고 끊임없이 압력을 가한다. 각 세대가 자신의 과거를 버리는 일은 외로운 과업이고, 이러한 과정은 미국적인 삶에서 불안정한 주기를 조성하고 결국 닥칠 폭풍을 극복해내는 내구력을 창출한다.

국가가 저지른 범죄: 노예제도와 인디언

미국의 발명에 대해 논하려면 이 나라가 저지른 끔찍한 도덕적 범죄를 다루지 않을 수가 없다. 발자크(Balzac)에 따르면, 대단한 행운의 배후에는 반드시 끔찍한 범죄가 있다. 그리고 미국이 얻은 대단한 행운에는 두 가지 범죄가 있다. 흑인을 노예로 삼은 사실과 인디언 학살이다. 이 두 가지 범죄를 거론하면서 미국은 그 어떤 도덕적 권위를 행사할 자격도 없다고 깎아내리는 이들이 있다. 앞서 말했듯이, 미국은 도덕적인 프로젝트였다는 사실로 미루어볼 때 이러한 범죄는 심각하게 받아들여야 하고 그 의미를 절대로 축소해서는 안 된다. 미국은 이 두 가지 범죄에 대해 국가적으로 엄청난 죄책감을 느끼지만, 대부분의 문제들이 그러하듯이, 통상적으로 거론되는 방식보다 도덕적, 역사적으로 훨씬 복잡한 사연이 있고 따라서 완결되지 않은 논의다. 죄책감은 실재한다. 동시에 해명도 존재한다. 그렇다고 해서 결코 정당화된다는 뜻은 아니다.

노예제도는 미국이 존재하기 수세기 전에, 북아메리카에 정착이 시작되기도 전에 이미 서반구에 도입되었다. 포르투갈과 스페인 두 나라 모두 아메리카 인디언들을 노예로 부렸고, 포르투갈은 아프리카인들을 브라질로 끌고 왔다. 브라질은 아프리카인들을 가장 많이 노예로 부렸다. 북아메리카에 아메리카인은 없고 오로지 유럽에서 온 정착민들만 존재하던 17세기 초 스페인, 네덜란드, 잉글랜드가 노예제도를 북아메리카에 도입했다.

이런 의미에서 노예제도는 공동범죄였지만, 미국은 내가 생각하기에 끔찍한 짓을 저질렀다. 미국은 노예제도라는 관행을 계속 유지했을 뿐만 아니라 아프리카인을 공식적으로도 법적으로도 인간보다 못한 존재로 규정했다. 독립선언문은 모든 인간이 평등하게 태어났다고 명시하고 있다. 건국의 아버지들은 진심으로 이렇게 생각했지만 아프리카인을 노예로 부리는 관행은 유지하고 싶었다. 그들은 남부에서 노예제도가 유지되도록 허용하지 않으면 미국을 건설할 수 없다는 사실을 알고 있었다. 노예제도를 허락하지 않으면 남부는 연방에 합류하지 않을 게 틀림없었기 때문이다. 따라서 건국의 아버지들은 도덕적인 범죄라고 할 수밖에 없는 방식으로 이 문제를 해결했다. 모든 사람이 평등하게 태어났으므로 아프리카인은 인간 이하라고 선언했다. 그리고 헌법은 흑인의 가치가 백인의 가치의 5분의 3이라고 못 박았다.

이는 미국이 저지른 씻을 수 없는 죄악이었다. 제퍼슨과 애덤스 같은 사람들은 분명히 흑인이 평등하다는 사실을 알고 있었지만 경제적, 정치적 편의상 흑인은 평등하지 않다는 논리를 채택하는 데 동의했다.

독립선언문은 세계가 우러르는 본보기가 되어야 했다. 노예제도는 미국이 발명되기 전에 존재했고 1865년 이후에도 다른 지역에서는 널리 실행되었다. 그러나 건국의 아버지들은 건국을 선언한 문서의 내용을 훼손함으로써 흑인들에 대한 부당한 대우가 지속되도록 만들었다. 독립선언문은 미국 문화에서 흑인이 인간 이하라고 규정함으로써 노예제도의 피해자를 폄하하고 사악한 정서를 조성했으며 이러한 정서는 여전히 미국이라는 나라를 타락시키고 해방되었어야 할 피해자들에게 여전히 낙인을 찍고 있다. 법은 문화를 규정하고 법을 철폐한다고 해서 그 자체만으로 문화가 바뀌지는 않는다.

미국이 감당해야 하는 두 번째 범죄는 인디언 학살이다. 이는 매우 복잡한 문제다. 최근에 발표된 연구 자료들에 따르면, 서반구에서 인디언 원주민이 거의 전멸한 이유는 분명히 폭력행위가 아니라 질병 때문이었고 이러한 질병은 북아메리카 인디언뿐만 아니라 서반구 전역에서 인디언의 목숨을 앗아갔다. 홍역, 천연두를 비롯한 여러 가지 질병들은 인디언 국가들 인구 가운데 거의 90퍼센트를 섬멸했다. 유럽인은 자기들이 이런 질병을 서반구에 퍼뜨렸다는 사실을 알지 못했다. 질병의 근원에 대한 이론적 기반도 알지 못했던 그들은 이러한 질병에 면역이 없는 인구를 몰살시켰다. 찰스 C. 만(Charles C. Mann)의 저서 『1491』은 이러한 인구 멸절 과정을 자세히 묘사하고 있다.

아메리카인들이 서부로 진출하는 과정에서 맞닥뜨린 인디언 국가들은 대부분 한때 거대했던 국가들의 분산되고 흩어진 잔존세력이었다. 아메리카인은 이러한 잔존세력을 토대로 인디언에 대한 판단을 내렸다. 그러나 인디언 국가가 전부 쪼개진 것은 아니었다. 코만치족은 로키산맥에서부터 텍사스와 캔자스에 이르는 방대한 제국을 건설했다. 18세기부터 그들은 다른 인디언 국가들을 공포에 몰아넣었는데, 특히 로키산맥 동쪽 북아메리카 대평원에 사는 인디언들을 괴롭혔다. 따라서 이러한 인디언 국가들이 잔혹한 운명을 맞은 이유는 세 가지다. 첫 번째는 유럽인이 가져온 질병이었다. 두 번째는 코만치 제국이었는데, 이들은 유럽에서 이주한 정착민도 공포에 몰아넣었다. 마지막으로 세 번째는 대평원 인디언들의 불안정한 정세를 이용한 유럽인들이었다. 그들은 남은 인디언들을 죽이거나 오클라호마 일부 지역 같은 보호구역에 대평원 인디언들을 몰아넣었다.

인디언 국가들이 파괴된 사연은 미국의 형성과 깊은 관련이 있지만, 단순히 미국의 행동 때문이라고 하기는 어렵다. 그보다 훨씬 복잡한 사연이 있다. 질병과 호전적인 코만치족이 없었어도 아메리카인들이 서부에 정착할 수 있었을지는 분명치 않다. 역병이 번지기 전에 훨씬 많은 인디언들이 있었고 그들은 매우 정교한 문화를 지닌 동시에 호전적이었다. 정착민들은 총이 있었지만 화살은 만만하게 볼 무기가 아니었다.

무엇보다도 인디언 국가와 부족은 하나같이 다른 인디언 국가와 부족을 외세로 간주했다는 사실을 명심해야 한다. 그들은 자신들을 단일한 대륙 국민으로 보지 않고 언어와 믿음이 다른 개별적인 국가로 여겼다. 대부분의 경우 인디언 국가들은 서부로 진출하는 아메리카인들을 구원을 품은 적들을 함께 물리칠 동맹으로 간주했다. 아메리카인들은 서부로 진출하는 과정에서 질병으로 초토화되었거나 코만치족이 섬멸한 인디언 국가들을 목격했을 뿐만 아니라 다른 인디언 국가들에 맞서 싸우는 전쟁에 합류하는 아메리카인들을 환영하는 인디언 국가들도 만났다. 어찌 보면 인디언 국가들은 아메리카인들을 그저 또 다른 낯선 부족으로 여긴 셈이다. 따라서 아메리카인들을 평가할 때 도덕적인 기준을 들이대려면 그들이 인디언 국가들을 파괴하는 데 기여한 정도와 질병과 인디언 국가들의 협력이 관여한 정도를 모두 고려해야 한다. 여느 대륙의 역사와 마찬가지로 북아메리카에서의 전쟁의 역사는 한 나라가 다른 모든 나라들의 잘못까지 모조리 책임지기에는 너무나도 복잡하고 아주 오래되었다. 도덕적 범죄가 자행되었다고 해도 흔히 거론되는 방식보다 훨씬 복잡한 문제다.

그러나 질병이 인디언 인구를 급격히 감소시켰고, 미국이 마주친 인디언들은 다른 인디언 부족들을 너무나도 두려워한 나머지 처음에는 유럽인들과 그리고 뒤이어 아메리카인들과 동맹을 맺었었던 이들이었다. 미국인들은 이 모든 여건을 십분 활용했고, 그 과정에서 많은 인디언들을 죽이고 그들의 땅을 정복했으며, 다른 나라들과 협정을 맺듯이 주권을 행사하는 인디언 국가들과도 협정을 맺었다. 그러나 미국은 이러한 협정들을 거의 모두 위반했다. 이 사실도 범죄의 중요한 일부이다. 미국인들은 인디언 국가들끼리 서로 치고받은 전쟁과 복잡한 정치에 대해서는 책임이 없다. 그들이 북아메리카에 들여온 질병에 대해서도 책임이 없다. 그러나 그들은 인디언 국가들을 상대로 전쟁을 일으키고 가능한 모든 방법을 동원해 체계적으로 그들을 배반하고 협정을 깬 잘못은 있다. 그렇게 하는 과정에서 미국은 감내할 만한 패배를 인디언 인구의 총체적인 절멸로 뒤바꾸었다.

AMERICAN
CYCLES

2부

미국의 주기

미국은 거의 250년에 걸쳐 대서양 끄트머리에 매달려 있는 제3세계 국가에서 세계를 지배하는 강대국으로 변했다. 엄청난 변화 속도와 압력에도 찢어지지 않았다. 남북전쟁조차도 극적인 국가 발전의 토대가 되었다. 미국이 그처럼 극적으로 변한 이유, 그러면서도 사분오열되지 않은 이유는 무엇이고, 이제 미국이 나아가게 될 방향은 무엇인가?

04

미국은 어떻게
변하는가

How America Changes

이 책의 제목은 '다가오는 폭풍과 새로운 미국의 세기(The Storm Before The Calm)'이다. 대부분 미국에 대한 내용인데, 특히 미국이라는 나라가 변모해온 독특한 방식에 대한 내용이다. 미국은 주기적으로 위기에 빠지는데 그럴 때면 미국은 스스로를 상대로 전쟁을 하는 듯이 보이지만, 상당한 시간이 흐르고 나면 본래 건국의 취지에 충실하되 과거와는 전혀 다른 모습으로 스스로를 재창조한다. 1부에서 나는 미국이 발명된 나라라고 설명했다. 통치체제도, 국민도, 심지어 영토조차도 끊임없이 재창조되었다. 그 과정에서 갈등의 골이 깊어지는 시기가 조성된다. 2부에서는 위기, 질서, 그리고 면모를 일신하는 주기에 대해 살펴보겠다. 이러한 주기가 미국이라는 나라를 만들어왔고 2020년대와 그 이후까지 이어질 사건들을 예견해준다.

사람들은 미국을 평가할 때 날마다 쏟아지는 뉴스 기사나 당장 유행하는 추세나 정서에 의존하는 경향이 있지만, 미국이라는 거대한 수레바퀴를 움직이는 원동력은 매우 질서정연한 두 가지 주기다. 바로 제도적 주기와 사회경제적 주기다. 제도적 주기는 연방정부와 나머지 미국 사회 간의 관계를 조절하는데, 한 주기의 수명은 대략 80년이다. 사회경제적 주기는 50년마다 바뀌고 미국 경제와 사회의 역학관계를 바꾼다. 각 주기마다 똑같은 과정을 밟는다. 현 주기의 특성들이 더 이상 효과를 발휘하지 못하게 되면 그 주기의 모델은 붕괴되기 시작한다. 정치적 긴장도가 높아지고 궁극적으로 일을 처리하는 방식을 바꿔야 하는 상황에 처하게 된다. 새로운 모델이 등장해 문제를 해결하면 미국은 새로운 주기를 시작하며, 이 주기는 문제에 봉착하게 될 때까지 작동한다. 이 두 주기의 수명이 각각 80년과 50년인 이유는 다른 복잡한 특성들과 함께 설명하도록 하겠다.

미국은 이런 식으로 진화하도록 설계되었다. 미국은 거의 250년에 걸쳐 대서양 끄트머리에 매달려 있는 제3세계 국가에서 세계를 지배하는 강대국으로 극적으로 변했다. 어쩌면 미국이 그러한 변화의 속도나 압력에도 갈기갈기 찢어지지 않았다는 게 가장 놀라운 사실일지도 모른다. 남북전쟁조차도 결국은 평화롭고 극적인 국가 발전을 위한 토대가 되었다. 해답을 찾아야 할 본질적인 의문은 미국이 그처럼 극적으로 변한 이유, 그러면서도 사분오열되지 않은 이유, 그리고 이제 앞으로 어떤 방향으로 나아갈지다.

발명된 나라라는 사실은 차치하고, 인구 3억 명이 넘는 나라가 질서 있고 예측가능한 주기를 만들어낸다는 점은 그리 놀랄 일이 아니다. 인류는 주기를 겪으며 존속해왔다. 인간은 태어나고 양육되고 어린 시절에 이어 성년시절을 보내고 노년에 접어든 다음 죽음을 맞는다. 자연은 주기를 토대로 구축되었고, 따라서 인간 사회 또한 주기적으로 변하지 않는다면 오히려 이상한 일일 게다. 인간이 겪는 주기는 그들이 어디에 거주하는지, 이웃은 누구인지, 그들의 나라가 어떻게 탄생했는지에 따라 다르다. 지역마다 주기가 지속되는 기간이나 예측가능성은 천차만별이다. 미국의 주기는 미국의 속성과 잘 맞는다. 먹고 살 방도를 마련해야 했던 이민 첫 세대의 절박한 심정에서 미국인의 참을성 없는 성정이 비롯되었고, 이러한 참을성 없는 성정이 행동으로 이어지며, 이러한 행동은 질서정연한 동시에 역사의 척도에 비추어볼 때 속도가 매우 빠른 주기로 이어진다.

사람들은 삶을 선택의 문제로 생각하는 경향이 있다. 그러나 이는 사실이 아니다. 이 법칙에 예외도 있고 이례적인 사례도 있지만, 일반적으로 말해서 부룬디에서 태어난 사람의 삶은 캔자스주에 태어난 사람의 삶과 매우 다르다. 어디서 태어나고 부모가 어떤 사람이고 어떤 여건에서 자랐고 얼마나 똑똑하고 재능이 있는지, 그 외에도 여러 가지 변수들이 가능성을 제약한다. 인간은 모두 제약이 가득한 세상에 살고 있고, 세상에는 우리가 접근하지 못하는 것들이 수없이 많이 있다. 인간은 선택을 하지만 그러한 선택은 협소한 한계 내에 존재하는 선택지들이다. 나이가 들면서 제약은 더욱 많아진다. 인간의 대략적인 인생 경로를 예측하도록 해주는 것은 바로 이러한 제약이다. 인간이 나름대로 선택을 할 수 있는 수준은 분명 존재하지만, 애덤 스미스가 지적한 바와 같이, 개개인이 한 이러한 모든 선택들은 예측가능한 국가로 이어진다. 미국의 주기가 보이는 질서정연함 뒤에는 바로 예측가능성이 있다.

정치지도자들은 권력을 잡기 위해 몇 년을 바친다. 그들은 정상에 도달하기 위한 투쟁을 하면서 자신이 터득해야 하는 힘을 뼈저리게 인식하게 된다. 그러한 힘은 그들이 정상에 머무는 동안에도 그들의 행동에 영향을 미친다. 지도자로서 정상에 도달하는 이들은 처절한 투쟁을 견뎌낸 이들이다. 미국인은 지도자, 특히 자기 마음에 들지 않는 지도자가 정상에 오르면 억세게 운이 좋았기 때문이라고 생각하는 경향이 있다. 그러나 그렇게 간단한 문제가 아니다. 운을 훨씬 능가하는 뭔가가 있다.

미국 대통령이 추구하는 의제는 그의 의도가 아니라 그가 지닌 권력의 한계와 국내의 사회적, 정치적 여건이 그에게 가하는 압박, 그리고 미국과 다투는 외국 세력들의 이익이 결정한다. 이 중 그가 무시할 수 있는 대상은 아무것도 없다. 대통령은 자신의 행동을 제약하는 요인들이 자신의 대통령직의 면모를 규정하리라는 사실을 미리 알고 있든지, 모른다고 해도 매우 빨리 터득하게 된다. 조지 W. 부시는 대통령에 취임하면서 9 · 11과 그 여파가 자신의 대통령직을 규정하게 되리라고는 상상도 하지 못했

124

다. 버락 오바마는 취임하면서 자신이 미국과 이슬람권의 관계를 바꿀 수 있다고 확신했다. 트럼프는 백악관에 입성하면서 자신이 미국의 산업을 재건하리라고 생각했다. 그러나 하나같이 권력에 대해 그들이 지니고 있던 일말의 환상은 취임 후 곧 사라졌다. 정치권력은 마음먹은 대로 휘두른다고 능사가 아니다. 현실을 파악해야 제대로 행사할 수 있다.

대통령은 사건을 일으키는 주체가 아니라 사건들이 만들어낸 결과물이라는 주장은 우리가 특정한 대통령에 대해 느끼는 강한 호불호를 거스르는 주장이다. 그러나 인간 외적인 힘들이 우리를 지배하고 우리는 그러한 힘에 순응하는 정도에 따라 번영하게 된다는 게 일상적인 생각이다. 우리는 바로 이러한 방식으로 시장이 작동한다고 생각한다. 시장은 수백만 명의 사람들이 내리는 수십억 가지의 결정으로 굴러가고, 이러한 사람들 모두의 행동은 전체적으로 볼 때 상당한 정도로 예측이 가능하다. 대통령이 무작정 시장에 개입한다고 해서 시장이 달리 행동하게 되고 경기침체에서 벗어나게 되는 것은 아니다. 대통령이나 연방준비제도가 어떤 조치를 취할 수 있느냐는 문제가 무엇이고 어떤 해결책이 필요한지 인식하는 데서 비롯된다.

역사에 규칙성이 있다면, 그리고 대통령이 그러한 제약을 인식하고 이에 순응하는 정도에 따라서만 생존하게 된다면, 현재 처한 여건을 기준 삼아 어디로 나아갈지 예측이 가능해진다. 미국이 현재 처한 주기에서 어디쯤 와있는지 파악하는 일도 가능하다. 해결되지 않은 문제가 야기하는 위기가 언제 한계점에 다다르는지를 대략적으로 파악하면 두 가지를 예측할 수 있다. 첫째, 문제 해결에 필요한 고유한 해결책을 규명함으로써 문제가 어떻게 해결될지 예측가능하다. 그러고 나면 정치체제가 요동칠 시기를 예측할 수 있고, 과거의 주기를 거부하고 해결책을 실행할 방법을 모색하기 시작하는 대통령을 배출하게 된다. 대통령은 역사를 창조하지 않는다. 역사가 대통령을 탄생시킨다.

더 깊이 도도히 흐르는 세계적인 흐름도 있다. 이 흐름은 국가들이 작동하는 방식에 영향을 미치고 지배의 위계질서를 구축한다. 소련이 붕괴된 후 이 흐름은 세계의 중심을 유럽에서 미국으로 이동시켰다. 미국이 이러한 지위를 차지하고 있다는 사실은 미국의 제도적, 경제적, 문화적, 기술적 역량들이 세계의 나머지 국가들에게 지대한 영향을 미친다는 뜻이다. 마이크로칩이나 미국의 경기침체가 기업, 일자리, 전 세계 사람들의 삶에 미치는 영향을 생각해보라. 마찬가지로 대영제국과 로마제국도 그들의 힘이 절정에 달했을 때 자신이 지배하는 세계를 규정했고, 미국도 그리하게 된다. 미국의 주기가 가하는 내부적 압력은 필연적으로 세계에 가하는 압력으로 전환된다. 이러한 내부적인 주기가 세계적인 흐름과 복합적으로 작용해 미국에게는 유례 없이 불편한 시기가 조성된다.

05

지정학은 어떻게
2020년대의 틀을
짜는가

**How Geopolitics
Frames the 2020s**

나는 〈서문〉에서 2020년대에 닥칠 위기에 대해 언급했다. 두 개의 주요 주기가 복합적으로 작용해서 미국이 불안정해지고 미국적인 삶에서 새로운 국면을 맞을 여건이 조성되는 시기라고 말이다. 2020년대의 위기는 여느 주기와는 다른데 그 이유는 두 가지 위기가 하나로 합쳐지기 때문일 뿐만이 아니라 미국이 역사상 전례 없는 지점에 도달했기 때문이기도 하다. 미국은 누구도 범접하지 못할 막강한 나라가 되었고, 자국이 명예를 원하는지, 그 명예를 어떻게 관리할지를 알지 못하고 있다. 이러한 여건은 2020년대에 닥칠 위기의 틀을 짜고 강화한다.

두 가지 주요 주기는 2020년대 동안 바뀌게 되는데, 10년이라는 기간 동안 두 주기가 동시에 바뀌는 경우는 이번이 처음이다. 이 때문에 불안정은 가중된다. 그러나 또 다른 힘이 이를 한층 더 복잡하게 만든다. 미국은 북아메리카 대륙의 동부 연안 끄트머리에 매달린 변방의 나라로 건국되었고 강대국들의 위협을 받았다. 미국은 이러한 변방의 나라에서 막강한 세계적 강대국으로 성장했다. 이는 미국에 엄청난 스트레스를 가하면서 제도적, 경제적, 사회적 변화를 증폭시켰다. 새로이 확보한 이러한 지위에는 중동에서 18년 넘게 지속된 전투, 테러리즘의 위협, 그리고 전 지구적 이해관계와 이에 따른 마찰이 수반되었다. 2020년대 동안 새로운 지정학적 현실이 공화국에 가하는 스트레스는 미국에 가해지는 압력을 한층 강화하게 된다.

역사적으로 제도적 주기를 작동시키는 원동력은 독립전쟁, 남북전쟁, 제2차 세계대전과 같은 전쟁이었다. 다음 제도적 주기도 전쟁에서 비롯된다. 표면적으로는 미국이 2001년 이후로 지하디스트에 맞서 싸워온 전쟁이다. 그러나 이 전쟁을 야기한 보다 심오한 변화가 있다. 세계체제에서 미국의 지위가 급격히 변했다는 점이다. 이 변화는 사막의 폭풍 작전

이후 미국에 대한 이슬람주의자들의 적개심을 부추겼다. 사막의 폭풍 작전을 실행한 이유는 이라크가 쿠웨이트를 침략했기 때문만이 아니라 당시 유일한 초강대국이 된 미국이 이 전쟁에서 싸우기 위해 연합군을 구축하고 이끌어야 했다는 사실 때문이기도 하다. 새로운 제도적 주기의 틀을 짜는 국제적인 갈등은 다른 갈등들만큼 심각한 유혈사태를 야기하지는 않지만 훨씬 심오한 결과를 낳는다.

1991년 소련이 붕괴되고 나서 500년 만에 처음으로 유럽대륙에 세계적인 강대국이 없는 상황이 되었다. 이 500년 동안 이어진 지정학적 주기가 끝나면서 미국은 세계의 유일한 초강대국이 되었다. 이 때문에 미국의 지위가 바뀌었을 뿐만 아니라 미국의 제도적, 사회적, 경제적 틀도 난관에 봉착했다. 미국의 정치체제는 자국이 이 정도 규모의 역할을 하리라고 예기치 못했고 이러한 상황에 대처하려면 미국의 체제를 어떻게 구성해야 하는지도 알지 못했다. 따라서 2020년대부터 2030년대에 닥칠 위기는 사실 미국 역사를 지배하는 주기가 계속되는 과정의 일환이다. 그러나 이 위기는 완전히 새로운 맥락에서 일어나고 있기도 하다. 미국의 역사적 과정에 내재된 긴장과 갈등을 증폭시키는 맥락 말이다.

미국은 제국이 되었다. 전 세계에 영향력이 미치는 막강한 제국이지만 물론 공식적인 제국은 아니다. 그 힘은 경제와 군대의 규모와 문화의 흡인력에서 나온다. 이러한 힘들은 다시 미국의 통치체제, 영토, 국민에게서 비롯된다. 이는 형식적인 구조가 없기 때문에 더욱더 막강한 힘을 발휘한다. 미국은 또한 자국이 제국이라는 사실을 대단히 불편해하는 나라이기도 하다. 미국은 1776년에 기존의 제국에 맞서 최초로 근대적 봉기를 일으켰고, 세계적인 책임에 수반되는 위험과 복잡한 상황을 달가워하지도 않는다. 자발적으로 선택해서 제국이 되지도 않았지만 제국이라는 엄연한 현실을 외면할 수도 없다. 미국은 신생국가이고 제국으로서의 나이는 그보다도 훨씬 어리다. 그 막강한 힘으로 인해 그 힘을 행사하는 방식이 서툴러도, 세계에서 비난이 쏟아져도 제국은 유지된다. 미국은 제국이 어떤 역할을 해야 하는지 터득하는 중이고 그 과정에서 세계, 미국의 제도, 그리고 미국 국민에게 어마어마한 압박이 가해지고 있다. 바로 지하디스트에 맞서 18년 넘게 전쟁을 관리해온 서투른 방식을 보면 그같은 사실이 가장 여실히 드러난다.

제국은 그 힘이 다른 나라들과 비교해 너무나도 막강할 때 존재하며, 그저 존재한다는 사실만으로도 다른 나라들과의 관계를 규정짓고 다른 나라들이 행동하는 방식을 변화시킨다. 히틀러의 제국처럼 의도적으로 구축한 제국이 있다. 전혀 의도하지 않았는데 등장하는 제국도 있다. 로마는 제국이 되려는 의도가 없었다. 유럽은 자신의 폭력적인 성향을 제어할 역량이 없었기 때문에 공식적인 제국들을 잃었고, 그로 인해 생긴 힘의 공백으로 미국과 소련이 빨려 들어갔다. 소련이 붕괴되면서 지역적인 강대국들은 남아 있었지만 미국을 제외하고 세계적인 강대국은 남아 있지 않았다.

미국은 특정한 장소에서 특정한 국민들로 이루어진 나라로서 존재했지만, 대부분의 다른 나라들과는 달리 도덕적인 프로젝트로서 건국되었다. 인권과 국익 둘 다 번성할 수 있는 곳 말이다. 미국은 건국 이후로 이 두 가지 원칙 사이에서 갈등해왔다. 오늘날 미국이 막강한 힘과 세계적 영향력을 지니게 됨에 따라 이러한 차이는 도덕과 국가라는 두 가지 가치 사이의 갈등을 증폭시켰다. 이러한 긴장과 더불어 또 다른 긴장이 조성된다. 건국의 아버지들이 바랐던 바를 따르기를 원하는 이들이 있다. 그들은 건국의 아버지들이 해외 정세에 휘말리지 않기를 바랐다고 생각한다. 반면 세계에 깊숙이 지속적으로 관여해야만 미국의 욕구가 충족된다고 주장하는 이들도 있다. 이 두 가지 주장은 서로 연결되어 있고 건국 이후부터 미국에서 계속 논쟁이 진행되어왔지만, 오늘날 필연적으로 논쟁이 더욱 증폭되고 있다. 북대서양조약기구(NATO) 회의가 열릴 때마다, 중국에 대한 논의가 열릴 때마다, 이러한 갈등이 불거진다.

한편으로는, 미국이 우선적으로 추구해야 하는 사명은 도덕적 미덕의 본보기가 되는 것이고 미국의 힘을 이용해 미국이 표방하는 원칙을 수호하고 확산시켜야 한다는 주장이 있다. 이러한 입장은 미국이 자국과 세계를 상대로 건국의 토대인 도덕적 원칙을 수호할 의무가 있다는 관점과 여느 나라처럼 행동하면서 자국의 경제적, 전략적 이익만 방어한다면 미국의 사명을 저버리는 셈이라는 믿음에서 비롯된다. 이러한 시각의 문제점은 대부분의 나라들이 미국이 세운 도덕적 기준을 준수하지 않으며 미국의 힘은 대단히 제한되어 있다는 사실이다. 이러한 시각은 끊임없이 전쟁을 치르게 되는 결과를 낳는다.

다른 한편으로는, 미국이 우선적으로 추구해야 하는 이익은 미국과 그 영토와 국민을 보호하는 일이라는 주장이 있다. 그러기 위해서 미국은 여느 나라와 마찬가지로 세상사에 관여해야 한다. 힘이 없으면 원칙을 지키지 못한다. 이 주장에 따르면, 미국이 살아남지 못하면 미국적인 가치도 살아남지 못하며, 그러한 이익은 미국의 힘을 통해서 확산시키는 게 최선의 방법이다. 그러기 위해서 미국은 때로는 미국의 원칙에 배치되는 듯이 보이는 행동을 취해야 할 때도 있지만, 미국이 힘이 약해지거나 힘을 잃게 되면 그 어떤 원칙을 지키는 데도 도움이 되지 않는다. 미국적 가치를 확산시키려면 역설적으로 때로는 그러한 가치들을 포기해야 한다. 제2차 세계대전에서 미국은 이오시프 스탈린이 통치하는 소련과 동맹을 맺었다. 어쩔 수 없었지만 끔찍한 사실이다.

이러한 입장 차이는 서로 다른 이념에서 비롯된 게 아니다. 오늘날, 좌익과 우익 공히 미국적 가치를 확산시켜야 한다고 주장한다. 좌익 진영에서 인권을 옹호하는 이들은 미국은 자국의 힘과 영향력을 이용해 미국의 건국 토대인 자유민주주의 원칙인 인권을 침해하는 정권을 처벌해야 한다고 주장한다. 우익 진영에서 신보수주의자(neoconservatives)는[11] 미국은 자국의 힘을 이용해 미국의 원칙에 따라서 세계를 변모시켜야 한다고 주장한다. 양 진영 모두 기꺼이 군사력과 경제적 압박을 이용하거나 그들의 목표를 추구하는 정치집단에게 자금을 지원할 의향이 있다. 신보수주의자는 도덕적 목적을 달성하려면 미국의 힘과 무력이 필요하다고 노골적으로 주장한다. 좌익은 무력 사용을 좀 더 자제하는 입장이지만 르완다나 리비아처럼 국가가 자국민을 해치는 경우에는 무력 사용을 지지한다. 좌익과 우익은 서로가 상대방과 반대되는 입장이라고 여기지만, 미묘한 차이가 있을 뿐 미국의 힘은 미국의 원칙을 투사하는 데 써야 한다는 생각을 지니고 있다.

이러한 주장은 미국 건국 때부터 계속되어왔다. 프랑스 혁명은 미국이 건국된 직후에 일어났고 미국이 표방한 원칙들을 대부분 모방했다. 이와 동시에 미국은 영국에 무역을 의존하고 있었고 영국은 프랑스 혁명에 대해 적대적이었다. 한편으로는 도덕적 원칙을 지켜야 하고 다른 한편으로는 국익을 지켜야 했다. 워싱턴은 국익을 선택했고 원칙적인 인물인 제퍼슨은 이에 토를 달지 않았다.

도덕이냐 국가안보냐에 대한 논쟁은 두 번째 논쟁으로 이어지는데 첫 번째 논쟁과는 사뭇 다르다. 해외정세에 휘말리는 사태를 피해야 한다는 입장과 세계정세에 끊임없이 관여함으로써 국익을 추구해야 한다는 입장의 논쟁이다. 해외정세에 휘말리는 일은 과거부터 계속되어왔지만, 오늘날 많은 이들은 자신들이 태어나기도 전인 시절, 미국이 자기 앞가림에 골몰하던 때를 그리워한다. 대서양과 태평양이라는 망망대해를 끼고 세계로부터 동떨어져서, 미국이 도움을 청하지도 도움을 주지도 않았던 시절 말이다.

그러나 실제로 그런 시대는 존재한 적이 없다. 미국은 유럽의 전쟁, 잉글랜드와 프랑스 간의 갈등에서 탄생한 나라다. 이 두 세계적인 강대국이 서로 치고받지 않았다면 미국은 탄생하지 않았을지 모른다. 미국은 영국을 물리치기에는 너무 약하고 조직화되어 있지 않았다. 다만 영국 육군과 해군이 보다 시급하게 물리쳐야 할 적인 프랑스에 집중하느라 북아메리카 식민지의 봉기에 신경 쓸 여유가 없었기 때문에 승산이 있었을 뿐이다. 건국의 아버지들은 영국과 프랑스 간의 전쟁을 십분 활용하지 않고는 이길 수 없다는 사실을 잘 알고 있었다. 그들은 벤자민 프랭클린을 식민지 대표로 파리로 보내 북아메리카에 프랑스가 개입하도록 만들 방법을 모색했다. 프랑스는 영국과 싸우느라 자기 코가 석자였기 때문에 라파예트 같은 군사자문가를 파견해 아메리카군의 조직화를 돕는 등 최소한의 지원을 제공하는 데 그쳤다.

프랑스는 말로만 약속이 무성했지 실제로 지킨 약속은 거의 없었다. 외교에 식견이 높았던 건국의 아버지들은 그런 프랑스에 속는 척했고 프랑스는 그런 식민지 거주자들을 돕는 척했다. 프랑스는 아메리카인들이 자신감을 잃지 않고 계속 싸워서 일부 영국 군대를 잡아두게 하기 위해 약속을 했을 뿐이다. 아메리카인들, 특히 프랭클린은 프랑스가 군대를 파견해 미국을 도울 수 없다는 사실을 알고 있었지만, 아메리카에 있는 그의 동료들이 프랑스의 전략을 위해 최선을 다하게 하고, 프랑스는 아메리카의 전략을 위해 최선을 다하게 만들었다. 결국 프랑스는 해군을 파병해 워싱턴이 요크타운에서 콘월리스(Cornwallis)와 영국군을 물리치도록 도와주었고, 이와 동시에 프랑스 함대는 영국군에게 포격을 가했다. 미국은 탄생한 직후부터 외교, 힘의 정치, 전쟁, 그리고 해외정세란 해외정세는 빼놓지 않고 관여해왔다. 이는 피치 못할 현실이었다. 바깥으로부터의 위협과 기회를 제대로 인식하지 못하는 나라는 오래가지 못한다. 그러나 이러한 현실에도 불구하고 미국 문화에는 결코 존재하지 않았던 시대에 대한 갈망이 있다.

힘의 정치와 미국적 이념에 대한 논쟁, 미국의 고립 정책과 세계에 대한 개입 정책 간의 논쟁은 역사적으로 미국 외교정책을 규정해왔다. 반복해서 제기되는 주제인데 보통 그 대답이 정해져 있다. 이와 동시에 그 대답은 미국을 불편하게 만들었다. 그 불편함은 미국이 수많은 나라들 가운데 하나인 나라에서 세계 초강대국, 하나의 제국으로 변할 때도 존재했다. 이는 미국이 세계를 보는 시각에서 근본적인 변화가 일어났다는 사실 때문이기도 하다.

일본의 진주만 공격은 모든 걸 바꿔놓았다. 미국은 일본과의 전쟁을 예상하고 있었지만, 일본은 실제적인 위협을 가할 역량이 부족하다고 자신만만해했다. 그러다가 진주만 공격이 일어나자 미국인은 일본이라는 독특한 위험뿐만 아니라 일반적으로 세계가 얼마나 위험한지를 완전히 오판했다는 사실을 깨닫게 되었다. 일본은 진주만에서 미군 함대를 침몰시키고 나서 필리핀을 점령하고 태평양 서쪽을 휩쓸었지만 그러는 동안 미국은 지리멸렬했다. 미국은 자신감이 지나쳐 끔찍한 오판을 했다는 사실을 깨달았다. 진주만 공격으로 충격을 받은 미국은 자국의 힘에 대한 자신만만한 태도와 세계와 떨어져 있어 안전하다는 믿음을 버리고 진주만의 실수를 절대로 되풀이하지 않겠다고 다짐하면서 다음에 출몰할 적을 색출하고 끊임없이 경계태세를 유지하는 국가로 변했다.

이 때문에 소련은 적 이상의 존재가 되었다. 소련이 미국의 실존을 끊임없이 위협하는 존재라고 여겼다. 이는 틀린 생각이 아니었을지 모르지만, 현실에 대한 냉철한 분석에서 비롯된 생각은 아니었다. 미국은 이제 강박적으로 최악의 사태를 상정하게 되었고, 적은 뛰어나고 위험한 대상이며 오로지 자국이 지닌 전력을 쏟아부어야 물리칠 수 있는 존재라고 생각하게 되었다. 미국이 스탈린주의 소련을 이런 태도로 대한 것은 옳았지만 진주만 공격 이후로 어떤 적을 대하든 이런 식으로 대했다.

진주만 공격은 어디서 위험이 출몰할지 모른다는 정서를 심어주었다. 미국이 전력을 다해 최악의 사태에 끊임없이 대비해야 한다는 주장을 정당화했다. 제2차 세계대전 때문에 미국이 외국에 관여하게 된 게 아니었다. 그보다는 제2차 세계대전을 겪으면서 끊임없이 관여하지 않으면 위험을 조기에 인식하고 제거할 수 없다는 두려움이 생겼다. 또한 정부 자체에 대한 두려움, 음모론과 정부를 조종한다는 소문이 도는 집단들에 대한 두려움을 품는 이들도 생겼다. 루즈벨트 대통령은 일본이 공격하리라는 사실을 미리 알았을 뿐만 아니라 제2차 세계대전 참전을 정당화하려고 진주만 공격을 일부러 막지 않았다는 음모론도 만들어졌다 공포심과 음모에 대한 두려움은 동일한 현상의 일부였다.

제2차 세계대전이 끝난 후 대통령이 가는 곳마다 항상 핵무기 암호를 휴대한 장교가 따라다니게 되었다. 대통령은 핵무기 암호를 재량에 따라 필요하다고 판단하면 사용할 수 있었다. 이는 그러한 변화를 상징했다. 헌법에 따르면, 의회는 전쟁 선포나 분명한 결의안을 통과시켜 전쟁을 승인해야 했다. 그러나 핵전쟁의 속성을 고려해볼 때 그런 승인은 비현실적이었다. 따라서 전쟁이 초래할 파괴력이 점점 증폭되면서 의회는 전쟁을 할지 판단을 내리는 역할에서 주변으로 밀려났다. 대통령은 정부를 구성하는 3권 가운데 가장 큰 역할을 하게 되었다.

이러한 변화는 제2차 세계대전 이후 상설 정보기관을 구축하는 정책으로 이어졌다. 이 조직은 정보를 수집하고 분석하는 업무만 한 게 아니다. 대통령의 지휘 하에 비밀 작전도 수행했다. 대통령은 어마어마하게 막강한 영향력을 행사하게 되었다. 냉전시대에 미국은 1970년까지 징집을 통해 대규모 군을 구축했다. 미국 역사상 전례가 없는 일이었다. 아이젠하워 대통령이 그 출현에 대해 경고한 군산복합체의 산업 측면도 몸집이 거대해졌고 사실상 연방정부의 지휘 하에 놓이게 되었다. 한국전쟁 동안 해리 트루먼 대통령은 의회의 승인 없이 전쟁에 돌입했다. 쿠바 미사일 위기는 순전히 대통령의 결단으로 모면했고 1998년 코소보 사태 개입도 마찬가지였다. 전쟁을 승인하는 데 있어서 의회의 역할은 축소되었고 때로는 누락되기도 했다.

1941년 12월 7일부터 1991년 12월 31일까지 거의 50년간 미국은 전시 상태이거나 전쟁에 준하는 상태에 놓여 있었다. 그 50년 가운데 실제로 전쟁(제2차 세계대전, 한국전쟁, 베트남 전쟁)을 하면서 보낸 기간은 약 14년 정도다. 나머지 36년은 소련과 핵전쟁 가능성 때문에 온 신경을 곤두세우고 보냈다. 인간이 끊임없이 갈등에 놓여 있거나 경계태세에 놓여 있으면 아드레날린이 분비되는데 이는 인간을 바꾸어놓는다. 미국의 경우에는, 끊임없는 불안감에 더해 비밀을 갈구하게 되고 거대한 군과 국방산업체를 관리할 거대한 기구들을 창설하고 일상생활에서 군복무 제도를 당연시하게 된다. 그러나 아드레날린은 사람에게 활력만 불어넣어주는 게 아니라 지치게 만들기도 한다.

이 기간 동안 미국은 거대한 정보 및 안보 기구, 거대한 상비군, 그리고 이 둘 다를 뒷받침할 거대한 산업 체계를 구축했다. 건국의 아버지들이 제시한 정도보다 훨씬 막강한 권력을 행사하면서 이 모두를 지휘하는 상층부는 대통령이었고 미국 사회에서 연방정부의 존재는 제2차 세계대전을 치르는 동안보다 치르고 난 후 더욱 커졌다. 이게 잘못이라거나 유감스럽다는 뜻이 아니다. 제2차 세계대전의 속성으로 미루어볼 때 이러한 변화는 불가피했다. 냉전의 속성으로 미루어볼 때 제2차 세계대전 모델과 비슷한 모델이 유지되었어야 했다. 미국은 전시 준비태세로 전환해야 했고, 대통령은 이 과정에서 두 가지 측면에서 막강한 권력을 행사하게 되었다. 첫째, 과거에는 없었던 권한을 사실상 부여받게 되었다. 둘째, 과거에는 없었던 선택지들을 손에 쥐게 되었다.

불가피하게 미국은 세계의 광범위한 지역에 영향을 미쳤고, 그러는 과정에서 다른 국가들의 적대감과 미국과 동맹을 맺고자 하는 욕구 모두를 불러일으켰다. 그러나 미국은 제국이 되려는 의도가 없었고 세계를 지배하려는 계획도 없었다. 오히려 과도하게 개입할까봐 극도로 꺼리거나, 개입하는 경우에는 착취의 체제를 구축하기보다 미국의 가치를 확산시키는 데 집중했다.

미국은 경제적 이유나 무역이라는 목적을 달성하기 위해 제국을 구축할 아무런 이유가 없었다. 미국은 GDP에서 수출이 차지하는 비중이 겨우 13퍼센트로서, 이에 상응하는 수치가 거의 50퍼센트를 차지하는 독일이나, 20퍼센트 이상인 중국과 비교해볼 때 훨씬 낮다. 이와 동시에 미국은 세계 최대 수입국이지만 수입이 GDP에서 차지하는 비중은 겨우 15퍼센트이다. 해외무역은 미국에게 유용하긴 하나 그것을 보장하기 위해 제국을 강요해야 할 만큼 유용하지는 않다는 뜻이다. 미국은 대량의 수입을 할 필요가 없으며, 수출 변동에도 취약하지 않다. 미국은 무역협정으로 구속을 당하기보다는 이러한 협정을 폐기하든가 협상을 통한 재조정을 원하는 경향이 있다. 이는 북미자유무역협정(NAFTA) 재협상과 중국과의 무역협상에서 잘 드러나고 있다.

미국은 제국을 구축하려는 경제적 동기가 존재하지 않는다. 그럼에도 불구하고 의도하지 않게, 미국 경제는 그 규모가 어마어마하고 너무나도 역동적이라서 끊임없이 나머지 국가들에 영향을 미친다. 미국의 소비 제품에서 기술 혁신이 일어나면 전 세계 생산자들은 자사의 공장을 재조정한다. 미국인의 식생활이 바뀌면 그 여파는 어마어마하다. 사탕수수나 옥수수 재배농가들이 대량으로 퇴출되는 사태가 야기될지도 모른다. 퀴노아 재배를 장려하게 될 수도 있다.

이런 의미에서 미국은 끊임없이 세계에 영향을 미치고 세계를 성가시게 만든다. 게다가 미국은 자국의 문화로써 세계에 영향을 미치고 세계를 성가시게 만든다. 미국 문화는 파괴적이고 존중심이 없다. 전례나 전통을 존중하지 않는다. 그러나 타문화를 매료시키는 강한 힘이 있다. 따라서 미국의 전통주의자들을 비롯해 전 세계 전통주의자들은 미국 문화를 원망한다. 세계 대부분 지역의 전통은 종교와 가족 중심이고 미국의 문화는 이 두 가지 모두를 훼손한다. 수많은 다른 지역들도 그러하지만 이슬람권에서도 미국 문화의 존재는 전통, 가족 그리고 사회 전체를 훼손하려는 의도를 품고 있다고 인식된다.

미국은 이러한 상황이 벌어지는 사실을 보면서 어떤 면에서는 이에 환호한다. 폭정 하에서 살고 있는 전 세계 젊은이들이 아이폰으로 미국 랩 음악을 듣는 모습을 보면서 미국은 폭정이 자유민주주의로 대체되면 어떻게 될지 상상해본다. 기술과 음악의 확산으로 문화가 전복되면 이와 더불어 다른 미국적 가치들도 확산되리라고 생각한다. 실제로 그런 일은 거의 일어나지 않지만 미국의 가치를 채택하는 게 바람직하다는 믿음이 끈질기게 지속된다는 사실을 보여준다. 그러니 미국을 원망하는 게 놀랄 일이 아니다. 다른 나라 국민에게 자국을 떠나 이주한다면 어느 나라에서 살고 싶은지 설문조사를 할 때마다 압도적인 다수가 미국을 선택한다는 사실도 놀랄 일이 아니다.

제국은 원망과 증오의 대상이다. 제국은 또 우러러보고 흠모하는 대상이기도 하다. 제국은 세계의 문화를 규정한다. 이러한 정의에 비추어보면 미국은 제국이다. 영어는 기업에서, 정부기관에서 쓰는 세계 공용어가 되었고, 전 세계 전문직 종사자들은 영어를 구사해야 한다는 기대치가 생겼다. 나는 해외 전문가들과 정치인들이 영어로 미국을 격렬하게 비난하는 회의에 참석한 적이 있다. 영어 사용의 문을 연 주인공은 영국인이지만 이를 한 차원 더 발전시킨 주인공은 미국이다. 어떤 형식적인 구조도 없이 미국의 힘이 존재한다는 사실로 미루어볼 때 미국은 과거에 존재했던 그 어느 제국보다도 막강하다. 미국이라는 제국은 세계적일 뿐만 아니라 격식에 얽매이지 않는다. 미국이라는 제국은 별 생각 없이 힘을 보유하고 사용하며, 분명한 계획이나 체계적인 의도 없이 세계를 지배한다.

미국은 모순의 시대에 접어들었다. 제2차 세계대전과 냉전시대 동안 만들어진 기본적인 제도들이 여전히 존재한다. 그 힘은 어느 정도 약화되었지만 말이다. 군사 부문은 여전히 대규모 상비군을 보유하고 있고 정보기구는 여전히 제 기능을 하며, 국가안보위원회도 여전히 작동하고, 핵무기 암호를 휴대하고 대통령을 그림자처럼 따라다니는 장교도 여전히 존재한다. 콜로라도주 콜로라도스프링스에 있는 (핵 벙커가 있다고 알려진) 샤이엔 산 공군기지에서는 한순간도 경계를 늦추지 않고 하늘을 감시하면서 뭔가를 찾고 있지만, 뭘 찾고 있는지는 분명치가 않다. 미국은 샤이엔 산 공군기지를 폐쇄할 수도 있었지만 그러지 않았다. 공격의 기미가 보이는지 끊임없이 경계하고 감시하는 일이 관례가 되어버렸다.

이러한 핵심적인 문제는 불가피했다. 미국은 냉전이 끝나리라고 기대하지 않았고 따라서 그 이후를 미리 대비하지 못했다. 미국은 냉전이 끝나고 어마어마하게 막강한 지위를 얻게 되었는데 그 지위로 뭘 해야 할지 확신이 없었다. 1992년의 미국은 1980년대의 미국과는 전혀 다른 지위에 있었다. 과거와 같이 삶은 계속되고, 제도는 변함이 없고 세계는 미국과 그 경제적 모델과 군사력과 기술과 문화를 두 팔 벌려 환영하리라고 상상하기가 훨씬 쉬웠다.

그렇게 되리라는 징후는 있었다. 소련이 붕괴하고 있을 때 사담 후세인이 쿠웨이트를 침공했고 사우디 석유유전을 위협하는 위치에 있게 되었다. 미국은 군대를 파견해 사우디아라비아를 보호하고 나서 이례적인 일을 감행했다. 미국은 39개국을 아우르는 동맹을 맺었고, 그 가운데 28개국이 군사력을 파견했으며, 함께 이라크를 쿠웨이트에서 축출했다. 유엔(UN)이나 세계 최초의 정부 간 기구인 국제연맹(League of Nations)을 연상케 하는 조치였다. 미국은 거의 하룻밤 사이에 동맹조직을 탄생시켰다. 미국은 세계를 이끄는 지도자처럼 행동했고 실제로도 지도자였다.

2001년 9월 11일, 그러한 환상이 박살났다. 이 공격은 사실 이라크 전쟁에서 미국이 사우디아라비아를 방어하는 과정에서 미국의 눈에 띄지 않게 시작되었다. 이슬람 근본주의자는 이슬람 성지인 메카와 메디나가 있는 사우디아라비아에 미군이 주둔하는 상황을 신성모독이라고 여겼다. 사막의 폭풍 작전은 미국에 대한 지하디스트의 분노를 야기한 원인

가운데 하나였다. 미국은 세계 평화의 시대를 기대하다가 다시 전쟁에 휩쓸렸다.

심리적으로 보면 9·11은 진주만에 맞먹었다. 미국이 들어본 적도 없는 세력이 조직화한 기습적인 공격으로 〈하이 눈〉에서 나타난 공포심이 되살아났다. 미국은 대미 공격을 감행한 세력이 조직화된 본거지인 아프가니스탄에 다각적인 군사력을 파병했다. 뒤이어 다각적인 군사력으로 이라크를 침공했고 다른 여러 나라에서도 소규모 공격을 감행했다. 다시 말해서 미국은 베트남에서 얻은 처절한 교훈에도 불구하고 재래식 군사력을 전개해 게릴라 전쟁을 수행했다.

제국을 관리하려면 무력 사용은 최소화해야 한다. 첫 번째 대응에서 군사력을 사용하면 세계적인 제국은 끊임없이 전쟁을 수행하게 될 가능성이 높기 때문이다. 제국이 우선적으로 취해야 할 전략은 외교를 펼치든가 자국의 군사력이 아니라 다른 나라의 군사력을 이용해야 한다. 다른 나라의 군사력을 무장시키고 그들에게 싸워야 할 정치적, 경제적 유인책을 제공함으로써 제국의 군사력을 개입시키지 않고 문제를 봉쇄하는 방법이다. 영국은 이러한 기법을 이용해 비교적 소규모 군대로 인도를 장악했다. 한 세기에 걸쳐 제국을 관리하는 동안 영국은 대규모 군사력을 거의 동원하지 않았다. 영국은 아메리카를 상대로 군사력을 사용했을 때 실패했다. 보어 전쟁(Boer War)[12]에서 군사력을 사용했을 때는 힘겹게 이겼다. 영국은 군사력을 최후의 수단으로 여기고 자제했고, 무력을 사용하는 경우는 거의 없었다. 영국은 현지의 세력들이 그들 나름의 이유로 영국의 이익을 위해 기꺼이 싸우도록 하는 방식으로써 제국을 경영했다.

미국은 적대적인 공격이 있으리라고 예상해야 한다. 미국의 막강한 힘은 증오를 사기 마련이고 따라서 상대방으로부터 공감이나 감사는 기대하지 않는 게 좋다. 막강한 세계 강대국은 공감도 감사도 얻지 못한다. 미국이 제1차 세계대전 종전 이후처럼 세계의 사랑을 받으리라고 기대한다면 미성숙한 국가인 셈이다. 세계가 미국을 우러러보기를 바라는 이는 미국이 어떤 나라가 되었고 미국이 절대로 벗어날 수 없는 상황이 어떤 상황인지를 이해하지 못하는 이들이다.

알카에다 같은 조직을 자국의 군사력을 이용해 다루려는 미국의 태도는 비합리적이다. 알카에다와 전쟁하는 게 부당해서가 아니라 미국은 세계 한 지역에만 몰두하면서 그 못지않게 혹은 그보다 훨씬 더 미국에게 중요한 다른 지역들을 소홀히 한 채로 18년 동안 전쟁을 할 수 없기 때문이다.

제국이 처하게 되는 가장 큰 위험은 끊임없는 전쟁이다. 세계에 이해관계가 걸려 있으므로 늘 문제가 발생한다. 이에 대해 우선 전쟁으로 대응하면 제국은 늘 전쟁상태에 놓이게 된다. 그리고 어딘가에서 늘 전쟁을 수행하고 있다면 제국이 어딘가에 정신이 팔려 있는 상태를 이용하려는 누군가에게 제국은 늘 취약해진다. 무엇보다도 제국이 제국을 구성하는 시민에게 혜택을 주지 못하고 그들을 지치게 하고 전쟁으로 그들의 삶을 엉망으로 만든다면 제국에 대한 정치적 지지는 금방 증발하게 된다. 로마와 영국은 둘 다 제국을 경영하면서 최소한의 직접적인 군사력만 사용하고 다른 방법들을 선호했기 때문에 생존했다.

문제는 진주만 공격 이후 미국은 정서적으로, 제도적으로 공격에 (설사 군사력 사용이 부적절하거나 불충분하다고 해도) 대규모 군사력으로 대응하도록 설계되었다는 점이다. 게다가 관심을 분산시키기보다 그 특정한 위협에 대응을 집중하도록 조직화되었다. 제2차 세계대전에서 그 위협은 독일과 일본이었다. 냉전시대에는 소련과 중국이었다. 두 경우 모두 미국은 나머지 세상을 우선적인 위협이라는 색안경을 통해 바라보았다. 따라서 아프리카에서 문제가 생기고 소련이 개입하지 않으면 미국도 대응하지 않았다. 소련이 개입하면 미국은 집착하게 되었다. 바로 이 지점에서 미국이 불필요하게 도덕적 원칙을 위반하고, 미국이 보기에 역겹고 그다지 미국에게 중요하지 않은 정권들과 손을 잡게 되었다. 단 하나의 적에 완전히 집중하면서 다른 모든 전략적, 도덕적 사항들은 기껏해야 부차적인 문제가 되었다.

이슬람권과의 전쟁은 미국이 제국으로서 수행한 첫 번째 전쟁이지만, 미국은 마치 자국이 그저 단순한 강대국인 것처럼 싸웠다. 미국은 자국의 군사력을 동원해 집착에 가까운 집중력을 위협 대상에게 쏟아부었고 자국의 다른 세계적인 관심사들은 등한시했으며, 자국의 자리를 대신할 대안들을 찾는 데 있어서 신중함이 없었다. 미국은 제2차 세계대전이나 냉전을 치른 나라에서 탈피해 스스로 제국임을 인식하는 제국으로 변신하지 못하고 있었다. 중요하지만 제한된 관심사를 지닌 강대국에서 역대 가장 거대한 제국으로 변신하지 못하고 있었다.

제도적으로 미국은 전투를 거절할 줄을 모른다. 군사력으로는 해결하지 못할 문제를 해결하려고 툭하면 군사력을 동원한다. 워싱턴 정가에서의 의사결정 구조는 복잡하고 분산되어 있으며 모순이 가득하다. 의사결정 구조를 단순화하긴 했지만 일상적인 판단이 아니라 주로 위기 상황에서의 의사결정 구조를 단순화했다. 따라서 해결할 문제가 있으면 무엇이든 위기 수준으로 격상시켜야 하고 그러지 않으면 의사결정 체계가 작동하지 않고 멈춰버린다. 위기 수준 이하인 사안에서 효율적인 의사결정이 이루어지는 경우는 드물다. 그리고 제국이 난관에 부딪힐 때마다 전쟁을 수행할 수는 없고, 위기에 미치지 않는 문제를 다룰 때는 효과적인 의사결정이 불가능해진다.

이 때문에 연방정부에는 엄청난 압박이 가해지고 있으며, 이러한 압박은 지금 일어나고 있는 문제들에 영향을 미칠 것이고, 2020년대에는 더욱 심해지게 된다. 예산과 인력의 전체적인 면모는 미국이 원하지 않는 제국을 경영하는 방향으로 전환되고 있다. 압박은 정부의 효율성을 저하시키고 사회적, 경제적 역동성에 영향을 미친다. 거의 20년 동안 전쟁을 수행하면서 시대에 뒤떨어진 구조의 연방정부로 이를 감당해온 상황이 필연적으로 2020년대와 2030년대에 미국이 직면하게 될 주기적 위기에 기여하게 되었다는 점이 놀랍지 않다.

06

제도적 주기와
전쟁

The Institutional Cycles
and War

미　국은 전투에서 탄생했다. 그 제도들도 전쟁에서 만들어졌다. 80
년마다 미국은 자국의 정치적 제도가 작동하는 방식을 바꾼다.
헌법이라는 큰 틀은 그대로 있지만, 연방 제도와 주 차원의 제도들은 서
로 간의 관계와 작동 방식을 바꾼다. 지금까지 그러한 변화가 세 차례 있
었다. 기존의 제도가 더 이상 작동하지 않았기 때문에 바꿀 필요가 있었
다. 전쟁이라는 극단적인 여건에 처하면 제도적 구조는 약점을 드러내고
새로운 제도적 체계로 대체할 필요가 생긴다. 앞으로 다루겠지만, 미국
은 지금 새로운 제도적 변화가 필요한 시기에 가까워졌다. 체계가 새로
운 현실에 대처할 역량이 없고 미국이 세계 유일의 강대국으로 부상하면
서 조성된 불확실성과 갈등이 야기한 결과이다.

과거의 세 주기는 특징이 두드러졌다. 첫 번째 주기는 1787년 헌법 수
립과 함께 시작되었고 독립전쟁과 그 여파로 본격화되었다. 이 첫 번째
제도적 주기는 1865년까지 78년 동안 지속되었다. 남북전쟁이 끝나고
1865년에 헌법을 수정하면서 연방정부를 수립했지만 연방정부와 각 주
정부와의 관계는 불분명한 채로 남겨두었다.

두 번째 제도적 주기는 1865년 남북전쟁에서 비롯되었고 주들에 대한
연방 정부의 권한을 확립했으며, 제2차 세계대전이 끝날 때까지 지속되
었다. 세 번째 제도적 주기는 제2차 세계대전이 끝난 1945년에 시작되었
고 각 주에 대한 연방정부의 권한뿐만 아니라 경제 부문과 전체로서의
사회에 대한 연방정부의 권한도 대폭 확대되었다.

이러한 패턴이 계속된다면 다음 제도적 주기는 2025년쯤 시작된다.
다가오는 네 번째 주기는 연방정부 그 자체에 대한 연방정부의 관계를
재규정하게 된다. 앞으로 다가올 제도적 주기는 향후 80년을 규정하게
되므로 다음 주기가 어떤 모습일지 이해하려면 우선 과거의 주기들을 파

악하고 이 틀 내에서 미국의 발명과 재발명이 작동하는 방식을 파악할 필요가 있다.

한 나라의 역사에서 80년은 사실 매우 짧은 기간이다. 다른 나라들은 미국보다 훨씬 느린 속도로 미국보다 훨씬 혼란스럽고 예측 불가능한 방식으로 변해왔다. 앞서 살펴본 바와 같이 미국은 여느 나라와는 다르고 그 차이의 핵심은 미국은 인위적으로 발명된 나라라는 점이다. 발명은 기술에서부터 사회에 이르기까지 미국 문화 곳곳에 내재되어 있다. 러시아와 베트남 같은 다른 나라들은 발명된 나라가 아니거나, 발명되었다고 해도 너무 오래전이라 핵심이 매우 달라졌다. 이러한 나라들은 자국의 제도가 더 이상 작동하지 않는 시점에 도달하면 어쩔 줄 몰라 허둥지둥하면서 혼돈에 빠진다. 그들의 핵심은 융통성이 없어진다. 미국은 변화를 소화하는 방식이 다르다. 미국의 도시에서는 거대한 건물이 건설되고 수십 년 만에 철거된다. 전통이 아니라 발명이 각광을 받는다. 독립전쟁과 남북전쟁 사이의 기간이 대략 80년인 이유는 아마 우연일지도 모른다. 그래도 여전히 이 숫자는 실제로 존재하고 우연이라고 하기는 이상한 점이 있다. 부분적으로는 미국 사회가 변하도록 설계된 속도 때문이고, 부분적으로는 연방정부가 전쟁과 밀접히 연관되어 있기 때문이기도 하다.

헌법적으로 보면 연방정부의 1차적인 기능은 국가 안보를 보장하는 일이다. 대통령은 군의 최고사령관이기도 하다. 건국 초기부터 주에 많은 권한이 주어졌다. 연방정부에게만 주어진 권한은 해외에서 전쟁을 수행할 권한이었다. 전쟁으로 이어지는 정치적 요인과 전쟁이 치러지는 방식이 바뀌면서 연방정부의 제도도 불가피하게 바뀌어야 했다. 미국의 제도가 변하는 방식을 견인하고 영향을 미친 다른 많은 요인들도 있지만 중추적인 요인은 전쟁이었다.

미국이 지난 몇 세기 동안 전쟁을 한 기간을 비교해보자. 20세기에는 17퍼센트에 달하는 기간 동안 제1차 세계대전과 제2차 세계대전 그리고 베트남 전쟁과 같은 주요 전쟁들에 관여했다. 19세기에 이 비율은 더 높았다. 1812년 전쟁, 멕시코 전쟁, 남북전쟁, 그리고 스페인-아메리카 전쟁 등 재래식 전쟁이 19세기 전 기간의 21퍼센트를 차지했다. 그러나 인디언 국가들과의 전쟁을 포함하면 거의 19세기 전 기간 동안 전쟁을 한 셈이 된다. 그리고 21세기 들어 현재까지 거의 전 기간 동안 미국은 전쟁을 수행해왔다. 모든 전쟁이 같지는 않다. 남북전쟁과 제2차 세계대전은 미국에 독특한 스트레스를 가했고, 중동에서의 장기전도 테러리즘과 세계에서의 미국의 새로운 역할과 더불어 독특한 스트레스를 야기했다.

어떤 전쟁이든 한 국가의 제도에 스트레스를 가하지만, 전쟁이 제도를 파괴하는 경우도 있다. 전쟁을 통해 제도가 파괴되는 이유는 남북전쟁처럼 전쟁의 원인 자체가 제도들 간의 관계이거나 나라의 제도를 바꾸지 않고는 전쟁을 수행할 수 없기 때문이다. 제2차 세계대전이 바로 그런 경우였다. 미국이 툭하면 갈등 상태에 놓여 있었다는 사실은 놀랍지 않다. 태생 자체가 대영제국과 유럽 체제에 맞선 데서 비롯되었기 때문이다. 미국은 북아메리카에 존재하던 인디언 국가와 유럽 국가들에게도 맞섰다. 모든 전쟁이 제도를 바꾸지는 않지만 사회적, 경제적 스트레스가 전쟁의 스트레스와 충돌하면 제도가 제대로 작동하지 않는 결과를 낳는다. 그리고 궁극적으로 나라가 작동하는 방식이 재설정된다.

그러나 또 다른, 훨씬 더 중요한 세계적인 사건도 일어났다. 그것은 전쟁은 아니었지만 미국인이 되는 게 어떤 의미인지를 재규정했고 미국이 세계 도처에 끊임없이 관여하는 상황을 제도화했다. 미국의 힘은 세계

도처에서 일어나는 일에 대한 끊임없는 관여를 뜻한다. 유일한 세계적 강대국은 전 세계 곳곳에서 존재감을 보여야 한다. 원해서가 아니라 경제 규모와 군사 규모가 그런 현실을 만들기 때문이다. 이로 인해 세계 대부분의 국가들과 끊임없이 교류해야 하고 일부와는 갈등을 빚는다. 냉전 중 미국은 소련이 잠재적인 적임을 인식하고 있었다. 오늘날 잠재적 적은 늘어나고 있다. 미국이 무슨 짓을 저질러서가 아니라 미국이라는 나라의 정체 때문이다.

이 때문에 미국의 외교정책뿐만 아니라 미국의 제도적인 구조도 바뀐다. 전 세계가 잠재적인 적이고 끊임없는 관리가 필요하다. 미국 헌법과 미국인이란 무슨 의미인지에 대한 대중의 인식도 조정되어야 하는데, 둘 다 매우 어렵고 시간이 오래 걸리는 과정이다. 그러나 다른 모든 주기에서 살펴봤듯이, 전쟁과 끊임없는 전쟁의 압박은 제도적 변화를 야기한다. 지금은 미국과 나머지 세계와의 관계에서 성숙하고 절제된 행동 패턴이 등장해야 한다.

미국은 현재의 제도적 주기의 막바지에 다다르고 있고 네 번째 새로운 주기가 시작되는 시점에 놓여 있다. 따라서 두 번째 주기가 끝나고 현재의 세 번째 주기가 부상하게 된 이유를 자세히 파악하는 게 도움이 되리라고 생각한다.

두 번째 제도적 주기의 붕괴

남북전쟁이 끝난 후 연방정부가 주들에 대한 궁극적 권한을 지니는 제도가 구축되었다. 제한된 권한이었지만 분열되지 않는 공화국을 건설하기에는 충분히 강력한 권한이었다. 그러나 미국은 천차만별이고 각양각색인 주들로 이루어진 공화국이었다. 뉴멕시코주는 메인주와는 천양지차였고, 제한된 수단을 지닌 연방정부의 실제적인 역량으로는 두 주를 모두 직접 통치하기에 역부족이었다. 연방정부의 힘은 헌법을 강제하고 각 주가 헌법의 틀 안에서 자치하도록 각 주의 주권을 제한하는 역량에 달려 있었다. 연합 규약에 명시된 바와 헌법에서 불분명하게 남겨둔 부분을 고려해보면, 주들에 대한 연방정부의 권한 강화는 분리될 수 없는, 하나의 나라가 존재하는 새로운 제도적 시기를 조성했다. 그러나 연방정부는 개인의 사생활이나 사유재산, 특히 기업의 사유재산의 기능에는 관여하지 않았다. 두 번째 주기가 진행되면서 이 경계는 무너지기 시작했지만 이 제도가 붕괴된 이유는 두 가지였다.

우선 1929년 대공황으로 두 번째 주기의 제도적 틀이 흔들리는 과정이 시작되었다. 대공황은 근본적인 문제를 노정(露呈)했다. 이 문제를 관리하지 않으면 틀림없이 사회적 동요나 봉기로 이어질 게 분명했다. 많은 이가 절박한 처지에 놓였고, 절박함은 제도를 위협할 수 있다. 연방정부가 이 문제를 관리할 유일한 방법은 기존의 제도적 틀에서 벗어나 경제에 개입하는 길뿐이었다.

프랭클린 루즈벨트는 대통령에 당선되자 이 문제를 해결하는 데 전념했지만 어떤 방법으로 해결할지는 전혀 언질을 주지 않았다. 그는 확고한 생각도 계획도 없는 듯했다. 주어진 상황에 갇힌 그는 정부와 사회의 관계를 바꾸기 시작했다. 공황으로 경제가 제 기능을 못 했고 이는 다시 사회적, 정치적 위기로 이어졌다. 공장들이 상품을 생산해도 실직한 소비자는 상품을 살 수가 없었다. 이는 더 많은 공장이 문을 닫는 결과를 낳았고 경제는 나선형을 그리며 점점 추락했다. 과거에도 경기가 침체되었던 적이 여러 차례 있지만 연방정부는 개입하지 않고 거리를 유지했다. 그러나 이번 대공황 위기는 두 가지 면에서 과거와는 달랐다.

첫째, 경기침체의 강도와 지속된 기간이었다. 1933년 루즈벨트 대통령이 취임할 당시, 경제공황은 이미 3년 이상 계속되고 있었고 완화될 기미를 보이지 않았다. 둘째, 사회가 훨씬 복잡해졌다. 소규모 자영농들로 구성된 농경사회는 비교적 단순하다. 경제침체가 사회를 훼손시키기는 하지만 농장에서는 식량이 생산되고 그 식량으로 충분히 버틸 수 있다. 1930년대 산업 사회는 도시에 의존했고, 근로자들 대부분은 도시에 거주하고 공장도 공급사슬을 형성하기 위해 도시에 몰려 있었다. 경기침체는 도시를 무섭게 강타한다. 까딱하면 배를 곯을 수 있었다. 사람들에게 일자리를 마련해주거나 적어도 구호물자라도 제공하는 게 정치적으로 해결해야 할 급선무였다.

연방정부는 문제에 직면했다. 두 번째 제도적 주기를 고수하려는 이들은 정부가 세금을 낮추고 경제에 개입하지 않으면 사회가 대공황을 해결할 수 있다고 주장했다. 이러한 주장은 두 번째 주기의 토대였다. 그러나 그런 상황은 장기적으로 효과가 있을지 모르지만 경제에 가하는 압박이 점점 증가하게 되고, 그런 방법이 제대로 먹힌다고 해도 그 시점과 정치적 시계의 시점이 서로 맞지 않았다. 근로자 계층과 산업공장에 가해지는 압박을 고려해보면 자연적으로 정상을 회복하도록 내버려두는 방법은 현실적이지 않았다. 루이지애나 주지사와 연방 상원의원을 지낸 평생 좌익 포퓰리스트 휴이 롱(Huey Long)이 주장한 "부의 재분배(Share Our Wealth)" 정책 같은 급진적인 정치운동이나 공산주의자들의 영향력은 막강하지 않았지만, 충분히 시간이 주어지고 고통이 참기 어려운 지경에 다다르면 그들의 영향력이 강화될지도 모를 일이었다.

경제적, 정치적 여건을 고려하면 해결책이 필요했고 경제침체 문제를 해결하기 위해 현실적으로 가능성이 있는 유일한 방법은 정부가 사회와 경제에 개입하는 길뿐이었다. 일부 실직자들에게 급여를 줄 방법을 모색하던 루즈벨트는 최고세율을 75퍼센트까지 인상하는 법안을 제출했다. 이론적으로만 보면 이 정책은 효과를 발휘했어야 한다. 문제는 미국이 상품수요를 능가하는 산업시설을 가졌다는 점이었다. 세율을 인상하면 투자 가능한 소득이 줄게 되고 그렇게 되면 공장은 생산역량을 늘리지 못하고 현금은 소비로 전환된다. 하지만 아무도 산업시설에 투자하지 않고 있었고 세금으로 거둬들인 얼마 안 되는 돈은 실직자들 수중에 들어갔다. 뉴딜(New Deal) 정책은 대공황을 끝내지 못했지만, 연방정부가 경제에 어느 정도 책임이 있고 경제와 사회에 합법적으로 개입할 수 있다는 원칙이 성립되었다.

이 문제를 해결하고 대공황을 끝내면서 마침내 두 번째 제도적 주기를 종식시킨 주인공은 전쟁이었다. 제2차 세계대전에서 미국 전략의 핵심은 산업 생산이었다. 30만 기의 전투기, 6천 척의 함선, 거의 20만 대의 탱크를 제조하면서 전쟁을 승리로 이끌었다. 미국은 1,200만 명에 달하는 남녀를 군복무에 동원했고, 그들을 먹이고 입히고 잠자리를 제공했다. 군수품을 생산해야 했고, 철조망 같은 품목들도 제조해야 했으며 온갖 종류의 의료장비도 생산해야 했다. 이 모두를 생산하기 위해 경제의 광범위한 부문과 계약을 체결해 전쟁물자 생산에 집중하도록 했다. 그리고 계약을 체결하는 과정에서 원유, 철강, 구리 같은 원자재는 민간인들뿐만 아니라 각종 공장에도 배급해야 했다. 연방정부는 우선순위를 정하고 그러한 우선순위를 바탕으로 원자재를 할당했다.

어마어마한 양의 산업 물자를 그처럼 빠른 속도로 생산하게 되면서 실업 문제가 해결되었다. 전쟁은 공적인 삶과 사적인 삶을 구분하는 수많은 경계를 허물었고 여성과 흑인이 과거에는 금지되었던 역할을 맡도록 허용되는 등 사적인 삶도 바꾸었다. 연방정부와의 계약으로 사업이 번창했지만 사업자들은 연방정부로부터 상당한 정도로 관리감독을 받았다.

전쟁을 수행하면서 경제와 군사적 필요가 서로 보조를 맞추도록 조율하는 복잡한 과업을 실행하려면 복잡하고 광범위한 경제와 그 경제를 관리 감독하는 정부를 총괄하기에 규모가 충분한 관리 체계가 필요했다. 대부분의 이러한 관리자들은 군에 소속되어 있었고, 기업에서 채용한 많은 장교들이 이 과정의 다양한 측면들을 감독했다. 그러나 연방정부도 규모가 커졌다. 전쟁의 필요에 따라 연방정부는 급속도로 경제와 사회와 통합되었다. 그리고 돌이켜보면 이 시기는 비교적 잘 관리되었다. 관리자들이 해결책을 만들어내고 있었고 자신들이 맡은 임무는 한시적이라고 생각했기 때문이다.

제2차 세계대전이 끝난 후 연방정부는 권한을 내려놓고 물러났다. 배급 같은 제도는 철폐되었고 군의 규모도 축소되었다. 그리고 정부와의 계약이 경제를 지배하지도 않았다. 그러나 정부가 민간 영역에 관여하는 행태는 사라지지 않았다. 처음에는 군이 그러한 개입을 주도했다. 전시 체계가 평시의 현실로 바뀐 한 가지 사례는 바로 군의 요구가 기술개발에 영향을 주었다는 사실이다. 기술을 개발하기 위해 군이 영입한 과학자와 기업들은 이 기술을 이용해 군수물자뿐만 아니라 소비자 상품도 개발했다.

대공황은 두 번째 제도적 주기를 무용지물로 만들었다. 기존의 제도적 규정들은 문제를 해결하지 못했고 문제는 해결되어야 했다. 제2차 세계대전으로 뉴딜 정책은 경제와 사회 두 부문에 연방정부가 개입하도록 함으로써 가장 극단적인 결과를 낳았다. 제2차 세계대전 동안 두 부문은 사실상 국영화되었고 기존의 모델은 폐기되었으며, 새로운 제도적 주기의 토대가 구축되었고 이 토대는 향후 80년 동안 제자리를 지켰다.

연방정부의 권한이 어느 정도인지 감을 잡으려면 제2차 세계대전 동안 정부와 과학 부문의 관계에 대해 알아보면 된다. 정부와 과학 부문의 협력관계를 가장 극적으로 보여주는 사례가 바로 맨해튼 프로젝트이다. 과학자들은 대학에서 핵분열의 기본 원리를 발견했다. 전쟁이 발발하자 그들은 군에 원자폭탄 제조 가능성을 제시했다. 군은 과학자들을 조직화해서 그들을 기업과 연결시켜주었는데, 원자폭탄을 생산하려면 기업의 산업 생산역량과 다른 전문성이 필요했다. 맨해튼 프로젝트는 성공했고 국민, 군, 연방정부의 인식 속에서 과학자들의 지위는 승격되었다. 과학자들은 미국이 전쟁에서 승리하도록 한 토대였다.

맨해튼 프로젝트는 제2차 세계대전 때 성공한 수많은 프로젝트들 가운데 하나였다. 그러나 맨해튼 프로젝트의 성공은 온 나라의 시선을 집중시켰다. 너무나도 놀랍고 결정적인 프로젝트였으므로 다음 주기의 모델이 되었다. 맨해튼 프로젝트는 오로지 연방정부의 자금, 조직력, 그리고 강박관념 덕분에 존재할 수 있었다. 철저한 비밀이어야 했고 연방정부는 프로젝트 참여자들의 삶을 철저히 통제했으며 국민들로부터 프로젝트를 철저히 숨겼다. 이 모두가 필요한 조치였지만, 미국이 작동하는 방식을 완전히 바꿔놓았다. 연방정부는 사회가 납득할 만한 설명을 하지 않고도 산업의 면모를 조정할 수 있게 되었지만, 그렇게 개발된 기술은 국민의 일상생활을 바꿔놓게 된다.

이런 식으로 군사 부문은 냉전에서 싸우는 데 필요한 기술을 획득했다. 과학자들을 비롯해 학자들은 연방정부의 지원이 아니었다면 불가능했을 연구를 할 기회를 얻었다. 기업은 정부 계약을 따내고 일반 대중을 위해 기술을 재가공할 기회를 얻었다. 그러나 과학과 기술이 진화하는 과정을 규정한 주인공은 정부였다.

이전의 제도적 주기에서는 과학과 기술은 대학과 기업이 주도하는 영역으로 간주하는 게 관행이었다. 토머스 에디슨은 과학을 이용하는 기업의 상징이었고, 앞서 살펴본 바와 같이 그는 대단한 성공을 거두었다. 그는 또한 자신의 업적을 군에서 사용하는 데 반대한 철저한 평화주의자였다. 그러나 이러한 관행은 제2차 세계대전에서는 제대로 작동하지 않았다. 너무 분산되어 있고 예측 불가능했기 때문이다. 따라서 연방정부 부서들은 대학과 소속 과학자와 기업과 소속 엔지니어를 연방정부가 자금을 지원하는 단일한 기구로 조직화했고 그들은 평화주의자가 아니었다.

어떤 의미에서 보면 건국의 아버지들은 실제로 연방정부가 과학에 관여하는 미래를 구상했다. 아메리카의 준주들이 주로 승격되는 방안을 담은, 토머스 제퍼슨이 작성한 〈북서부 조례〉에는 새로 주가 되는 지역은 토지를 확보해서 대학을 창립하도록 의무화하고 있다. 따라서 연방정부가 과학에 관여한다는 원칙은 처음부터 존재했지만 예상치 못한 방향으로 진화했다. 대학, 연방정부, 민간산업은 이 기간 동안 합심해서 개인의 삶을 변모시켰다.

이 모델은 여전히 왕성하게 실행되고 있다. 스마트폰을 살펴보자. 휴대전화(cell phone)는 1985년 미국 육군이 최초로 사용했다. 국가정찰국(National Reconnaissance Office)은 첩보위성에 사용할 목적으로 스마트폰에 장착된 카메라를 최초로 설계했다. 휴대전화의 GPS 기능은 미국 공군이 최초로 고안하고 사용했다. 리튬−이온 배터리는 자원부가 개발했고 인터넷을 개발한 선구자는 국방고등연구계획국(Defense Advanced

Research Projects Agency, DARPA)이다. 따라서 여러분이 손에 쥔 스마트폰에는 군사용 하드웨어가 집결되어 있고, 대부분이 대학에서 연구한 결과로서 군은 이를 무기로, 기업은 소비자 상품으로 변신시켰다. 연방정부의 발명은 특허를 출원할 수 없기 때문에 애플 같은 기업들은 이 기술을 이용해 스마트폰을 개발했다. 과학, 산업, 연방정부, 특히 군이 합심해서 미국의 경제에 활력을 불어넣었다. 우리가 목격하는 이 체계의 성공과 실패는 연방정부와 제도의 재규정 간의 관계에서 비롯되었다.

이 모델은 제2차 세계대전을 승리로 이끌었고 미국을 세계 2대 초강대국 중 하나로 만들었다. 이 모델은 경제대공황도 끝냈고 미국의 지속적이고 급격한 성장을 가능케 했다. 연방정부와 민간 부문의 관계는 제2차 세계대전 때 변했다. 이 관계는 전쟁을 승리로 이끈 중심적인 역할을 했다. 제2차 세계대전은 산업기반을 이용할 수 있는 역량에 따라 승패가 결정되었기 때문이다. 그러기 위해서는 산업 사회의 각 부문을 하나로 엮어 통합관리가 가능한 통일체로 만들어야 했다. 실제로 연방정부는 경제를 주도하면서 원자재를 배분했고 무엇을 생산하고 생산하지 않을지, 그리고 어떻게 분배할지를 주관했다.

제2차 세계대전 후 미국의 제도와 사회는 전쟁이 시작되었을 때와 비교해 완전히 딴판으로 변했다. 이때 두 번째 제도적 주기가 끝났고 미국은 다시 한 번 변신을 시작하게 된다.

세 번째 제도적 주기

이념을 초월해 해결책을 모색하는 데 열중하는 전문가들이 운영하는 정부는 전쟁을 위해 했던 일을 나라를 위해서도 하게 될 것이라는 인식이 뉴딜 정책과 제2차 세계대전을 통해서 생겨났다. 성공이 성공을 낳는다는 뜻이었다. 그러나 물론 이는 원칙이 되었고, 원칙은 믿음이 되었으며, 믿음은 이념이 되었다. 이 이념은 자신에게 통치할 자격이 있다고 자부하는 계층, 통치할 자격이 있는 계층이라고 다른 사람들이 믿게 된 계층을 탄생시켰다.

그렇게 전문가들에게 어느 정도의 권력이 주어졌지만 정부 전문가들만 있는 것은 아니었다. 여기에는 기업 전문가와 학계 전문가가 포함되었고 언론대학원, 경영대학원, 법학대학원 졸업생들도 있었다. 법학대학원에 발도 들여놓은 적이 없어도 대법원 판사석에 앉을 수 있었던 때도 있었다. 이제 대법원 판사들은 지혜로운 이들 가운데 선발되지 않고 법률 전문가들 가운데 선발된다. 금융계는 전문가들이 장악했다. 20세기 초에 등장한 개념인 기술관료주의(technocracy)는 권력이 그들이 지닌 지식에서 나오는, 비이념적이고 비정치적인 전문가의 손에 정부를 맡겨야 한다고 주장한다. 기술관료주의는 부가 목표가 아니다. 그것은 보상과는 상관없는 능력 위주의 체제다. 따라서 억만장자 기술전문가와 조교수는 전문성, 자격, 그리고 무엇보다도 이러한 요소들을 보장해주는 경력(명문대 학위)에 대한 동일한 핵심적인 믿음을 지녔다. 앞으로 살펴보겠지만 기술관료주의는 미국의 현재 주기와 미래의 주기에서 중요한 역할을 하게 된다.

기술관료주의는 사회를 인위적으로 설계하는 사회공학, 국민의 삶을 개선하기 위해 경제 제도와 사회 제도가 작동하는 방식의 구조를 바꾸는 데 집중한다. 이러한 시도는 전례가 없지는 않다. 첫 번째 제도적 주기 동안 서부의 준주에서 토지를 분배하는 체계는 분명히 사회를 재설계했다. 기술관료주의가 남다른 점은 경제 및 사회 전체와 상호작용하도록 심층적으로 조직화된 체계라는 점이다. 토지를 정착민들에게 나누어주는 조치와 내 집 마련을 위한 금융 체계를 만들고 이를 통해 미국의 풍경을 바꾼 조치 사이에는 엄청난 차이가 있다.

제2차 세계대전에서 돌아온 퇴역군인들은 환영을 받았다. 많은 이들이 결혼했고 자기 집을 마련하고 싶었지만 계약금으로 낼 목돈이 없었다. 그러자 연방정부가 개입해 이들에게 대출을 보증해주었고, 계약금 없이 낮은 이자율로 대출을 해주었다. 이 조치로 퇴역군인들은 정당한 보상을 받았고 경제성장을 촉진했다. 개념적으로는 단순한 정책이었지만, 민간 영역에서 돈을 빌려주는 사람과 빌리는 사람 간의 관계에 정부가 개입해 관리한다는, 과거에 전례가 없는 조치였다. 그러나 이 정책은 새로운 주기가 표방한 원칙을 따랐고 전후 중산층을 조성하는 데 큰 효과를 발휘했다. 그 과정을 추적해보면 이 조치가 어떻게 2008년 금융위기로 이어졌는지 보인다.

퇴역군인에게 주택마련자금을 대출해주면서, 그들이 살 집을 마련하기 위해 주택을 건설해야 했고 주택을 건설하려면 토지가 필요했다. 여분의 땅도 없고 이미 인구가 밀집한 도시에는 주택을 건설할 수 없었다. 도시로부터 멀리 떨어져 있는 지역은 주택 건설부지로 적합하지 않았다. 근로자들이 도시로 출퇴근을 해야 했기 때문이다. 그 결과 도시 주변 외곽지역에 교외 주택단지가 조성되었고 교외지역과 도시를 연결할 도로가 필요했다. 그리고 교외지역에는 그곳 주민들이 생활용품을 살 상점들과 주차할 주차시설이 필요했다. 새로 학교도 건설되었고 종교시설과 병원과 그 밖의 다른 공공서비스 시설도 들어섰다.

연방정부는 전쟁에서 돌아온 퇴역군인들에게 살 집을 마련해주려고 미국 사회를 뼛속까지 바꿔놓았다. 이러한 변화가 바람직했는지는 갑론을박할 수 있겠지만 변했다는 사실만은 부인할 수 없다. 그리고 기술관료들이 흠잡을 데 없이 성공적으로 정책을 실행해 퇴역군인들에게 내 집을 마련해주었지만, 그들이 이룬 성과를 무색케 하는 의도치 않은 결과가 나왔다. 사회를 인위적으로 설계하는 조치와 기술관료들의 전문성이었다. 추진한 프로젝트가 실패하면 재원이 낭비되었다. 프로젝트가 성공하면 디즈니 만화 영화〈마법사의 제자the Sorcerer's Apprentice〉에 등장하는 미키마우스를 닮는다. 뜻하지 않게 마법을 부려 온갖 무리들이 힘을 얻어 날뛰게 만든 마법사의 제자 미키마우스 말이다. 이처럼 전문 지식을 강조하는 풍조는 협소한 지식에 골몰하는 전문가들이 그 자신은 물론이고 다른 이들도 미처 예상하지 못했던 요소들을 불러들여 활개치게 만든다는 사실을 고려하지 못했다.

이 경우 예기치 못한 사실은 미국이 처한 다른 현실들과 얽히고설킨 유사한 다른 정책들과 맞물려 교외지역이 급격히 팽창했다는 사실이다. 퇴역군인에 대한 주택마련융자 정책은 퇴역군인도 아닌 저소득 가구 주택매입자들에게 확대 적용되었다. 이 정책은 연방주택청에서 관리했고 중하위 계층이 내 집을 마련하도록 해주었다. 이 정책은 대단한 성공을 거두었고 주택을 담보로 잡은 은행들은 이러한 보증된 저당권을 투자자들에게 팔아 융자에 필요한 자금을 조성했다. 가용 재원이 증가하면서 건설 산업, 주택매입자 그리고 은행들은 신바람이 났다.

여기에 동원된 방법은 패니매(Fannie Mae)라 일컫는 연방국영주택담보대출협회였다. 이는 정부기관으로서 은행을 안정화하기 위해 대공황때 상환되지 않은 주택담보대출을 해결했다. 패니매(그리고 훗날 설립된 유사 기구, 프레디맥(Freddie Mac)이라 일컫는 연방주택담보대출공사)는 은행으로부터 저당권을 매입해서 주택담보대출 융자 재원을 유지했다. 은행은 기본적으로 주택담보대출을 처리하는 업무를 하면서 돈을 벌었다. 주택담보대출 저당권은 매각되었고 절반은 정부기구이고 절반은 민간기구인 패니매와 프레디맥이 얽히고설켜 만들어낸 난맥상의 조직으로 대출위험은 전가되었다. 패니매의 본래 업무는 상환하기 어려워진 융자자금을 해결하는 일이었고, 연방주택청은 애초에 주택담보대출을 받을 자격이 되지 않는 주택구매자들에게 제공된 융자금을 보증해주었다. 그리고 주택담보대출 저당권은 패니매에게 매각되었으므로 관련자—부동산업자, 주택건설업자, 주택매입자, 은행—들은 모두 안심했다.

1950년대에서 1970년대로 다시 2008년으로 넘어가면서 문제가 생겼다. 흠잡을 데 없이 기발한 생각이었던 정책이 또 다른 기발한 정책으로 변신했고 주택정책 이외의 다른 영역으로 확산되더니 결국 통제 불가능한 광란을 야기하면서 절정에 달했다. 2008년 무렵 패니매와 프레디맥의 경영자 계층과 주택도시개발부를 비롯해 그 누구도 그들이 관장하는 기구들이 사상누각인지 까맣게 몰랐다. 그런 사실을 파악할 만한 지식을 확보할 수 있었을지 모르지만, 확보할 수 있었다고 해도 그런 지식을 확보하기란 어마어마하게 복잡한 작업이었을 것이다. 정부가 대출을 보증해주니 위험하지 않다는 환상이 생겼고 따라서 관리 역량을 갖춘 체계가 구축되지 않았다. 연방정부는 이러한 기구들을 창설했지만 이 기구들을 감시 감독할 역량을 갖춘 선출직 공직자가 전혀 없었다. 이 무렵, 민간기구들이 주택담보대출 저당권을 매입하고 여기서 파생된 상품을 대출을 받는 사람이 상환 능력이 있는지 여부를 묻지도 따지지도 못한 채 팔게 되면서 문제는 훨씬 더 복잡해졌다.

내가 이 이야기를 하는 이유는 서브프라임모기지 위기의 구체적인 내용을 추적하려는 게 아니다. 주택마련융자 정책이 퇴역군인들을 돕기 위한 아주 합리적인 정책으로서 출발했다는 점을 지적하려는 것이다. 그러다가 이 정책은 기업을 돕는 동시에 중하위 계층의 내 집 마련을 돕는 정책으로 바뀌었다. 뒤이어 은행들에게 주택담보대출 저당권을 판매할 수 있게 해주었고, 이는 수십 년에 걸쳐 주택담보대출 저당권을 민간 부문에서도 매입할 수 있게 되었으며, 돈을 빌려주는 주체는 돈을 빌리는 주체의 신용등급에 대해서 거의 무관심해졌다. 그리고 결국은 재앙을 낳았다. 보다시피 이러한 재앙이 표면화되기까지 수십 년이 걸렸다.

제도적 문제점은 정부가 너무 비대해졌다는 게 아니었다. 사실 정부의 규모는 인구 규모의 확대를 따라잡지 못했다. 공무원의 수는 1940년 이후로 두 배로 늘었지만 인구는 1억 3,900만 명에서 3억 2,000만 명으로 두 배 이상 늘었다. 공무원의 수가 가장 많이 증가한 정부는 연방정부가 아니라 주정부와 지역정부였다. 위에서 언급한 같은 기간 동안, 군을 제외한 정부고용은 안정적으로 유지되었다. 몇 가지 사실을 지적할 필요가 있다. 연방정부의 고용이 마지막으로 반짝 증가한 시기는 레이건 행정부 시절이었다.

연방 부채 규모(그리고 소비자 부채 규모)가 경제에 재앙을 초래하리라는 우려도 크다. 부채가 결국 상환이 불가능한 지점에 다다르게 되리라는 주장인데, 일리가 없지는 않다. 이러한 두려움은 일반 대중이 모든 기구들의 무책임성을 두려워하게 된 경제대공황 이후로 계속 존재해왔다. 그러나 사실 부채는 제2차 세계대전 이후로, 1980년대에도, 그리고 그 이후에도 계속 증가해왔고 경제 붕괴와 급격한 물가상승 등의 우려는 실현되지 않았다. 그래도 여전히 그런 일이 일어나리라고 생각하는 이들이 대부분이다. 그럴지도 모르지만, 재앙이 발생하지 않을 가능성이 더 큰 이유는 다음 표를 통해서 엿볼 수 있다.

개인이나 기업의 신용도를 평가할 때는 부채, 연간소득, 총자산을 살펴본다. 무슨 연유에선지 모르겠으나, 한 나라의 신용도를 평가할 때는 오로지 한 해의 소득(GDP)과 총부채를 비교 측정한다. 주택담보대출, 자동차구매 대출, 학자금 융자 등에서 비롯된 개인의 총부채를 한 해의 소득과 비교 측정하는 셈이다. 당연히 비합리적인 방식이다.

한 해에 5,000만 달러의 소득을 올리고 부채가 1억 달러인 억만장자의 상황을 생각해보자. 그가 억만장자라는 사실을 무시한다면 그는 재정적으로 절박한 처지에 놓인 셈이다. 그의 자산을 더하면 그는 매우 안락한 여건에 놓여 있다. 표를 보면 미국의 자산은 아주 박하게 측정해도 부채를 훨씬 능가한다. 미국은 올 한 해 소득보다 훨씬 많은 빚을 지고 있지만 감당할 수 있을 정도 수준의 빚을 진 억만장자와 같다. 물론 GDP에서 부채가 차지하는 비율이 같아도 나라마다 천차만별의 결과가 나온다. 똑같은 수준의 부채비율이라도 자산이 한정되어 있어서 경제가 붕괴되는 나라가 있다. 예컨대, 2008년 아이슬란드를 생각해보라. 3개 주요 은행—클리트니르, 랜즈방키, 카우프싱—이 체계적으로 붕괴하면서 몇 년 동안 심각한 경기침체를 야기했다.

연방정부가 안고 있는 문제는 부채비율이나 규모가 아니다. 오래전부터 일어난다고 했던 예언들이 하나도 실현되지 않았다는 사실에서 알 수 있다. 문제는 연방정부가 사회에 개입하는 수위가 급격하게 증가했는데 제도적인 역량이 이에 부응하지 못한다는 사실이다. 국가부채가 1980년대 이후로 많은 이들이 예측했던 결과를 야기하지 않은 이유가 바로 이 때문이다. 연방정부의 문제는 재정이 아니라 제도다.

제도적인 위기는 두 가지 원인에서 비롯된다. 첫째, 통치 계층과 기술

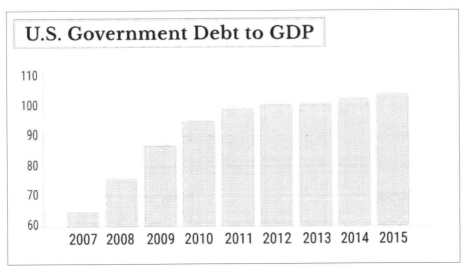

미국 GDP 대비 부채 비율

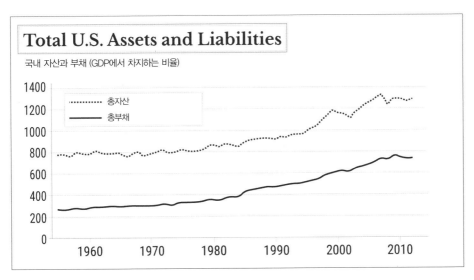

미국 총자산과 총부채

관료들이 권력과 부를 축적하면 자기들의 이익을 보호하는 방향으로 제도들을 바꾸기 시작한다. 둘째, 제2차 세계대전을 승리로 이끌고 전후 세계를 구축한 전문성은 이제 그 자신이 지닌 비효율성의 문제—분산—에 직면하고 있다.

분산은 정부의 여러 부서들이나 행정관청들 사이에 권한이 나누어져 있다는 뜻이다. 보다 낮은 차원에서 보면 개별적인 전문가들 사이에 지식이 분산되고 파편화되어 있다는 뜻이다. 당장 벌어지고 있는 현상에 대한 지식은 통합되기보다 분산된다. 분산은 전문성의 문제와 엮여 있다. 전문성은 필요하다. 그러나 전문가는 각자 전문 분야가 다르다. 그리고 특정한 전문성을 중심으로 조직을 구축하면 이따금 같은 문제를 다루는 조직들 간에 장벽이 생긴다. 그렇게 되면 전문가들은 문제에 대한 단일한 시각을 형성하기보다 문제의 서로 다른 부분에 대한 시각들을 갖게 되고, 그들이 대표하는 조직마다 사안의 일부분에 대해서만 책임을 지게 된다. 이 때문에 연방정부는 분산되고 조직마다 서로 모순되는 방향으로 나아가는 일이 빈번해진다. 제2차 세계대전에서 전쟁에 고도로 집중되고 철저하게 관리 통제되는 조치로 시작된 정책이 문제를 총체적으로 파악할 중심부가 없는 고도로 분산된 업무로 변질되었다. 이는 연방정부에만 국한되는 문제가 아니다. 모든 조직, 특히 규모가 큰 조직에서 일어나기 마련인 현상이다. 전문성은 결함이 내재되어 있다. 그러나 연방정부에서 문제는 결함의 규모다.

또 다른 문제는 얽히고설키는 현상이다. 여러 연방기구들이 동일한 문제의 서로 다른 부분을 관리하는 데 관여했다. 그 한 가지 형태가 다양한 기관들이 서로 업무가 얽히고설켜 예산 확보와 관할권을 두고 다투게 되는 현상이다. 미합중국 행정회의(Administrative Conference of the

United States, ACUS)[13]는 연방정부의 115개 조직을 거론하면서 다음과 같이 지적한다.

> 정부기구들을 모두 수록한 공식적으로 인증된 목록은 없다. 예컨 대, (법무부가 관리하는 정보자유법 사이트) FOIA.gov는 78개의 독 립적 행정기관과 그 행정기관들을 구성하는 174개 기관들을 정보 자유법을 준수하는 단위기관들로 열거하고 있다. 이는 기관의 정 의를 엄격하게 해서 이를 기준으로 기관의 범위를 최소한으로 잡 은 듯하다. 미합중국 정부 편람(The United States Government Manual)은 96개의 독립적인 행정기관과 그 행정기관들을 구성하 는 220개 조직을 열거하고 있다. 보다 포괄적인 목록은 USA.gov 에 있는데, 137개의 독립적인 행정기관과 내각 내에 268개 부서들 이 있다고 나열하고 있다.

조직 내에 수많은 작은 조직이 존재하기 때문에 일일이 다 헤아리기가 불가능하다.

서로 다른 다양한 조직들이 서로 얽히고설키는 현상은 사회와 엮이면 서 난맥상이 더욱 가중된다. 정부와 사회의 경계가 무너지고 연방정부가 어떤 식으로든 관여하지 않은 민간 영역이 거의 남아있지 않다. 의료, 각 급 교육기관, 농업, 운송, 세계무역 관리, 민간 부문의 중요한 영역은 거 의 전부 어떤 식으로든 규제 주체로서 아니면 주요 소비 주체로서 연방 정부와 엮여 있다. 정부조직들이 이와 같이 서로 얽히고설키면서 이는 연방체제를 규정하는 결정적인 특징이 되었다.

사회 자체가 점점 더 복잡해지고 연방정부는 이에 발맞춰 점점 복잡해지는 사회를 관리하려고 들면서, 관리는 점점 복잡해지고, 정부가 만들어내는 규제는 점점 이해하기가 어려워지고 누구에게 권한이 있는지는 점점 불분명해진다.

제도적 위기는 세 번째 주기가 성숙한 이후로 계속 누적되어왔다. 지난 두 차례 주기와 마찬가지로, 탁월한 해결책으로 출발한 정책은 사회가 변하면서 결국 그 효용을 다하게 되었다. 1945년에 고안된 연방정부와 오늘날 경제와 사회 간에 근본적인 비대칭이 존재한다는 점이 문제의 근원이다. 당시에는 거대 기업과 산업인력이 사회를 주도했고 제2차 세계대전에서 조성된 넘치는 부를 어떻게 이용할지가 사회적으로 해결해야 할 문제였다. 지금은 그때와는 아주 다른 사회적, 경제적 위기에 직면하고 있는데, 이는 다음 장에서 자세히 다루겠다.

세 번째 제도적 주기에서 또 다른 중요한 측면은 3개 연방조직의 힘의 균형이 변했다는 점이다. 대통령의 권한이 급격히 증가했다는 점이 아마 가장 두드러진 특징일 것이다. 공식적인 권한은 강화되지 않았지만, 전반적인 체제에서 대통령이 차지하는 비중은 증가했다. 이는 부분적으로는 국내 문제와 관련이 있다. 법을 실행하고 규제를 만드는 과정에서 법을 해석하는 권한이 대통령에게 주어진 결과다. 두 번째로 실제로 3부의 힘의 균형에서 변화를 촉진한 요인은 외교정책에서 대통령이 지닌 권한이 변했다는 점이다.

핵무기와 냉전으로 기술적인 문제가 생겨났다. 핵전쟁은 신속하게 전개되므로 대통령이 의회의 의견을 구할 여유가 없다. 핵전쟁이 발발하는 경우 대통령은 전쟁을 선포하거나 헌법에서 규정한 바와 같이 의회로부터 결의안을 얻지 않고도 즉각 최고사령관 역할을 수행할 권한이 있어야 했다. 대통령에게는 묵시적으로 전쟁을 선택할 재량권이 부여되었다. 대

166

통령은 사실상 소련의 공격에 대응할 권한이 있을 뿐만 아니라 먼저 전쟁을 일으킬 권한도 있었다.

그러더니 이러한 대통령의 권한은 재래식 전쟁으로까지 확대 적용되었다. 제2차 세계대전 이후로 전쟁을 선포하고 치른 전쟁은 단 하나도 없었고, 수많은 전쟁이 의회의 결의안도 없이 시작되었다. 한국전쟁은 의회가 관여하지 않았다. 트루먼 대통령이 유엔 안전보장이사회가 국제질서를 위한 군사 행동(police action)을 선언했고 미국은 유엔 회원국이므로 한국에서 전쟁을 수행하는 데 있어서 의회의 승인은 필요하지 않다고 주장했기 때문이다. 베트남 전쟁에서도 마찬가지였다. 린든 존슨 대통령은 통킹만 결의안으로써 전쟁이 승인됐다고 주장했다. 이 결의안은 여러 해 동안 여러 사단이 관여하는 전쟁을 수행해도 되는지 여부의 문제를 다루지 않았는데, 이 전쟁에서 5만 명의 미국인이 사망했다. 쿠바미사일 위기 동안에도 어떤 조치를 취해야 하는지의 문제는 공식적이든 비공식적이든 의회의 승인을 구하지 않고 대통령과 그의 자문들이 결정했다.

대통령의 권한이 증가하는 현상은 지난 18년 동안 수행한 지하디스트를 상대로 한 전쟁에서 훨씬 극단적인 방식으로 나타났다. 대통령은 미국 국민의 통신과 그 밖의 다른 집단적인 의사소통을 감시할 권한이 있다고 주장했다. 이 조치의 수많은 측면들은 비밀이었고 의회에 전혀 알려지지 않았다. 대통령은 최고사령관으로서 의회의 승인 없이 자신의 의지에 따라 전쟁을 주도하고 미국인을 감시할 권한이 있다고 주장했다. 힘의 균형이 깨졌다.

이는 단순히 1960년대로 거슬러 올라가는 개념인 제왕적 대통령제가 아니었다. 현재 진행 중인 전쟁의 현실을 반영한 현상이다. 핵공격에 어떻게 대응할지 결단을 내리는 일은 촌각을 다투는 일이었다. 한국은 주

말에 북한의 군사공격을 받았고 참전 여부에 대한 결단은 보고를 받은 즉시 그 자리에서 내려야 했다. 지하디스트 요원들은 미국 내에서 공격 계획을 세우고 있었고 개인의 통신을 감시하는 조치는 비효율적이나마 그러한 공격을 저지할 수 있는 하나의 방법이었다. 쿠바미사일 위기와 그 전과 그 후에 일어난 수많은 위기들은 의회에서의 논의를 견뎌낼 수 없었다. 착수할 작전이 효과적이려면 은밀히 진행되어야 했다.

그리고 이러한 점이 힘의 균형을 더욱더 기울게 했다. 정보기관, 국방부, 외교정책 기구들 사이에 흩어져 있는 대통령 참모와 전문가들이 의회보다 훨씬 더 의사결정에 영향을 미칠 수 있었다. 국가안보위원회 수장이나 작전을 수행하는 중앙정보국 부국장이 하원의장보다 훨씬 더 미국의 작전과 전략에 대해 통제력을 행사했다. 하원의장은 이따금 어떤 일이 벌어질지 보고를 받기는 했지만 자문을 요청받지는 않았다. 비밀유지가 가장 중요했다. 그리고 대통령이 장악하고 있는 기구는 비밀을 유지할 엄격한 규율과 전문성을 갖추고 있었다. 하지만 의회는 그렇지 않았다. 따라서 세 번째 주기 동안 외교와 안보 정책에서 대통령은 지속적으로 점점 더 많은 권한을 축적했다. 그러나 이러한 구조가 성공으로 이어지지 않는 경우가 종종 있었다.

위기는 다음과 같다. 전문성을 토대로 구축한 제도들이 더 이상 제 구실을 하지 못한다. 연방정부의 업무는 점점 분산되고 얽히고설켜서 제때에 효율적으로 작동하지 않는다. 대학은 점점 비효율적으로 변한다. 등록금과 학자금 융자는 천정부지로 치솟고 학위를 따는 데 드는 비용은 점점 대부분의 국민들이 감당 못할 수준에 다다른다. 인터넷은 점점 횡설수설하는 정보로 넘쳐나고 신문은 필요한 인력을 유지할 수도 없게 된다. 구글과 골드만삭스 소속 기술전문가들이 축적한 어마어마한 돈은 효율적으로 재투자하기가 점점 어려워지고 있지만, 그런데도 제2차 세계대전 이후 어느 정도 완화되었던 부의 엄청난 격차를 만들어냈고, 이는 사회의 핵심적인 특징이 되고 있다.

전문가들이 축적한 부는 기술관료주의의 점증하는 비효율성과 복합적으로 작용해 지금의 세 번째 제도적 위기를 조성하고 있다. 그러나 아직 위기의 초기 단계이고, 어떤 식으로든 위기임을 인식하는 이들에게는 여전히 변화를 일으킬 역량이 없다. 트럼프 대통령은 "썩은 늪의 물을 빼겠다."라는 공약을 내걸고 백악관에 입성했다. 기술관료주의를 공격하는 은유적 표현이다. 그러나 그는 어떤 방법으로 공약을 실천할지 분명한 생각이 있는 것도 아니고 그렇게 할 정치적 기반이 있는 것도 아니다. 나라는 여전히 반으로 갈라져 있고 기술관료들은 기존의 제도를 성공적으로 방어하고 있다.

세 번째 제도적 위기는 현재 첫 번째 단계에 놓여 있고, 세계 속에서 미국이 새로 얻게 된 불편한 지위와 지하디스트와의 오랜 전쟁이 그 원동력이다. 미국은 세계를 상대할 새로운 틀을 모색하고 있지만 세 번째 제도적 주기의 틀 안에서는 그렇게 하기는 쉽지 않다. 현재의 주기에서 연방정부는 나라 안팎의 문제에 끊임없이 관여해왔다. 관리한다는 미명하에 끊임없이 문제에 휘말리는 상황은 지속되기가 불가능하다. 이제 두 번째 형태의 주기, 사회경제적 주기에 대해 살펴보겠다. 사회경제적 주기도 미국에 제도적 주기 못지않게 큰 영향을 미치고 있으며, 제도적 주기와 거의 동시에 마무리되면서 혼돈을 증폭시키게 된다.

07
사회경제적 주기

The Socioeconomic
Cycles

미 국 사회와 미국 경제는 리듬을 탄다. 50년마다 고통스러운 위기를 겪게 되는데, 이 시기에는 마치 경제가 붕괴되고 그와 더불어 미국 사회도 붕괴되는 느낌이 든다. 지난 50년 동안 제 구실을 해온 정책들이 더 이상 먹혀들지 않고 오히려 심각한 해를 끼친다. 정치적, 문화적 위기가 발생하고 상식으로 여겨지던 것이 폐기처분된다. 정치 엘리트 계층은 기존의 방식으로 해결하지 못할 문제가 없다고 우긴다. 그러나 대단한 고통을 겪는 일반 대중 상당수는 이에 동의하지 않는다. 기존의 정치 엘리트 계층과 그들이 세상을 바라보는 시각은 폐기처분된다. 새로운 가치, 새로운 정책, 새로운 지도자가 부상한다. 기존의 정치 엘리트 계층은 새로운 정치적 문화를 경멸하면서, 일반 대중이 정신을 차리게 되면 자신들이 권력을 되찾게 되리라고 기대한다. 그러나 오로지 전혀 딴판인 새로운 접근방식만이 저변에 깔린 경제적 문제를 해결할 수 있다. 오랜 시간에 걸쳐 문제가 해결되고 새로운 상식이 자리를 잡으면서 미국은 풍요로워진다. 다음 번 경제적, 사회적 위기가 닥치고 다음 주기가 시작될 때까지.

마지막 주기적 변화가 일어난 이후로 거의 40년이 흘렀다. 1981년 로널드 레이건이 지미 카터를 대체하면서 경제정책과 정치 엘리트 계층이 바뀌었고, 그에 앞서 루즈벨트가 허버트 후버를 대체한 이후로 50년 동안 미국을 지배한 상식이 바뀌었다. 건국 초기로 거슬러 올라가는 이러한 패턴이 유지된다면 미국은 2030년 무렵 다음 번 사회경제적 변화를 맞게 된다. 그러나 그보다 훨씬 이전에 구시대에 대한 피로감이 표면화되기 시작한다. 변화가 일어나기 10년 정도 앞서 정치적으로 불안해지고 여기에는 점점 심각해지는 경제적 문제와 사회적 분열이 동반된다. 위기가 무르익으면 실패한 대통령으로 간주될 누군가의 임기가 마무리되면서 새로운 대통령이 등장하는데, 신임 대통령은 새로운 주기를 적극적으로 조성하기보다는 그저 새로운 주기가 일어나도록 허용할 뿐이다. 뒤이은 10여 년에 걸쳐 미국은 자신의 면모를 일신하고 새로운 시대가 시작된다.

명심해야 할 점은 정치적 갈등과 잡음은 뿌리 깊은 사회적, 경제적 혼란을 덮고 있는 겉껍질일 뿐이라는 사실이다. 정치는 체제를 움직이는 원동력이 아니다. 체제가 정치를 움직이는 원동력이다. 루즈벨트와 레이건이 새로운 시대를 창설한 게 아니다. 그들이 등장한 시대가 위기에 빠져 있었고 이 위기는 기존의 방법으로는 해결할 수 없었다. 과거와의 단절이 절실히 필요했고 루즈벨트와 레이건은 불가피한 이 과정을 주관했을 뿐이다.

지금까지 미국은 다섯 차례의 사회경제적 주기를 겪었다. 첫 번째 주기는 조지 워싱턴과 더불어 시작되어 존 퀸시 애덤스와 함께 막을 내렸다. 두 번째 주기는 앤드루 잭슨으로 시작해 율리시즈 S. 그랜트와 더불어 마무리되었다. 세 번째 주기는 러더퍼드 B. 헤이즈로 시작해 허버트 후버와 함께 막을 내렸다. 네 번째 주기는 프랭클린 루즈벨트와 함께 시작되어 지미 카터와 함께 막을 내렸다. 다섯 번째 주기는 로널드 레이건과 함께 시작되었고 2028년에 대통령에 선출될, 아직 그 이름을 알 수 없는 누군가와 더불어 막을 내리게 된다. 대통령은 그저 도로 표지판일 뿐임을 명심해야 한다. 주기는 앞을 분간하기 힘든 심층부에서 꿈틀거리며 작동한다.

첫 번째 사회경제적 주기:
워싱턴 주기(1783-1828)

사회경제적 주기의 역사를 살펴보자. 미국의 건국은 영국을 상대로 독립전쟁에서 승리한 1783년과 헌법을 비준하고 조지 워싱턴을 대통령으로 선출한 1789년 사이에 일어났다. 미국은 더 이상 공동의 이익을 지닌 주들의 집합이 아니었다. 독립전쟁은 미국 통치의 구조를 바꿨다. 첫째, 아메리카인은 영국인을 축출하고 나서 통치의 틀을 만들었다. 그러나 아메리카 식민지의 독립전쟁은 지배 계층이 일으키고 장악했으며 독립한 후에도 여전히 권력을 장악하고 있었다는 점에서 이례적이다. 제도적으로 미국은 변모했다. 사회적으로 그리고 경제적으로는 그대로였다. 세 명의 초기 대통령, 워싱턴, 애덤스, 제퍼슨 같은 인물들은 식민지를 지배한 남부 귀족과 북부 사업가 계층을 대표했고 독립전쟁을 일으켰으며 전쟁이 끝난 후에 통치했다.

독립전쟁 후 안정이 필요했다. 프랑스 혁명과 러시아 혁명은 혁명이 사회불안과 경제적 불확실성으로 이어지면 어떤 사태가 발생하는지 적나라하게 보여주었다. 미국의 첫 번째 사회경제적 주기에서는 정치체제가 자리를 잡을 시간을 주는 한편 사회 안정을 유지했다. 첫 번째 사회경제적 주기 동안 미국은 대서양과 애팔래치아산맥 사이에 위치한 지리적 여건에 만족했고 사회적, 인종적 구조에 대해서도 만족했다. 국내 경제는 상업적이었고 농업과 국제무역, 조선, 금융 부문의 핵심 산업들을 중심으로 구축되었다. 이 체계는 혁명적인 동시에 안정적이었다. 과거와 단절했지만 신속하게 안정이 뒤따랐다. 급격한 변화와 안정적 결과가 병존했다는 점이 이 첫 번째 주기의 특징이다.

영국에서는 직물산업에서의 변화가 주도하는 산업혁명이 한창 진행되고 있었다. 영국은 새로 탄생한 미국에 여전히 위협적인 존재였다. 왜냐하면 미국은 여전히 영국과의 교역에 경제적으로 엮여 있었고 영국은 점점 부가 축적되면서 해군력을 구축해 대서양을 지배했기 때문이다. 영국의 의도는 1812년 전쟁에서 분명히 드러났다. 영국과의 무역전쟁으로 아메리카에서는 1807년부터 1809년 사이에 대대적인 경기침체가 일어났다. 미국은 사회 전체적으로는 기존의 경제적 지위를 유지할 수 있었지만 그러한 지위를 토대로 구축된 사회적 구조는 더 이상 지탱하기 어려웠다. 주기적 변화가 일어나려면 20년은 더 있어야 하는데 위기를 야기한 문제는 이미 가시화되고 있었다.

이 시기에 미국 경제에 역동성을 불어넣은 두 가지 요인이 있었다. 첫 번째는 농업생산량의 증가였다. 두 번째는 영국을 경제적, 군사적으로 따라잡기 위해 나라를 산업화한 점이다. 그러나 산업화하려면 더 많은 자본과 더 많은 인구 기반이 필요하고 산업화하기 전에 이러한 두 요건이 마련되어야 했다. 이 두 요건을 충족시키려면 애팔래치아산맥 서쪽의 토지를 이용하는 방법밖에 없었다. 그 가운데 일부분인 북서부 준주들은 이미 미국의 땅이었다. 또 다른 일부분인 루이지애나는 1803년에 매입했다. 그러나 애팔래치아산맥을 통과하는 도로와 철도망을 건설하고 그곳에 정착하려는 사람들을 찾지 못하는 한 이 두 요건은 충족시킬 수 없었다. 그러려면 사람들을 이주시킬 필요가 있었다.

독립전쟁이 끝난 이후로 독일인, 스웨덴인, 그리고 누구보다도 스코틀랜드계 아일랜드인들을 비롯해 점점 더 많은 사람들이 미국으로 이주해 정착했다. 스코틀랜드계 아일랜드인들은 수세기 동안 경작할 땅을 찾아 헤맸다. 아일랜드에 정착한 그들은 1790년대에 대거 미국으로 이주하기 시작했고 고군분투한 끝에 자영농으로 자리를 잡았다. 그들은 문화적으로 잉글랜드인들과는 두드러지게 구분되었고 잉글랜드인들에게 적대적이었다. 그들은 개인주의자이고 투쟁적이며 술을 좋아하고 열심히 일했다. 잉글랜드인들은 그들을 업신여겼고 장로교 신자인 그들을 잉글랜드가 구축한 질서를 위협하는 위험한 이들로 간주했다. 펜실베이니아의 펜(Penn) 가문의 서기인 제임스 로건(James Logan)은 최초로 이주한 스코틀랜드계 아일랜드인들에 대해 다음과 같이 말했다. "그 어떤 집단에 속한 50명보다도 스코틀랜드계 아일랜드인 다섯 가족의 정착이 훨씬 더 골칫덩어리다." 그들은 문맹에다가 폭력을 휘두르는 술꾼이라는 취급을 받았고, 이는 이민자를 대하는 전형적인 태도로 자리 잡았다. 독일인이 곧 스코틀랜드계 아일랜드인에 합류했다. 벤자민 프랭클린은 독일인을 "멍청하고 거무튀튀하다."라고 했다.

그러나 정착민이 필요했고 그러려면 미국은 이민을 받아들여야 했다. 새로운 이민자는 불가피하게 사회를 불안정하게 하고 경제체제를 어느 정도 바꾸며 사회질서도 상당히 변화시킨다. 빈곤한 그들의 낯선 문화로 인해 그들은 경멸의 대상이 되고 깊은 갈등을 낳는다. 국가는 그들이 필요했지만 기존의 사회질서는 그들을 용납할 수 없었다.

스코틀랜드계 아일랜드인들이 애팔래치아산맥 전역에 정착하면서 그들은 서부에서 토지가 분할되고 매각되는 방식에 대해 불만을 품게 되었다. 그들은 스코틀랜드에서 부재자 지주들에게 분개했듯이 잉글랜드 엘리트 계층이 부재자로서 휘두르는 힘에 분개했다. 그들은 또한 정치적 질서에도 분개했다. 국민의 정부를 표방하면서 실제로는 유사 귀족 계층이 장악한 정부였기 때문이다. 새 이민자들은 미국의 발전에 반드시 필요했고, 이들은 미국의 민주적이고 심지어 무정부적인 모습에 이끌렸다.

그리고 그들은 건국 원조인 13개 주를 통치하는 이들을 경멸적인 시각으로 바라보았다. 그 통치엘리트들이 그들을 경멸적으로 대하듯이 말이다.

정착민이 자기 토지를 장악하려는 투쟁은 금융위기와 더불어 시작되었다. 알렉산더 해밀턴은 미합중국 제일은행(the First Bank of the United States)을 창설했다. 민간 소유의 은행이지만 화폐를 안정적으로 관리하도록 설계되었다. 독립전쟁에서 비롯된 전쟁 빚을 포함해 건국 과정에서 겪는 난관들 때문에 의회는 이 은행의 설립 취지가 제대로 지켜지지 않아도 방관했다. 그래도 상황이 호전되지 않았고 1816년 미합중국 제2은행이 창설되었다. 이 은행도 민간은행으로서 부유한 투자자들이 소유했다. 이 은행의 임무는 다른 은행들의 과도한 대출을 규제함으로써 나라 안의 통화 공급량을 관리하는 일이었다.

수익 창출이 목적인 민간은행에 통화 공급량을 신중하게 관리하는 책임을 맡기는 것은 바람직한 생각이 아니었고 당연히 제 구실을 하지 못했다. 대출을 얻기는 쉬웠지만 토지 가격은 급격히 상승했다. 초기 정착민들의 부는 급증한 반면 새로 유입된 정착민들은 부동산 시장에서 퇴출되었다. 은행을 소유한 일부 투자자들도 상당히 돈을 벌었다. 서부 지역 부동산 투기 열풍이 불었고 그 결과 물가가 상승해 다른 지역에도 영향을 미쳤다.

정착민들은 은행이 자기들에게 혜택을 주기는커녕 금융계 관련자들의 배를 불리는 데 이용된다고 느꼈다. 그러더니 1819년 유럽에서 금융위기가 일어났다. 은행과 기업들이 나폴레옹 전쟁 동안 어마어마한 대출을 받았고, 채무불이행과 파산이 속출하면서 경기침체로 이어져 1821년까지 침체가 지속되었다. 이 위기에는 미국도 엮여 있었다. 뉴욕과 보스턴 동부 지역 은행가들이 유럽의 부채에 투자했기 때문에 유럽 금융계의 채무불이행이 미국 동부의 금융계를 강타했다. 유럽의 금융계와 엮이는 게 얼마나 위험한지를 뼈저리게 깨닫게 해준 사례였고, 미국의 금융 체계와 경제가 얼마나 취약한지를 극명하게 보여주었다. 1819년은 건국 이후로 나라를 지배해온 계층이 신중함을 지니고 있는지에 대한 합리적인 의구심이 조성된 해였다. 돈이 많은 계층이 훨씬 신중하다는 주장은 그들이 실제로 보여준 무모한 대출 관행과 아귀가 맞지 않았다. 이보다 훨씬 문제가 된 점은 은행 투자자들이 아메리카의 새 정착민들에게 대출을 해주기보다 유럽에 훨씬 집중적으로 투자했다는 사실이었다. 사회적 분열의 골이 깊어졌고 정치적 위기가 끓어올랐으며, 뒤이은 10여 년은 모든 차원에서 격동의 시대를 맞게 된다.

1822년 미합중국 제2은행은 통화 공급량을 엄격히 제한했는데 이는 이중적인 위기를 조성했다. 서부 지역의 토지 가치가 폭락했다. 농민인 수많은 정착민들은 자기가 소유한 토지의 부풀려진 가치를 담보로 대출을 받았는데 이제 토지의 가치보다 갚아야 할 대출금이 더 높아졌다. 새 정착민들은 토지, 장비, 경작에 필요한 물품들을 구매하기 위해 은행으로부터 대출을 받을 수 없었다. 대출이 어려워져 토지 가격은 하락했지만, 그런데도 많은 정착민들은 해당 가격에 토지를 매입할 수가 없어 시장에서 밀려났다. 이러한 상황은 미국의 지정학적 전략을 위협했다. 서부에 정착해 전략적 깊이를 확보한다는 전략을 토대로 구축된 나라인데 말이다. 설상가상으로 농산물 생산량이 줄어들면서 동부에서 식품 가격이 인상되었다. 당연히 나라는 경기침체에 빠져들었고 다른 여러 요인들과 더불어 이는 제2은행의 설립 취지에 대한 정치적 논쟁으로 이어졌다.

문제는 제2은행이 다른 은행들과의 복잡한 관계를 통해서 통화 공급량을 조절한다는 사실이었다. 제2은행이 말로 보증한다는 사실 말고는 그

보증을 뒷받침할 어떤 장치도 없이 달러가 유통되었고, 가용 통화량은 사회 문제를 해결하는 일보다는 은행 체계의 이익이 유지되는지 여부에 따라 결정되었기 때문에 미국을 강타한 경기침체는 몇 년 동안 지속되었다. 경기침체는 특히 서부 정착민들의 삶을 초토화시켰다. 초기에 이주한 잉글랜드계 정착민과 은행가들은 안 그래도 스코틀랜드계 아일랜드인들을 게으르고 변변치 못하다고 여겼는데 이제는 그들이 그런 처지에 놓인 게 인과응보라고 생각하는 데 이르렀다.

미국은 이제 첫 번째 사회경제적 주기의 끄트머리를 향해 치닫고 있었다. 서부로 정착지가 확장되면서 식량생산을 급격히 증가시켜야 했다. 해밀턴이 설계한 대출관리 제도는 처음에는 유용했지만 이제는 정착민들의 삶을 짓누르면서 해를 끼치고 있었다. 게다가 이 시대 초기에 잘 작동했던 제도를 계속해서 유지하면서 위기는 고조되었다. 금융 체계의 핵심적인 기능이 바뀌어야 했다. 그러나 많은 사람들이 급격한 변화는 자제해야 한다고 믿었다. 과거의 제도는 무용지물이 되었다는 주장은 한 시대의 끝자락에 다다르면 늘 저항에 부딪힌다. 그리고 차기 선거에서는 불가피하게 과거를 보존하겠다는 공약을 내거는 대통령을 배출한다.

1824년 선거는 잉글랜드 출신 엘리트 계층인 존 퀸시 애덤스와 스코틀랜드계 아일랜드인으로 미천한 계층인 앤드루 잭슨 간의 대결로 압축되었다. 미국의 분열을 완벽하게 보여주는 대결이었다. 주기가 전환 국면에 접어들면 정치적 불안과 선거 혼란은 흔해진다. 1824년 선거는 아마 미국 역사상 가장 혼란스러웠던 선거였을지 모른다. 잭슨은 애덤스가 당선을 빼앗아갔다고 생각했고 그의 주장에는 일리가 있었다. 선거인단은 과반수를 확보하는 데 실패했고 여러 후보들 간에 표가 분산되었다. 역사상 유일하게 선거 결과에 대한 판단이 하원에 맡겨졌고 기발한 거래가 이루어졌다. 애덤스가 승리했고 워싱턴 시대는 계속 이어졌다.

존 퀸시 애덤스의 대통령직은 처참한 재앙이었다. 애덤스는 기존의 금융체제를 보존하는 게 목표였다. 애덤스는 새로운 주기가 시작되고 있음을 깨닫지 못했다. 한 시대의 마지막 대통령인 그는 미래를 품을 역량이 없었다. 애덤스가 애착을 느꼈던 시대는 지났다. 아메리카는 1776년 이후로 변했다. 변한 이유는 여러 가지다. 지정학적인 이유 때문이기도 하다. 애팔래치아산맥 서쪽의 영토에 사람들을 정착시켜야 했다. 경제적인 이유 때문이기도 하다. 첫 번째 주기의 금융정책 접근방식은 새로운 경제적 현실을 뒷받침할 수 없었다. 기존의 모델은 그 수명을 다했고 과거로 돌아갈 방법은 없었다. 새로운 체제가 등장하든가 나라가 쪼개지든가 양자택일뿐이었다.

두 번째 사회경제적 주기:
잭슨 주기(1828-1876)

앤드루 잭슨은 1828년 마침내 선거에서 이겼고 애팔래치아산맥 서쪽 출신으로는 최초로 대통령이 되었다. 새로운 주기를 구축하는 과정이 시작되었다. 전환점이었지만 투쟁이 끝났다는 뜻은 아니었다. 그리고 여전히 투쟁의 초점은 금융체제였다.

제2은행 설립인가는 1836년에 가서야 파기되었고 잭슨은 아직 기존의 설립인가를 파기할 정치적 힘이 없었다. 1828년이 전환점이었다면 전환의 위기는 1819년 무렵 시작되어 잭슨이 재선된 후 제2은행이 해체되면서 1836년에 가서야 마무리되었다. 그러나 그때까지는 여전히 경제는 불안정했다. 안정적인 대출과 더불어 통화량이 안정적으로 공급되어야 서부 지역의 인구 정착이 순조롭게 진행될 수 있었다. 잭슨은 금과 은으로 달러를 뒷받침하자는 주장을 지지했다. 금은 안정적이지만 통화 공급량을 제한했다. 은은 금보다 흔하므로 통화량 확대에 도움이 되었다. 잭슨은 달러를 두 금속과 연동시킴으로써 거품을 야기하지 않고도 충분한 유동성을 조성하려고 했다.

장기적으로는 그렇다. 하지만 단기적으로 이러한 정책은 1837년 공황을 야기했고 통화 안정화 정책으로 미국에서 금융위기가 발생했다. 그러나 위기의 원인은 이뿐만이 아니었다. 같은 해 미국에서 밀 수확이 흉년이 들었고 영국에서 발생한 대대적인 금융위기는 미국에도 영향을 미쳤다. 여기서 두 가지가 두드러진다. 첫째, 새로운 주기에 적응하기 위해 취해야 하는 조치들은 종종 경제적 고통을 야기한다. 특히 기존의 주기가 영원히 계속되리라고 믿고 변화를 예측하지 못한 이들이 겪을 경제적 고통이 크다. 둘째, 대통령이 바뀌고 거의 10년이 지난 후에도 여전히 전환기에 놓여 있었다.

남북전쟁은 미국 역사에서 전환점이 된 중요한 사건이었다. 제도적 관점에서 보면 분명히 그러했다. 경제적 관점에서 보면 남북전쟁에서 맞선 양쪽 진영 모두 공통점이 많았다. 링컨은 켄터키에서 태어나 일리노이에 정착한 서부 출신이었다. 그는 남부에 맞서 연방의 이익을 내세웠지만 서부 정착민의 이익을 대표하기도 했다. 그는 1862년 자영농지법 (Homestead Act)에 서명했는데, 이 법을 통해 서부 정착민은 연방 공유지 160에이커를 5년 동안 경작할 경우 이 토지를 소유하게 되었다. 이 법으로 서부 정착의 관문이 활짝 열렸고 5년 동안 토지소유권을 묶어놓음으로써 투기를 방지하고 새로운 토지를 대거 시장에 진입시켰다.

이러한 점에서 링컨은 분명히 잭슨 주기를 지속했다. 미국 역사에서 그가 차지하는 중요한 위치를 고려해볼 때 그가 사회적, 경제적 전환점이 아니라는 게 이상하다. 그러나 링컨이 중요한 이유는 남북전쟁 후 일어난 대대적인 제도적 변화 때문이다. 사회적, 정치적 관점에서 보면 그는 잭슨 주기의 틀 안에서 통치했고, 새로운 땅에 이주민들을 정착시켜 생산성 높은 토지로 만들었다. 그러나 그가 통치한 시기는 잭슨 주기의 막바지를 향해 치닫고 있었고 그랜트 대통령이 실패하면서 그 주기는 막을 내렸다. 앞서 말한 바와 같이 정치적 불안은 사회적, 경제적 주기가 마무리되고 10여 년 후에 발생한다. 헤이즈는 1876년에 대통령에 선출되었고 주기의 전환을 암시하는 모든 징후들을 탄생시킨 남북전쟁은 그보다 15년 앞서 발발했다.

그러나 이미 새로운 주기가 전개되고 있었다. 남북전쟁을 야기한 주요 요인으로 손꼽히는 게 남부가 영국으로 목화를 수출하는 문제였는데, 남부는 영국과 관세전쟁을 벌일 여유가 없었다. 북부는 산업화를 막 시작한 후였고 따라서 해외상품과의 경쟁으로부터 국내 산업을 보호하고 싶었다. 남북전쟁 후 남부는 파산했고, 산업화는 전쟁을 통해 엄청난 추진력을 얻었다. 그러나 그 전부터 한동안 진행되어왔던 현상이 표면화되었다. 농업 중심의 중서부가 미국의 심장부가 되었고, 그 지역 거주자들은 이제 지주로 자리 잡았으며 이들에게 편의를 제공하기 위한 소규모 마을들이 우후죽순으로 들어섰다. 과거에 금융과 상업 중심지였던 대도시에서는 산업화로 아주 다른 문화가 조성되었다. 본래 대도시에서는 대량생산이 이루어지지 않았는데 산업화가 이를 바꿔놓고 있었다.

남북전쟁에 뿌리를 둔 금융위기는 1873년에 터졌고 이는 시대의 변화를 예고한 서막이었다. 이러한 위기는 어디서 비롯되었을까? 남북전쟁을 재정적으로 뒷받침하려면 연방정부는 대대적으로 돈을 빌려야 했다. 그 것만으로 부족하자 연방정부는 금이나 은으로 뒷받침되지 않는 화폐를 발행하기 시작했고 따라서 잭슨이 구축한 모델을 전복시켰다. 결과적으로 전쟁은 미국 경제를 혼돈에 빠뜨렸다. 금으로 뒷받침되는 기존의 화폐가 여전히 유통되고 있었지만 정부는 이를 뒷받침할 금이 부족했다. 채권보유자들은 가치가 거의 없는 달러로 보상받았다. 남부군 채권보유자들은 초토화되었다. 금과 은으로 뒷받침되는 달러는 저축수단으로서 경제에서 퇴출되었다. 그 결과 물가가 상승했고 채무자들은 신이 났지만 채권자들은 피해가 막심했다. 사회적으로 깊은 골이 파였고 불가피하게 금융위기가 발생했으며, 이 위기는 한 주기의 종식에 앞서 1873년에 발생했다.

금융위기는 이 시대의 첨단기술인 철도 관련 주식도 강타했다. 앞서 철도에 대한 대대적인 주식 투기가 불었었고 모든 투기거품이 그러하듯 이 1873년에 이 투기거품도 꺼졌다. 철도 주식의 가치가 붕괴되면서 미국에 집중적으로 투자를 해왔던 유럽에도 영향을 미쳤다. 소규모 마을의 은행가도 큰 피해자였다. 지역 농부들을 재정적으로 뒷받침하기 위해 서부 지역 전역의 지역공동체마다 우후죽순으로 은행이 들어섰다.

소규모 마을들은 바람직한 삶의 상징이 되었다. 이러한 마을은 농산물을 중개하고 금융, 법률, 장례, 종교, 그 밖에 여러 가지 편의 시설을 제공했으며, 정착민이거나 정착민 자손인 근검한 농부들을 그들의 일원으로 받아들였다. 그러나 그들이 추구하는 이익은 그들의 조상이 추구한 이익과 더 이상 일치하지 않았다. 소규모 마을은 두 가지 면에서 문화가 매우 달랐다. 첫째, 이러한 마을에는 스칸디나비아와 독일에서 온 새로운 이주민들이 대거 거주하고 있었다. 이들은 넓은 토지에 흩어져 살지 않고 지역공동체에 모여 살았다. 둘째, 그들의 삶은 점점 풍족해지고 있었다. 이제 그들은 서로 다른 두 가지 힘 사이에 놓이게 되었다. 하나는 그들의 삶에 점점 부적합해지는 잭슨 주기였다. 다른 하나는 그들의 삶을 거의 파괴할 뻔한 산업화의 부상이었다.

율리시즈 S. 그랜트는 이 시대를 마감한 대통령이었다. 그는 두 번째 임기 초에 강타한 금융위기를 어떻게 헤쳐나가야 할지 몰랐고, 다가오는 전환기도 어떻게 대응해야 할지 몰랐다. 그의 생각은 토지와 적당한 통화 팽창에 늘 골몰했던 잭슨 시대에 머물러 있었다. 문제는 이제 토지를 경작하는 정착민이 아니라 소규모 마을 주민들이 대다수를 이루는 나라가 되었고(그리고 그랜트는 오하이오 출신이므로 이 점을 파악했어야 한다), 폭발적인 산업화로 인해 그로부터 사반세기 정도 지나면 세계 제조 상품의 절반을 미국이 생산하게 될 예정이라는 점이었다. 당시의 주기를 대표하는 정책을 통해서 해결할 수 없는 경제적, 사회적 격변이 일어나고 있었다. 그러나 한 주기에 속한 다른 모든 대통령들과 마찬가지로, 그도 과거 말고는 다른 준거점이 없었다. 사회적, 경제적 주기의 전환점이 닥치고 있었다.

세 번째 사회경제적 주기:
헤이즈 주기(1876-1929)

잭슨이 당선되던 때와 마찬가지로 러더퍼드 B. 헤이즈의 당선도 혼돈과 비난과 반격으로 얼룩졌다. 1876년 선거는 미국 역사상 가장 부패하고 논란에 휩싸였던 선거로 손꼽힌다. 헤이즈는 경쟁자인 새뮤얼 틸든

(Samuel Tilden)보다 득표수가 적었지만 선거인단에서는 과반을 확보했다. 그는 복잡한 편법과 꼼수를 동원해 선거에서 이겼다. 그는 선거를 도둑질했다는 비난을 받았고, 이는 전혀 근거 없는 주장이 아니었다. 그러나 그는 당선되었고 남북전쟁이 남긴 문제를 해결할 책임을 맡았다. 워싱턴과 잭슨처럼 상징성이 있는 인물과는 거리가 먼 헤이즈는 그들이 했던 대로 따라했다. 그들 가운데 아무도 새로운 주기를 창출하지 않았다. 단지 그들에게 주어진 새로운 주기를 주관했을 뿐이다.

우선 경제 위기를 해결해야 했다. 과학이 제시하는 가능성을 기술로 전환시켜야 했기 때문이다. 이 시기에 두 가지 핵심적인 기술이 등장했는데, 산업혁명이 진행되려면 반드시 필요한 에너지 기술이었다. 첫째는 전기였다. 전기를 이용해 통신에서부터 밤을 환하게 밝힐 상품에 이르기까지 다양한 상품들을 생산할 수 있었다. 두 번째는 내연기관의 발명이었다. 내연기관은 특히 자동차와 비행기로 운송수단을 급격히 변화시켰고 석유산업을 탄생시켰다. 산업화는 이제 일상생활을 바꾸어놓고 있었고 새로운 기술을 개발하려는 이들은 자본이 절실히 필요해졌다.

문제는 1873년에 발생한 금융위기의 후유증이 여전히 지속되었고 이 때문에 자본이 부족했다. 헤이즈와 그보다 비중 있는 인물인 재무장관 존 셔먼(John Sherman)은 화폐를 안정화하기로 했지만 잭슨과는 다른 방식을 채택했다. 잭슨은 달러를 뒷받침할 금속으로 금뿐만 아니라 은도 사용했다. 은은 금보다 양이 풍부했고, 국민의 수중에도 있고 지하에도 매장되어 있었다. 화폐를 은으로 뒷받침하면 유동성을 떨어뜨리지 않고도 화폐를 안정화할 수 있으리라 생각했다. 헤이즈가 택한 조치가 안고 있는 문제는 산업화에 대한 투자가 절실한 때에 화폐가 신용을 완전히 잃었다는 점이었다. 투자자와 은행에 저축하는 예금주들은 자신들의 투자금의 가치가 통제 불능의 물가상승으로 훼손되지 않으리라는 확신이 필요했다.

따라서 헤이즈는 달러를 뒷받침하는 데 금과 은을 사용하는 대신 오로지 금으로만 뒷받침하기로 했다. 이러한 금본위제도는 화폐가치를 경직시켰지만 화폐에 대한 믿음을 조성했다. 정부가 금본위 달러로 전쟁 빚을 상환하면서 기존의 금본위 화폐가 다시 유통되었고 화폐가치 붕괴를 걱정할 필요가 없게 되었다. 그러자 은행에 예금한 개인들은—많은 해외 투자자를 포함해서—산업화에 돈을 쏟아붓기 시작했다.

금본위제도의 도입으로 통화 공급도 수축되었다. 특히 필요한 대출을 받기 어려워진 가난한 농부들이 피해를 입었다. 가난한 농부들은 농사를 더 이상 지을 수 없었고, 부유한 농부와 소규모 마을에 거주하는 사업가들은 가난한 농부들이 저당잡힌 농장을 헐값에 사들일 수 있었다. 그러자 전쟁 이전의 시대로 돌아가기를 갈망하면서 과거에 대해 향수를 느끼는 정서가 팽배하게 되었다. 윌리엄 제닝스 브라이언(William Jennings Bryan)은 민주당 내에서 금은본위 화폐제도로 돌아가자는 운동을 주도했다. 1896년 그가 시카고에서 열린 민주당 전당대회에서 한 유명한 금십자가(Cross of Gold) 연설은 큰 반향을 일으켰고, 이에 힘입어 그는 몇 차례 대권에 도전했지만 성공하지는 못했다. 브라이언은 과거의 주기로 되돌아가자고 강력히 주장했지만 그 시대는 이미 역사의 뒤안길로 사라졌고 더 이상 타당하지도 않았다.

잭슨 시대에 등장하기 시작한 소규모 마을들은 이 새로운 시대의 사회적 토대가 되었고, 가장 중요한 미덕인 검소와 근면성실을 비롯해 도덕적인 행동을 장려했다. 투자자본이 절실히 필요했던 시대에 근면성실과 검소는 자본을 창출했다. 그러나 소규모 마을은 편협한 태도의 진앙이기

186

도 했다. 소규모 마을은 지역공동체의 결속력이 강한 만큼이나 외지에 대한 따돌림과 배타성도 강했다. 마을 공동체는 잘 굴러갔지만 획일성을 강요했고 이를 따르지 않는 사람들에 대해서는 험담을 일삼고 창피를 주었다. 소규모 마을은 삶과 부를 지탱하는 원동력이었고 무질서는 용납할 수 없었다. 따라서 소규모 마을들은 대다수와 다른 이는 누구든 따돌리거나 제한을 가했다. 소규모 마을들은 흑인을 배척했고 유대인과 가톨릭교도는 마지못해 가까스로 용인했다. 잉글랜드인과 스코틀랜드계 아일랜드인 간의 구분은 사라졌다. 남북전쟁 전에 대거 이주해오기 시작한 독일인과 스칸디나비아인은, 자기들끼리 같은 지역이나 마을에 모여 살았지만, 용인되었다. 그러나 같은 시기에 이주한 아일랜드 출신 가톨릭교도는 못미덥게 여겨졌고 이들은 대도시에 주로 거주했다.

잉글랜드인은 스코틀랜드계 아일랜드인을 불신했고 소규모 마을이 생기던 초기에 농부들은 소규모 마을의 상인과 은행가를 불신했다. 농부는 육체노동으로 생계를 꾸렸지만 소규모 마을 거주자들은 상거래로 먹고 살았다. 이는 사회적으로 매우 중요한 차이이고 문화적, 도덕적인 차이이기도 하다. 기존의 시대의 지배계층이 다가오는 시대에 새로 부상하는 계층과 민족을 불신하는 현상은 정상적인 과정이었다. 소규모 마을에 거주하는 이들은 번창하는 산업화 대도시들을 그 규모 때문에 그리고 죄악이 만연했다는 이유로 불신했다. 그들은 대도시가 사람들로 복작거리지만 그 틈바구니에서 사람들은 외로움을 느끼고 쉽게 죄악에 빠질 가능성이 높다고 생각했다. 반면 그들은 소규모 마을이 공동체 의식과 도덕관념을 심어준다고 생각했다.

소규모 마을 출신 사람들은 대도시에 사는 사람들을 못마땅해 했는데 그들은 19세기 말에 대거 새로 이민 온 부유한 이들이었다. 도시는 남유럽과 동유럽에서 온 가톨릭교도, 유대인, 남부 지역에서 이주하기 시작한 흑인들로 가득했고, 이들은 하나같이 충성심이 있는지, 품성이 어떤지 알 길이 없었으며, 소규모 마을에 거주하는 개신교도들이 지닌 특징은 하나도 지니지 않고 있었다. 새로 부상하는 이러한 대도시는 낯설고 이질적이며 경제적인 위협이었고, 산업화는 소규모 마을들이 주도하는 상업화된 농업으로부터 경제적 중추 역할을 빼앗아가고 있었다.

금본위제도는 어마어마한 투자를 창출했다. 1900년 무렵 미국은 세계에서 생산되는 공산품의 절반을 생산하고 있었다. 세 번째 주기 대부분의 기간 동안 미국은 생산이 급격히 팽창했고 소비도 증가했다. 끊임없이 인력이 부족했고 이민자들이 몰려들면서 도시는 더욱 확장되고 이국적으로 변했다. 미국은 어느 모로 보나 폭발적으로 성장하고 있었다.

제1차 세계대전은 주기적 전환을 촉발할 문제가 표면화될 토대를 마련했다. 산업 부문이 대대적으로 성장하면서 생산품을 소비할 고객들이 절실히 필요했다. 제1차 세계대전으로 고객기반이 무너졌다. 수출시장을 잃으면서 미국 기업들은 판매처를 찾지 못해 압박을 받았고, 이는 세율 인하로 소비를 진작시킴으로써 완화되었다. 1929년 소비자 거품이 꺼졌다. 그러나 이미 그 이전에 경기침체가 중서부 농업지대를 강타했었다.

공장들이 대량으로 생산하는 상품들을 소비할 고객이 동난 이유는 과잉대출에서부터 연방준비제도의 통화정책에 이르기까지 여러 가지가 제시된다. 그러나 당시 세계적인 경제 상황을 고려해보면 1922년부터 1927년 사이의 기간 동안 지속적으로 증가한 생산수준을 지탱하기는 불가능했다. 주식시장의 비이성적인 폭풍성장에서 나타났듯이 위기는 불가피했다.

위기는 시장의 붕괴가 아니었다. 위기는 취업률과 공산품의 수요 하락

등 시장의 붕괴에서 비롯되었다. 매출이 감소하면서 취업률도 하락했다. 따라서 수요도 하락했고, 매출은 한층 더 하락하면서 나선형을 그리며 경제가 추락했다. 헤이즈가 이를 막을 여건을 조성하려 했지만 소용없었다. 그는 미국 경제를 성공적으로 부양시켰지만, 그러한 부양책을 가능케 한 바로 그 해결책들—금본위제로써 경제를 철저한 규율로 관리한 점—은 경제대공황이 야기한 문제를 해결할 수 없었다.

헤이즈는 안정적인 화폐를 통해 대대적인 투자금 창출에 성공했다. 그러나 너무 지나치게 성공한 게 문제였다. 미국의 산업공장이 미국과 세계 시장의 소비역량 이상으로 생산을 했다. 저축이 늘어나도 이 문제는 해결되지 않는다. 해결책은 소비 진작뿐이었다. 그러나 세 번째 주기에 전략은 투자 확대에 온통 집중되었다. 기존의 생산역량을 가동하도록 소비를 진작하는 조치는 이 시대의 사고의 틀을 벗어난 조치였다.

이 시대는 금본위와 근검절약 정신을 중심으로 구축되었다. 산업가들은 공장을 지어 나라를 풍요롭게 하고 엘리트 계층의 부를 유지시켜주었다. 그들은 산업 체계를 구축하면서 헤이즈가 만든 체제를 훼손했다. 공장은 놀라운 속도로 물건을 생산했지만 생산이 계속 늘어나려면 소비할 고객이 있어야 한다. 근검절약의 강조, 공장소유주들의 이해관계, 이민 유입을 통한 잉여노동력 때문에 필연적으로 임금 인상은 억눌렸다. 임금이 정체되고 생산이 증가하면서 산업 체계는 균형이 깨졌고 마침내 1929년 심각한 위기에 빠졌다.

허버트 후버는 실패한 시대에 꼼짝없이 묶였다. 근면성실하고 근검절약하면 경제적 문제가 해결된다는 생각이 지배한 시대였다. 실업은 과거의 색안경을 통해 바라보았다. 실업은 실업자들이 노동윤리가 없기 때문에 발생했고 그들이 다시 취업하면 해결될 문제라고 여겼다. 그때까지는 균형예산을 유지하고 통화 공급을 자제하는 게 신중하고 현명했다. 물론 문제는 이 두 가지 조치가 그나마 있는 일자리와 수요를 줄이고 경제 여건을 더 악화시켰다는 점이다. 당대의 모델이 더 이상 먹히지 않았다. 허버트 후버는 한 시대의 실패한 대통령으로서 존 퀸시 애덤스와 율리시즈 S. 그랜트 대통령의 대열에 막 합류했다.

네 번째 사회경제적 주기

1932년 선거에서 후버는 퇴출되고 프랭클린 루즈벨트가 당선되었다. 그는 근검절약과 균형예산을 공약으로 내걸고 당선되었다. 그는 사실 분명한 계획이 없었지만, 선거에 이기기 위해 무슨 공약을 내걸든 상관없이 후버가 한 그대로 해서는 안 된다는 사실만은 알고 있었다. 문제는 일해야 할 사람이 일자리가 없거나 급여가 삭감되었기 때문에 생산된 상품들에 대한 수요가 없었다는 점이다. 이 문제를 해결할 방법이 있었지만 이 시대의 정서로는 받아들이기 힘든 방법이었다. 바로 근로자의 손에 돈을 쥐어주는 방법이었다. 그들은 파산한 기업에서 일자리를 구할 수 없었으므로, 근로자의 손에 돈을 쥐어주려면 일자리를 창출하거나 일자리를 위한 일자리를 억지로 만들어내기라도 해야 했다.

선거에 앞서 정치적 불안이 만연했다. 1920년대 내내 공산주의자를 비롯해 좌익의 활동이 활발히 일어났고, 이에 맞서 연방정부는 반공산주의 활동을 전개했다. KKK단은 남부뿐만 아니라 북부에서도 점점 막강한 영향력을 행사했다. 루이지애나 주지사 휴이 롱이 당선 가능성이 높은 대통령 후보처럼 보였지만 1935년에 암살당했다. 기존의 주기가 막을 내릴 무렵 통상적으로 일어나는 극적인 정치적 사건들이 펼쳐졌다.

이 시대의 사회적 토대는 도시의 산업근로자 계층이었다. 이 계층은 아일랜드, 남부 유럽과 동부 유럽에서 온 이주자들이나 그들의 자손들, 그리고 경제대공황으로 타격을 받았지만 사실상 그 이전에 남북전쟁으로 받은 타격을 극복하지 못한 남부 백인들로 구성되었다. 그들은 이미 노조를 조직했거나 조직하고 있었는데, 이러한 노조는 대도시 민주당 조직들과 손을 잡았다. 그들은 부의 이전을 요구했다. 공화당은 경악했다. 그래도 상관없었다.

루즈벨트의 정책은 필요했지만 불충분했다. 생산역량과 수요의 불균형으로 공장은 여전히 개점휴업이었고 근로자는 실업상태에 머물렀다. 제2차 세계대전으로 마침내 경제대공황은 끝났다. 앞서 살펴본 바와 같이 제2차 세계대전으로 창출된 산업 수요는 어마어마했고 군을 구축하면서 노동력은 고갈되었다. 미국은 인력이 남아도는 상황에서 인력이 부족한 상황으로 바뀌었다. 전쟁은 뉴딜 정책으로 달성하려던 목표를 달성했다. 실업을 퇴치하고 공장을 풀가동시켰다.

전쟁은 군수물자를 생산하기 위해 근면한 고숙련기술 인력을 고용한 대규모 공장들을 중심으로 구축된 풍요의 시대를 열었다. 전쟁은 억눌렸던 수요를 폭발적으로 증가시키기도 했다. 민수품이 공급이 딸리거나 전혀 생산되지 않았기 때문이다. 전쟁이 이룬 업적은 사실상 산업화 사회에서 경제침체에서 벗어나기 위한 케인즈 식의 해결책이었다. 바로 정부지출을 늘리는 상당한 규모의 적자예산이었다. 이러한 조치 덕분에 전쟁 중에 소비를 할 수 없었던 소비자들의 손에 두둑한 현금이 쥐어졌고 이들은 이 현금을 대부분 전쟁비용을 충당하기 위해 발행한 국채에 투자했다. 수요도 있었고 공장도 있었다. 필요한 게 한 가지 더 있었다.

앞선 시대에 소비를 엄격하게 제약하는 요인은 소비자를 상대로 한 대출이었다. 주택담보대출은 20세기 초에 실행되었지만 까다로운 조건들을 충족시켜야 했다. 다른 상품을 구매하기 위한 대출은 엄격히 제한되었다. 전후 시대에는 주택담보대출뿐만 아니라 자동차 같은 다른 상품을 마련하기 위한 소비자 대출도 증가했다. 이는 신용카드가 등장하면서 사실상 모든 것을 살 수 있는 대출로 진화했다. 그 저변에 깔린 원칙은 해당 주기의 근간을 이루는 원칙이었다. 수요를 진작시킴으로써 공장을 가동시키자. 그러면 첫 단계로 일자리가 창출된다. 논리적으로 그 다음 단계는 소비자 대출이 되고 이 조치가 경제를 지탱했다.

루즈벨트 시대에는 경영 기술이 탄생했다. 경영대학원 등에서 가르친 이 개념은 하드웨어도 소프트웨어도 아니었다. 경영학은 조직과 그 조직을 관리하는 방법을 연구하는 분야였다. 앞서 언급한 바와 같이, 이 기술을 터득한 이들은 기술관료라고 불렸다. 기술관료는 실용주의 원칙을 중심으로 구축된 계층이었다. 무슨 일이든 맡은 바 임무를 완수하는 게 기술관료가 지닌 기술이었고 그들이 제2차 세계대전에서 보여주었듯이 이는 막강한 기술이었다. 제2차 세계대전 후 그들은 기업 경영, 정부, 그리고 미국인의 삶의 다양한 영역으로 진출했다. 헤이즈 시대에 등장한 방대한 산업들은 이제 기술관료의 통제 하에 놓이게 되었다.

기술관료주의는 지난 사회경제적 위기와 다음 사회적 위기를 이해하는 데 반드시 필요한 중요한 개념이다. 기술관료는 특정 분야에 전문성이 있고 그러한 전문성을 지니고 있음을 보증할 자격을 갖춘 사람이다. 어떤 면에서는 기술관료주의는 단순히 능력으로 간주될지 모른다. 기술관료는 출신 성분이나 정치적 수완 덕분에 출세한 사람이 아니었다. 공직이든 민간 부문이든 맡은 업무를 하는 데 필요한 전문성이 있어서 출세한 사람이다.

기술관료가 지닌 중요한 특징으로 손꼽히는 것이 바로 이념을 초월한다는 점, 달리 말하면 오로지 전문성—뭔가에 정통하다—이라는 이념밖에 없다는 점이다. 공공 영역이든 민간 영역이든 모든 영역에 진출해 있고, 이와 더불어 효율성 원칙을 수반하는 계층이었다. 기술관료는 아무리 이념을 초월한 듯이 보이고 싶어도 도덕적 원칙을 표방했다. 그 도덕적 원칙은 통치를 비롯해 그 밖의 모든 영역에서 효율성을 추구해야 할 의무였다. 따라서 찬사를 받는 대상은 배관공의 전문성이 아니라 경영자, 전문직, 그리고 대학이 그 전문성을 보증해주는 지식인의 전문성이었다. 따라서 이 계층은 루즈벨트 시대에 부상한 비교적 제한된 개념의 기술관료에서 파생했고 이 계층은 레이건 시대에 막강해졌다.

루즈벨트와 케인즈가 실행한 조치들은 1945년부터 대략 1970년까지의 기간 동안 놀라울 정도로 잘 작동했다. 풍요의 시대였다. 1970년, 이 주기가 막바지로 치닫는다는 첫 징후가 보였다. 비교적 규모가 작은 물가상승이 강타하고 리처드 닉슨이 경제를 안정시키기 위해 임금과 물가를 동결했을 때였다. 이러한 조치가 먹혀들 일말의 가능성도 1973년에 사라졌다. 아랍 국가들이 아랍-이스라엘 전쟁에 뒤이어 미국에 석유금수조치를 내렸을 때였다. 이 조치로 물가가 폭등했고 경제가 훼손되는 과정이 가속화되었다.

이 경기침체의 해결책은 그 다음으로 해결해야 할 문제가 되었다. 네번째 주기는 투자보다 높은 소비율에 초점을 두었다. 25만 달러가 넘는 소득에 부과되는 세율이 70퍼센트였다. 부유한 투자자는 투자가 성공하면 이익의 70퍼센트를 토해내야 하므로 위험을 감수해가면서 투자할 이유가 없었다. 전도유망한 기업가들도 성공은 먼 미래의 일이고 수익이 엄격히 제한된 상황에서 위험을 감수하기를 꺼렸다.

석유금수조치의 결과 물가가 치솟았다. 그러나 이 문제 저변에는 더 심각한 문제가 깔려 있었다. 높은 수요로 인해 산업시설이 지닌 근본적인 문제가 묻혀 있었다. 산업시설은 낡았고 안 그래도 줄어든 자본을 사업기반을 개선하는 데 투자하기를 꺼렸다. 독일과 일본 같은 제2차 세계대전 패전국들은 새로 지은 공장들이 많이 있었고 미국의 공장보다 훨씬 효율적으로 생산했다. 그들은 미국 시장에 진입해 대출이 주도하는 소비를 십분 활용했다.

소비자와 기업 공히 자본에 대한 수요가 급증했다. 그러나 투자는 저조했고 이 때문에 돈의 가격(대출 비용)이 급증했다. 이 시대에는 당연히 소비를 진작시키려 했다. 그렇게 하는 데는 큰 문제가 있었다. 비로 미국의 공장들이 점점 비효율성이 높아지고 있다는 점이었다. 수요가 증가하면서 외국에서 수입한 상품의 구매가 늘었다. 게다가 비효율적인 공장을 이용하면서 수익률이 떨어졌다. 비효율적인 공장을 이용할수록 비용은 늘고 수익은 줄었다.

이 모든 일이 발생하기에 앞서, 1980년에 결정적인 선거가 치러지기 12년 전부터 정치적 불안이 조성되었다. 1968년 민주당의 대통령 후보로 지명될 가능성이 가장 높았던 로버트 케네디가, 마틴 루터 킹 주니어와 더불어 살해당했다. 민주당 전당대회가 열리는 동안 시카고에서는 대대적인 폭동이 일어났다. 1970년 켄트 주립대학에서 시위대를 향해 방위군이 총을 발사했다. 1974년 리처드 닉슨이 워터게이트 위기를 겪으면서 사임했다. 늘 그러하듯이 한 주기의 끝과 새로운 주기의 시작은 정치적 불확실성이 만연하고 이는 주기가 바뀌기 10여 년 전부터 시작될 때도 있다.

그 결과 1970년대에 위기가 닥쳤다. 물가상승률이 두 자릿수에 달했고 실업률이 폭증했으며 이자율은 천문학적으로 치솟았다. 내가 처음으로 내 집을 장만할 때 주택담보대출 이자율이 18퍼센트였다. 지미 카터는 1976년에 대통령에 당선되었고 자본의 극심한 부족에 직면했다. 물론 그는 루즈벨트 시대로부터 해결책을 얻고자 했다. 그 시대는 경제대공황과 더불어 막이 올랐고 투자 계층에 대한 세금을 인상하고 돈을 소비자 손에 쥐어주는 게 경제대공황의 해결책의 일환이었다. 카터도 똑같은 해결책을 따랐다. 그가 당면한 문제는 자본 부족과 과도한 수요가 야기하는 물가 상승과 비효율적인 공장의 가동이었다. 1930년대에 먹혔던 해결책은 1970년대에는 전혀 맞지 않았다. 따라서 상황이 호전되기는커녕 문제가 더욱 악화되었다. 카터는 한 주기의 마지막 국면을 떠맡아서, 한때 먹혀들었지만 더 이상 효과가 없는 정책을 펼친 지도자로 후버, 그랜트, 애덤스의 대열에 합류했다.

다섯 번째 사회경제적 주기:
레이건 주기(1980-2030)

레이건 주기는 루즈벨트 주기로부터 물려받은 자본 부족 문제를 조세 구조를 바꿈으로써 해결했다. 고소득 계층에 대한 과세를 줄이자 투자자 계층은 투자 자금을 풀었고 이는 투자에 따르는 위험을 감수하게 하는 유인책이 되었다. 그 결과 낡은 공장에 대한 투자가 봇물처럼 쏟아져 산업시설 현대화에 박차를 가했고 경영 방식도 재정비되었다. 이와 더불어 혁신적 기업 활동이 폭증했고 주로 그 활동은 마이크로칩에 집중되었다.

투자 성공에 대한 보상이 증가하자 투자자들은 더욱 기꺼이 위험을 감수했다. 이러한 경제 팽창은 미국과 세계의 경제를 휩쓸었고 2008년에 금융위기가 터질 때까지 계속되었다.

루즈벨트 주기를 상징하는 기업인 제너럴모터스(General Motors)는 그 시대에 효율적인 조직이었다. 그러나 성장 역량이 하락했다. 내연기관은 극적인 혁신에 있어서 그 한계에 다다랐고 내연기관이 움직이는 자동차도 혁신하는 데 한계에 다다랐다. 1950년대 중엽 무렵 자동차는 급격한 변화보다는 사소한 기술적 변화만 요구되는 형태에 도달했다. 따라서 외관과 마케팅에 집중했다.

경쟁이 치열해지면서 수익률이 떨어졌고 GM은 성장을 유지하기 위해 다른 길을 모색했다. 그 하나가 제너럴모터스납부공사(GM Acceptance Corporation) 설립이었다. 이 공사는 자동차 구매 자금을 빌려주는 조직으로 출발해 거대한 금융기관으로 변신했다. 이 조직은 자동차 판매보다 훨씬 높은 수익을 창출했다. 자동차 가격은 수요와 공급에 의해 상한이 정해졌고 초점은 효율성에 있었다. 자동차에 대해 잘 모르지만 공정에 대해 해박한 경영자들이 자동차 공장 운영을 맡아 자동차에서 대출에 이르기까지 광범위한 사업들을 운영했다. GM은 너무나도 많은 산업들에 분산되어 있어서 자사의 핵심시장에서 일본과 독일 기업들과 경쟁하기가 버거웠다. 이 두 나라 기업들은 하나같이 훨씬 최신 산업시설을 보유하고 있었고 주요 상품 생산에 집중했기 때문이다.

GM은 분산되고 몸집이 커지고 복잡해지고 불필요한 직원이 늘어난 기업의 사례를 보여주었다. 복잡한 조직을 유지하려니 많은 인력이 필요했다. GM 같은 기업은 재정비되어야 했다. 핵심 논리를 상실했기 때문이다. 바로 투자한 자본에 대한 수익률 말이다. 이게 없다면 아무 소용없다. 그런 기업들은 너무나도 비효율적이기 때문에 오래 근무해온 수많은 직원들이 해고되었다. 40대와 50대였던 이들은 대부분 그들이 받던 급여와 같은 수준의 급여를 주는 다른 일자리를 찾지 못했다. 급여와 직원의 수가 제어가 불가능할 정도로 증가했다. 그러나 이는 피고용인의 잘못이 아니었다. 기업을 복잡하게 만들고 초점을 잃게 만든 논리가 잘못됐기 때문이다.

효율성이 증가하면 그 대신 일자리가 사라진다. 특히 산업 부문의 일자리가 사라진다. 그러나 효율성 증가로 치러야 하는 대가는 그뿐만이 아니다. 효율성은 두 가지 방식으로 개선되었다. 하나는 조직과 기술에서 비롯되었다. 다른 하나는 공장을 중국처럼 생산비용이 저렴한 지역으로 이전하거나 그러한 나라로부터의 수출을 허용하는 방법이었다. 두 가지 모두 경제를 보다 효율적으로 만들기 위해 설계되었지만, 그 결과 필요한 산업인력은 줄어들었다.

이와 동시에 미국 경제에서 혁명이 일어나고 있었다. 마이크로칩 기술과 새로운 기업가 정신의 물결이 복합적으로 작용해 한층 더 경제를 혼란케 하는 동시에 새로운 경제와 문화를 탄생시켰다. 마이크로칩은 일자리를 변모시켰다. 내 부친은 인쇄공장에서 식자공으로 일했다. 활자를 일일이 손으로 심었고 내 부친은 기술을 보유한 장인이었다. 컴퓨터가 인쇄에 도입되자 부친의 기술은 쓸모가 없어졌고 따라서 부친의 일자리도 사라졌다. 내 부친처럼 새로운 기술을 터득할 수 없는 나이에 새로 등장한 기술에 일자리를 잃은 사람이 수백만 명에 이르렀다. 그들을 고용한 기업이 그들을 신기술을 지닌 사람들로 대체하는 경우도 있었지만, 혁신 기업이 그들을 고용한 기업 자체를 파괴하거나 산업 전체를 파괴하는 경우도 있었다.

자유무역 이론에 따르면 무역은 국가의 부를 증진시킨다. 이 논리에는 해답을 요하는 두 가지 의문이 있다. 첫째, 이 목적을 달성하는 데 얼마나 걸릴까? 둘째, 증가한 부는 어떻게 분배될까? 자유무역 그리고 일반적으로 자본주의는 끊임없이 새로운 부를 창출하고 전체적으로 볼 때 경제가 앞으로 나아가게 한다. 그러나 "전체적으로 볼 때"에서 제외되는 이들이 있다. 경제 변화가 일어나면서 일자리를 잃고 새로운 일자리를 찾지 못하는 이들이다. 자유시장이라는 추상적인 이론에서는 이는 경제가 발전하면서 치러야 할 대가다. 일자리를 잃은 이들이 경제 영역에서보다 훨씬 큰 힘을 행사하는 사회와 정치의 실제 세계에서는 이러한 과정이 경제의 중요하고 막강한 부문들을 불안정하게 만들 수 있다는 게 현실이다. 바로 이러한 불안정이 경제가 변하는 과정 내내 나타나는데, 이는 21세기 들어 2010년대 중반에 정치적 현실이 되었다. 일자리를 잃은 이들의 수가 증가했고 그들은 지리적으로 같은 지역에 집중적으로 거주하고 있었다.

변화가 일어나야 했다. 루즈벨트 주기에서 벗어나려면 레이건 주기에서 전환이 반드시 일어나야 했다. 과거의 주기와 마찬가지로 문제는 경제가 폭풍 성장하는 동안 피해자들도 계속 늘어났다는 점이다. 새 일자리를 마련한 이들은 에스컬레이터의 가장 밑에서 출발했고, 조금 올라갈 만하면 다시 밑으로 내팽개쳐지기를 반복했다. 가구당 소득의 중앙값은 고정된 달러가치로 환산해보면 전혀 증가하지 않았다.

2014년에 가구당 소득 중앙값은 2.8명 규모의 평균 가구당 53,000달러였다. 루즈벨트 주기의 마지막 10년 중반이었던 1975년 이후로 소득은 거의 늘지 않았다. 급여처리 서비스를 제공하는 기업인 오토매틱 데이터 프로세싱(ADP)에 따르면, 이러한 한 해 소득을 가구당 한 달에 집

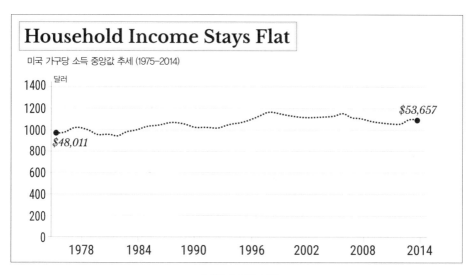

Household Income Stays Flat

미국 가구당 소득 중앙값 추세 (1975-2014)

달러

$48,011

$53,657

1978 1984 1990 1996 2002 2008 2014

가구당 소득의 불변

으로 가져가는 액수로 계산해보면 3,400달러 정도 된다.

세인트루이스 연방준비은행에 따르면, 미국에서 주택가격의 중앙값은 311,000달러다. 이 가격의 주택을 매입하기 위해 주택담보대출을 받는 경우, 주택가격의 20퍼센트인 60,000달러를 계약금으로 낸다고 치면, 한 달에 갚아야 하는 액수는 1,100달러다. 리얼티트랙닷컴(RealtyTrac.com)에 따르면, 이 주택 총가치의 1.29퍼센트를 한 해에 평균 세금으로 낸다고 할 때, 한 해에 4,000달러, 한 달에 333달러다. 주택보험까지 추가하면, 내 집을 마련하려면 한 달에 들어가는 비용이, 관리비를 빼고 1,600달러 정도 된다. 한 해에 번 돈의 거의 절반을 주택에 소비하는 셈이고, 한 달에 1,800달러 정도 가지고 다른 모든 생활비를 충당해야 한다. 이는 일주일에 450달러 정도로, 식품, 의복, 유지비용이 낮은 새 자동차의 할부금으로 한 달 평균 600달러, 학자금 상환까지 해결해야 한다고 생각해보라. 게다가 늘 예상치 않은 지출이 있기 마련이다.

현재 중산층이 간신히 중산층의 삶을 꾸려 나가고 있다는 뜻이다. 역시 비교적 안락한 삶을 누렸던 중하위층에 대해 생각해보자. 중하위층의 현재 소득 중앙값은 한 해에 30,000달러다. 집으로 가져가는 액수는 26,000달러, 한 달에 2,166달러 정도다. 주택을 마련할 경우 계약금을 지불할 여력이 된다고 가정할 때, 이 소득의 절반을 주택담보대출 상환에 쓰면, 자동차할부금에서 식품에 이르기까지 다른 모든 비용에 쓸 액수는 일주일에 겨우 250달러다. 내 집 마련은 엄두도 못 낸다. 중하위층에게 남은 유일한 선택지는 아파트, 그것도 허름한 아파트다.

공교롭게도 이러한 생활수준의 하락은 미국 역사상 가장 호황으로 손꼽히는 시기에 일어났다. 1990년대 초 GDP가 가구당 소득 중앙값보다 빠르게 성장하기 시작했고, 나머지 레이건 주기 내내 이 격차는 점점 벌어졌다.

대략 1993년 무렵 이후로 GDP는 35퍼센트 이상 증가해왔다. 같은 기간 동안 가구당 소득 중앙값은 겨우 5퍼센트 남짓 증가했고, 1998년 이후로 실질 가치로 치면 오히려 하락했다. 불평등이 문제가 아니다. 미국인은 불평등을 늘 받아들여왔다. 중산층에게 중요한 것은 자신들이 기대하는 정도의 물질적인 생활수준을 누리는 일이었다. 내 집과 자동차 두 대를 소유하고 해마다 휴가를 갈 여유가 있는 삶이 중산층의 삶과 아메리칸드림의 정의였다. 1950년대와 1960년대에 이런 삶은 중산층뿐만 아니라 중하위층도 누릴 수 있었다. 21세기 들어 2010년대 중반 무렵 가구당 소득 중앙값 수준 정도인 계층에게 이는 가까스로 이룰까 말까 한 삶이 되었고 중하위층은 도달할 수 없는 삶이 되었다. 일반화이긴 하나 다른 수많은 집단들과 더불어 주로 백인 산업근로자 계층의 잔존세력이 이

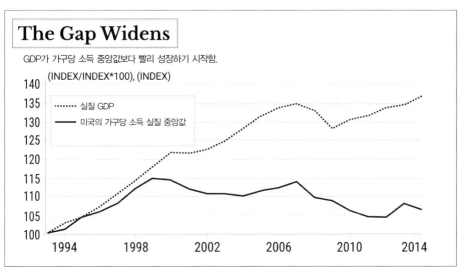

The Gap Widens

GDP가 가구당 소득 중앙값보다 빨리 성장하기 시작함.

(INDEX/INDEX*100), (INDEX)

······ 실질 GDP
—— 미국의 가구당 소득 실질 중앙값

140
135
130
125
120
115
110
105
100

1994   1998   2002   2006   2010   2014

점점 벌어지는 격차

에 해당한다고 해도 억지스러운 주장은 아니다.

총체적으로는 부가 증가했지만, 부는 산업근로자들에게서 빠져나가 금융, 기술, 그리고 현재 중상위층을 구성하는 다른 부문으로 흘러들어 갔다. 그러나 예전과는 달리 생활수준이 중하위층에서 중산층으로, 다시 중상위층으로 완만하고 자연스럽게 연결되지 않았다. 각 계층 사이에 생활수준의 격차가 매우 커 단절 현상이 나타나고, 예전의 중산층과 새로운 중산층 간의 소득 격차와 단절도 심해졌다.

레이건 주기는 대단한 성공을 거두었고 이제 자본이 엄청나게 남아돌아갔다. 레이건 주기가 시작될 때만 해도 대단히 높았던 이자율은 나중에 폭락했다. 대대적인 투자 붐이 일면서 낮은 세율 덕분에 상당한 수익을 올린 투자자들이 부를 축적하게 된 결과였다. 이러한 부의 축적은 투자할 기회가 줄어들면서 돈의 가격(대출 비용)을 더욱더 떨어뜨렸다. 유감스럽게도 그렇다고 해서 소규모 기업들이 쉽게 대출을 받게 되지는 않는다. 2008년 금융위기를 맞으면서 이자율에 상관없이 대출을 극도로 신중하게 허가해주게 되었다. 따라서 소규모 기업들에게 돌아갈 돈은 제한되고 마이크로칩 시대가 성숙기에 접어들면서 투자처를 찾지 못한 돈이 남아돌아가는 이중적인 현상이 나타났다.

이자율은 이제 역대 최저에 달한다. 이 시대가 출발할 때 창출된 어마어마한 자금은 대부분 투자회사와 필요 이상으로 돈이 많은 사람들이라고 정의되는 개인투자자들 수중에 들어갔다. 이와 동시에, 혁신의 속도가 늦춰지면서 기업 설립도 더뎌졌다. 소액투자의 기회는 줄어들었고 성숙기에 접어든 기업에 투자한 이들은 점점 위험이 높아지는 환경에서 난관에 직면했다. 한 시대가 끝나갈 때 흔히 나타나는 현상이었다.

투자처를 찾지 못하는 돈이 어마어마했다. 현금이 아주 안전한 자산으로 몰리면서 이자율은 급격히 하락했다. 신중하게 노후를 설계한 은퇴자들은 재산의 증식을 거의 기대할 수 없었다. 산업근로자들이 일자리를 잃고 신중한 예금자들이 낮은 이자율로 피해를 입으면서 경제 위기가 조성되기 시작했다. 이는 불가피하게 사회적 위기로 이어진다.

이 새로운 경제 위기는 레이건 주기의 성공에서 비롯되었고, 이 성공덕분에 어마어마한 부가 창출되었지만 그 부는 주기가 시작될 때와 마찬가지로 끝날 때도 대부분 투자자들에게 집중적으로 분배되었다. 그러나 다른 모든 주기와 마찬가지로 현재 주기의 문제를 해결한 정책은 다음 주기에서 해결해야 할 문제를 만들어낸다. 이 경제적 위기에서 비롯된 사회적 문제는 쇠락하는 계층인 산업근로자 계층과 기술전문가 계층의 부상으로 이익을 본 집단—기업가와 투자자들—간의 갈등이다. 그리고 이러한 사회적 위기와 더불어 문화적 위기도 야기된다. 문화적 위기는 여러 가지 면에서 다른 위기들보다 훨씬 첨예하다. 부상하는 계층과 쇠락하는 계층이 서로 부딪치며 갈등을 빚는 이유는 경제적일지 몰라도 이 갈등을 증폭시키는 근본적인 원인은 가치관의 차이다.

이 다섯 차례의 주기들을 각각 살펴보면 사회적, 문화적 변화가 경제와 서로 연결되어 있다는 사실을 알 수 있다. 예컨대, 기술관료주의에 의해 미국인의 삶이 점점 더 통제될 수 있었던 이유는 제2차 세계대전 후 소비자 대출 자금이 풍부해지고 새로운 사회계층이 등장했기 때문이다. 바로 교외거주자들이었다. 교외거주자들의 욕구는 산업, 정부, 교육, 의료, 그리고 다른 모든 영역의 원동력이 되었고 이는 기술관료들이 관리했다. 전후 세대는 가구, 자동차, 내 집을 장만하고, 휴가를 즐길 수 있었고 자기가 버는 소득으로 이를 충당할 수 있었다. 그 이전 시대의 관점에서 보면, 이 시대는 무책임의 절정이었고 심지어 부도덕의 절정이었다. 부유한 계층의 입장에서 보면 교외 지역은 문화도 영혼도 없는 허접한 주거 시설이었다. 도시거주자들이 교외를 보는 시각은 소규모 마을 사람들이 도시거주자를 대하던 태도와 같았다. 소규모 마을 주민들은 도시거주자를 무책임의 정수(精髓)라고 여겼다. 새로 형성된 사회계층은 늘 과거의 시대에 형성된 계층이 경멸하는 대상이 된다. 그러나 교외거주자 계층과 함께 탄생된 기술관료들은 새롭게 부상하는 현실에 봉사하는 게 자신의 임무임을 파악했다.

지금까지 다섯 차례의 사회경제적 주기를 제시하면서 미국이 변할 수밖에 없게 만든 폭넓은 주기들에 대해 설명했다. 그러나 이러한 주기들이 비슷한 방식으로 작동한다는 또 다른 사실을 지적하고 싶다. 이전의 주기가 실패하는 지점에 도달하거나, 보다 정확히 말해서, 비효율성이 점점 증가한다. 실패가 명백해지기 전에, 위기를 해결할 방법이 필요한 시점에 도달하기 10여 년 전부터 정치적 위기가 발생하기 시작한다. 정치적 위기는 사회적, 경제적 지각변동을 예고하는 전조현상이다. 새로운 사회적 세력이 부상해 성숙기에 이르면서 새로운 방식으로 나라를 분열시킨다. 사회의 일부 계층이 보기에 경제가 참기 어려울 수준으로 제 기능을 하지 못하지만 또 다른 계층은 계속 이득을 보는 시대에 접어든다. 기존 사회질서의 중심세력과 새로운 사회질서의 중심세력이 서로를 경멸하고, 이러한 경멸은 정치적 문제를 심각하게 만드는 한편 필요한 경제적 변화를 지연시킨다. 기존 사회질서의 중심세력은 미래에도 과거가 계속되어야 한다고 믿는다. 새로운 사회질서의 중심세력은 전혀 다른 접근방식을 요구한다. 구 엘리트 계층은 루즈벨트와 새로운 사회계층을 폄하했고, 새로이 부상하던 사회계층은 루즈벨트에 대해 반감을 지닌 부유한 구 엘리트 계층과 소규모 마을 거주자들을 경멸했다. 이들은 나중에 자기들의 지위를 위협하는 도시 산업근로자들을 경멸하게 되었다.

서로 다른 계층들 간의 갈등과 서로에 대한 경멸이 늘 나라를 사분오열시키는 듯이 보인다. 저물어가는 시대의 최후의 승부수는 그 시대의 원칙과 관행을 지키는 데 철저히 전념할 대통령을 선출하는 일이다. 이러한 대통령들—애덤스, 그랜트, 후버, 카터—은 자신이 당면한 문제들을 해결한다면서 유명무실한 조치들을 취함으로써 위기를 증폭시키고 악화시켰다. 이들의 임기가 끝나고 새로운 대통령이 선출되는데, 새로 부상하는 사회적 계층의 지지로 당선된 새 대통령은, 현실을 제대로 파악해서든 아니면 그저 현실에 대응하려는 노력에서든, 지나간 시대의 경제정책들을 완전히 바꾸고 새 시대에 새로운 주기가 작동되는 과정을 시작한다.

지금 우리가 겪는 게 바로 이 과정이다. 레이건 시대는 한계에 도달했고 더 이상 경제를 지탱할 수 없다. 실패는 서로 갈등하는 새로운 사회적 계층들의 조합이 탄생하는 과정에 비롯된다. 이는 트럼프의 대통령 임기가 시작되고 서로 다른 사회적 계층들이 갈등을 빚으면서 정치적 위기가 고조되는 상황에 반영되어 있다. 이 위기는 2020년대 내내 계속된다. 2024년에는 저물어가는 시대의 가치를 표방하는 새로운 대통령이 선출된다. 그가 대통령직에 실패하게 되면서 새롭게 부상하는 계층이 권력을 잡고 새로운 경제적 기조를 추진하게 된다.

그리고 마침내 (2016년에 시작된 폭풍에 뒤이어) 2030년대에 새로운 주기가 시작된다. 2030년대에 접어들면 몇 년에 걸쳐 정치적 대결, 사회적 갈등, 경제적 역기능 문제가 해소된다. 이 주기는 새로운 시대를 탄생시키게 된다. 과거와는 다르지만 미국의 특징인 발명이라는 토대 위에 구축된 이 주기는 반세기 동안 지속된다.

THE CRISIS AND
THE CALM

3부

위기와 평온

미국은 지금 제도적, 사회경제적 전환의 한가운데에 놓여 있다. 제도적 전환에 앞서 보통 군사적 갈등이 있고 그러한 갈등이 끝나면서 새로운 제도적 구조를 위한 토대가 조성된다. 이번 시련을 통해서는 새로운 사회경제적 체제와 제도적 체제가 동시에 등장하게 된다. 2020년대는 실패의 시기가 된다. 2030년대와 그 이후는 창조의 시대가 된다.

08

다가오는 폭풍의
첫 징후

First Tremors of
the Coming Storm

도 널드 트럼프가 미국 대통령 선거에서 승리했을 때, 나는 오스트 레일리아에 있었다. 정오 직전에 결과가 나왔고, 나는 그날 하루 종일—그리고 체류 기간 동안 내내—참석한 각종 회의에서, 그리고 당혹한 언론매체 진행자들로부터 어떻게 트럼프가 선거에서 이기는 이변이 일어났는지 그리고 그의 당선이 무슨 의미인지에 대해 질문을 받았다. 그의 당선은 신시내티나 뉴욕 못지않게 브리즈번과 시드니에서도 심각하게 받아들여졌다. 당시에 이미 이 책을 집필하고 있던 나는 당선된 인물이 아니라 현 주기에서 그가 어떤 위치를 차지하는지를 봐야 한다고 납득시키려 했지만 잘 먹히지 않았다. 모두 다 트럼프의 성품에만 온 관심을 집중하고 있었기 때문이다. 지금도 여전히 그렇다. 하지만 이는 대단한 실수라는 게 내 생각이다.

도널드 트럼프가 당선되면서 네 번째 제도적 주기와 여섯 번째 경제적, 사회적 주기로 가는 시대의 막이 올랐다. 현재의 제도적 모델은 점점 제 구실을 하지 못하게 되었고, 그 핵심은 연방정부와 현 주기의 관계를 재규정하는 데 있다. 경제적, 사회적 위기로 과거에 미국 사회를 지탱해온 기둥이 허물어져 왔다. 바로 산업근로자 계층이다. 제도적 주기와 사회경제적 주기가 거의 동시에 위기에 도달했던 시대가 과거에 한 번도 없었기 때문에 2020년대는 대단히 불안정한 시대가 되리라고 예상한다. 2020년대로 이어지는 몇 년이 그런 식으로 시작되었다. 2016년 대선에서 두 후보는 분명히 각각 서로 갈등관계에 있는 사회계층을 대표했다. 그리고 선거 결과는 거의 막상막하였고, 힐러리 클린턴은 일반유권자 투표에서 이기고 트럼프는 선거인단 투표에서 이겼다. 무엇보다도 이러한 선거 결과는 앞으로 얼마나 갈등이 팽배한 시대가 닥칠지 예고했다.

2016년 선거는, 1968년 선거에서 그랬듯이, 정치체제가 그 저변에 깔린 갈등을 감지했다는 신호였다. 1968년의 정치적 갈등은 1980년에 가서야 아물었다. 2016년의 정치적 갈등도 2028년에나 가서야 아물게 된다. 우선 한 주기에서 쇠락하는 계층을 대표하는 정치인이 등장해 그 주기의 마지막 시대를 주관하면서 실패로 시대를 마무리하게 된다. 따라서 이번 주기를 마무리하는 인물은 기술관료주의를 대표하는 민주당 대통령이 될 가능성이 높다—한 주기를 마감한 대통령인 지미 카터는 전통적인 민주당 성향이었고 허버트 후버는 전통적인 공화당 성향이었는데, 이처럼 한 주기를 마감하는 마지막 대통령은 율리시즈 S. 그랜트를 제외하고 단임으로 끝난다. 따라서 이번 주기의 마지막 대통령은 2024년에 당선된다(아니면 연임될 경우 2020년에 당선된다).

한 주기가 저무는 때에 이르면 가장 먼저 나타나는 징후는 정치적 불안인데, 이는 새로운 주기로 바뀌기 10여 년 전에 나타난다. 예컨대, 레이건 주기로의 전환은 1960년대 말 정치적 불안과 더불어 시작되었다. 그러나 정치적 불안을 통해 새로운 주기가 어떤 모습일지는 전혀 감을 잡을 수 없었다. 반전운동이나 리처드 닉슨의 사임을 통해서도 새로운 주기가 어떤 속성을 띨지 알 길이 없었고 새 주기는 로널드 레이건과 함께 막이 올랐다. 정치체제는 민감하기 때문에 아주 사소한 경제적, 사회적 변화도 감지한다. 1970년대에 강력히 부상하던 경제적, 사회적 역경이 본격적으로 그 모습을 드러내기 시작했지만, 대부분의 관측자들의 시야에서 벗어나 있었고 이미 정치체제를 불안정하게 만들고 있었다. 따라서 정치적 불안정은 사회적, 경제적 위기의 전조현상이며, 사회경제적 위기는 정치적 불안이 발생하고 10여 년이 지나면 지탱하기 불가능해진다. 기존의 주기가 그 무게를 견디지 못하고 붕괴하고 새로운 주기로 대체되며 이를 상징하는 새로운 대통령이 선출된다. 레이건은 새로운 주기의 막을 올리지 않았다. 그는 저물어가는 주기에 나타나는 첨예한 갈등을 이용해 대통령이 되었고 새로운 주기의 탄생을 주관하게 됐을 뿐이다. 레이건이 아니었어도 누군가가 그런 입장에 처했을 테지만, 구시대는 저물었고 구시대의 불안정이 새 시대의 면모를 결정했다.

도널드 트럼프의 당선은 레이건 주기가 막바지에 다다랐음을 알리는 첫 신호였다. 이 선거 결과는 극도의 논란을 불러일으키면서 서로 비방이 오갔고, 진 쪽은 선거를 도둑맞았다고 주장했다. 논란이 극심했던 이유는 미국 사회에서 근본적인 변화가 일어나고 있기 때문이다. 변화의 고통을 겪고 있던 쪽은 상대방을 자신들이 겪는 고통의 원인이라고 보았다. 고통을 겪지 않고 있던 쪽은, 힐러리 클린턴의 말을 빌리자면, 상대방을 "한심한 종자들"로 여겼다. 그들이 한심한 종자들인 이유는 시대착오적이고 사악한 문화에 매달리기 때문이었다. 이 모두를 더욱 복잡하게 만든 사실은 선거의 승자가 일반유권자 투표에서는 지고 오직 선거인단의 투표에서 이겼다는 점이다. 이 때문에 트럼프의 적들은 그의 대통령직을 부당하다고 여긴 반면, 트럼프의 지지자들은 불법체류자들 때문에 일반유권자 투표를 강탈당했다고 주장했다.

정치적 갈등은 선거가 마무리되면서 수그러들기는커녕 더욱 증폭되었다. 정치적으로 분열된 두 진영은 서로에게 욕설과 비방을 퍼부었고 서로 상대방이 위험하고 무책임하다고 확신했다. 특히 인성에 관심이 집중되었다. 트럼프와 그의 정적들, 그리고 첨예한 문제들로 불신의 골이 깊어졌고 온 나라를 집어삼켰다. 어쩌면 가장 중요한 사실은, 정치적으로 분열의 골이 너무 깊어져서 많은 사람들이 자기와 의견이 다른 사람과는 상종도 하지 않았고 정치적으로 생각이 다르지만 서로 친하게 교류하는 이들을 찾기가 힘들어졌다는 것이다. 이러한 불화를 야기하는 원인은 트럼프나 클린턴에 대한 혐오감이 아니었다. 이는 그저 징후일 뿐이었다. 진짜 문제는 나라가 분열되어 있다는 데 있었다. 나라 전체가 사회적, 경제적, 제도적으로 제 기능을 하지 못하면서 증폭되는 갈등을 수습하느라 고군분투하고 있었기 때문이다.

2016년 선거는 전환기에 접어들기 시작할 때 예상되는 그러한 선거였다. 1968년에 시작된 혼돈을 기억하는가. 아니면 1876년 헤이즈와 틸든이 주고받은 난타전, 아니면 1824년 선거에서 애덤스와 잭슨이 주고받은 공방전을 기억하는가. 경제가 바뀌기 시작하면서 사회적 구조도 바뀐다. 불가피하게 적어도 체제의 일부분에서는 고통을 겪기 시작한다. 그 결과 정치적 갈등이 시작되고 이러한 갈등은 공포를 조장하고 해결책이 없어 보인다. 많은 이들이 이를 나라가 붕괴되는 징후라고 여기지만, 사실 이는 급속하게 변하는 과정에서 나라가 질서정연한 변화를 겪는다는 증거일 뿐이다.

주기적 변화가 일어날 때마다 서로 충돌하는 사회적 세력들 간에 안면몰수하고 서로 비방이 오간다. 이는 결코 새로운 현상이 아니다. 1960년대에 중산층에 대한 반전 세력, 반기득권 세력의 태도가 그러했다. 어떤 의미에서 보면, 이처럼 두 진영으로 나뉘었다는 것도 허구일지 모른다. 같은 진영 내에도 무수히 분열된 더 작은 세력들이 존재하기 때문이다. 그러나 같은 진영 내에 있는 무수히 작은 세력들은 공동으로 혐오하는 대상이 있다. 한 진영은 또 다른 진영이 거칠고 진정성이 없다고 매도한다. 그렇게 매도를 당하는 진영은 상대방을 향해 반역적이고 방종에 가까운 원칙들을 표방한다고 매도한다. 그러한 독설의 정확한 의미는 중요하지 않다. 이는 1980년에는 없었던 현상이다. 서로에 대해 느끼는 역겨운 감정을 표현하는 용어가 중요한 게 아니라 도저히 타협이 불가능해

보이는 양 진영으로 나라가 쪼개진다는 게 문제다.

정치적으로 불안정한 시기에는 부정적인 정서나 독설을 확산시키는 주범이라고 비난을 받는 새로운 소통기술이 존재한다는 사실이 매우 흥미롭다. 1960년대에 그 장본인은 TV였고, 국민은 이 새로운 매체를 수동적으로 받아들이는 피해자가 되었다. 1920년대에는 영화가 그 역할을 하면서 집단적인 정서와 방종을 확산시켰고 라디오도 이에 편승해 사건의 즉각적인 보도에 열을 올렸다. 늘 비난의 대상인 새로운 형태의 매체가 존재하지만, 이러한 매체는 그저 당대의 예기치 못한 극심한 증오를 전달하는 통로일 뿐이다. 인터넷 덕분에 소셜 미디어를 통해 수백만 명이 전례 없는 방식으로 자신의 주장을 펼치고 다른 이의 주장을 접하지만, 인터넷과 소셜 미디어 사용자들은 부족처럼 나뉘어 끼리끼리 교류한다. 그들은 이미 자신의 견해와 일치하는 견해를 지닌 사람들을 팔로우하면서 자신이 지닌 감정을 더욱 강화한다. 인터넷의 유유상종 성향은 생각이 다른 이들의 침투를 제약한다. 폭스(FOX)와 MSNBC를 시청하는 사람들이 당파적으로 갈라지듯이 말이다.

이러한 분열과 적대감은 새로울 게 없다. 사회적, 경제적 주기가 바뀔 때면 분열과 적대감은 늘 존재한다. 레이건 이전에 미국은 중산층과 이에 맞서는 문화 계층으로 분열되었다. 루즈벨트 전에는 공산주의 색깔론, 휴이 롱의 포퓰리즘이 있었고, 소규모 마을 거주자들과 부유층이 도시 거주 이민자들과 대립했다. 헤이즈 전에는 남북전쟁이 있었고, 이러한 분열의 사례는 계속 이어진다. 적대감도 새로울 게 없고 새로운 통신수단 탓도 새롭지 않다. 새로운 주기로 전환하는 과도기, 특히 첫 단계에서는 일반 대중의 분노가 증폭되는데 이는 보통 점증하는 경제적, 사회적 고통과 관련 있다.

현재 미국이 목격하는 현상은 약간 다르다. 이번에 기존의 주기와 새 주기 사이의 전환기가 독특한 점은 인터넷이나 갈등이 아니라, 앞서 말한 바와 같이, 사회경제적 주기와 제도적 주기가 거의 동시에 위기에 도달한다는 점이다. 이에 가장 근접한 전환기가 한 번 있기는 했다(두 주기의 전환기가 15년 간격을 두고 일어났다). 바로 1929년 경제대공황의 형태로 사회경제적 위기가 일어나고 제2차 세계대전 끝 무렵인 1945년에 제도적 전환기를 맞았을 때이다. 그러나 주기들은 언제나 실패로 마무리되고, 현재 역사상 최초로 두 주기가 동시에 실패하게 되는 상황을 맞게 된다. 각 주기의 실패는 정치체제에 스트레스를 가한다. 이번 경우에는 전례 없는 스트레스를 정치체제에 가하게 되고 미국 국민은 이미 이를 체감하고 있다. 다가오는 폭풍의 언저리에서 부는 바람이 느껴지고 있다.

이 두 주기는 서로 얽히고설키게 되었다. 사회경제적 주기는 부와 문화의 측면에서 나라를 깊이 분열시키는 사회적, 정치적 현실을 조성해왔다. 제조업이 쇠락하면서 고통을 겪은 러스트 벨트(Rust Belt) 지역은 여전히 일자리에 굶주려 있고, 이제 미국 산업의 중추는 제조업이 아니다. "러스트 벨트"라는 용어 자체가 무슨 일이 벌어졌는지 보여준다. 한때 미국 경제성장을 견인하는 동력이었던 자동차산업은 과거의 그림자만 남았다. 새로운 성장 동력은 마이크로칩을 토대로 구축된 산업으로서, 보스턴이나 샌프란시스코 지역을 부유하게 만들었지만 자동차 조립공정 라인은 멈추어 선 채 녹이 슬었다. 많은 이들이 이로부터 이득을 보았지만, 삶이 처참하게 무너진 이들도 있다. 갈등의 골은 깊고 불가피하며, 경제 부문을 넘어 전통적인 제도에 뿌리를 둔 계층과 전통을 뒤로하려는 계층 간의 문화적 반목으로까지 이어진다. 이러한 전개 과정에서 새로운 현상은 아무것도 없다. 한때는 여성에게 투표권을 부여하는 문제를 두고 논쟁이 벌어졌다. 이번에는 동성애자의 결혼 같은 생활방식을 두고 논쟁이 벌어진다. 한 주기가 끝나고 새 주기가 시작되는데, 그 사이에 놓인 전환기에는 분열된 진영들이 서로에 대해 경멸과 분노를 표출한다.

제도적 위기는 관심이 분산되고 구조가 쪼개진 연방정부에서 드러난다. 연방정부는 너무 많은 권한을 떠맡게 되고 너무 많은 부서들로 나뉘어서 일관성 있는 군사전략을 수립하지도 못하고 통합된 의료보험 개혁안을 제시하기도 불가능했다. 더 이상 어떤 문제에 집중해서 해결책을 만들어낼 수 있는 구조가 아니다. 대통령이나 의회처럼 선출직인 이들도 너무나도 많은 부서와 기관들에 권한이 분산된 연방정부를 장악하기에는 역부족이다. 이러한 기존의 제도적 주기가 저물어가면서 조직과 현실이 유리된다.

첫 번째 제도적 주기의 문제는 연방정부가 주정부에 대해 권한을 행사할 수 있는지가 분명하지 않았다는 점이다. 이 문제는 남북전쟁에서 해결되었다. 두 번째 제도적 주기의 문제는 연방정부가 경제와 사회에 대해 행사할 수 있는 권한이 제한적이라는 점이었다. 앞서 살펴본 바와 같이 이 문제는 제2차 세계대전에서 해소되었다. 세 번째 제도적 주기의 문제는 연방정부가 미국인의 삶에 개입할 관문이 활짝 열렸지만 그 한계를 명확히 규정하지도 않았고 그 어마어마한 권한을 관리할 제도적 구조도 구축하지 않았다는 점이다.

연방정부에 대한 일반 대중의 불만은 미국인의 삶의 일부로 늘 존재해왔다. "정부에서 나왔다. 도우러 왔다."라는 게 최악의 거짓말이라는 옛 우스갯소리도 있다. 그러나 20세기와 비교해볼 때 2019년에 이 상황은 상당히 바뀌었다. 제2차 세계대전 중에 대통령은 최고사령관으로서 미국 경제와 사회의 대부분을 장악했다. 전후 냉전시대가 이어졌고 막강한 대통령 권력의 수위가 낮아지기는 했으나, 대통령은 더 이상 3권 분립 구조를 구성하는 동등한 3부 가운데 하나가 아니라는 원칙이 부상했다. 외교 정책을 집행할 때 대통령은 가장 막강한 힘을 행사했다. 사회를 관리하는 업무에서는 그 정도로 힘이 승격되지는 않았지만 행정부는 법을 해석하고 이를 규제로 전환하는 과정에서 어마어마한 권력을 행사했다. 정부가 권력이 막강하니 행정부를 막강하게 만들어야 했고, 행정부의 권력은 3부 간의 힘의 불균형을 초래했다.

사회를 대상으로 연방정부가 막강한 권력을 행사하려면 막강한 권한을 지닌 대통령뿐만 아니라 거대한 행정조직이 필요했다. 오바마 대통령의 의료보험 법안은 897개의 문서들을 망라하며 2만 쪽이 넘는 분량을 들여 규정들을 설명하고 있다. 본래의 사회보장법은 29쪽 분량이었다. 사회보장법은 이제 2,600쪽으로 늘어났고 관련 규정들 분량도 그만큼 된다. (선출되었거나 국민이 위임한 권한이 아닌 실제) 효력을 행사하는 권한은 어마어마한 관리자와 공무원 군단으로 이전되었고, 이들은 규정을 정의하면서 의회가 만든 법안의 본래 취지를 재해석했다. 의도적으로 재해석한 게 아니라 아무도 법안을 총체적으로 이해하지 못했기 때문이다. 규정과 법의 일관성, 그리고 규정과 규정의 일관성을 유지하기가 불가능해졌다.

연방정부에 여러 가지로 가장 의존하는 대부분의 사람들에게, 특히 빈곤하거나 장애가 있는 사람들에게 연방정부는 이해하기가 불가능한 대상이고, 헌법에 명시된 국민의 권리인, 정부에 탄원을 하는 역량도 실제로는 무용지물이다. 반면 또 어떤 이들—예컨대, 기술 전문직—의 삶에서 연방정부는 별 의미가 없다. 부유층의 경우, 그들에게 영향을 미치는 연방 규정들을 파악하려면 변호사와 회계사, 연방 규정 전문가 군단이 필요하다—그들은 이를 사업을 하는 데 드는 비용으로 친다. 민주사회에서—전문가 집단을 직원으로 둘 역량을 지닌 경우를 제외하고—연방정부에 탄원을 하거나 연방정부를 이해하기가 불가능해지면 정부에 대한 불신이 자리 잡게 된다. 제2차 세계대전 후 연방정부의 부상을 지지했던 미국인 계층은 이제 복잡해진 정부 체계를 파악하기도 불가능하고 법적인 자문을 구할 재정적 여유도 없다. 국민은 자신들이 공직자들이 봉사하는 대상이 아니라 그들에게 관리당하는 객체라고 느끼게 되었다.

어찌 보면 이 모든 현상이 2001년 9월 11일 이후에 싸운 전쟁들에 함축되어 있다. 대통령은 전쟁에 대해 막강한 권한을 행사했지만 도달 가능한 목표를 설정하거나 그 목표를 달성할 수단을 규정하기가 불가능해졌다. 그런데도 미군은 계속 전쟁을 수행했다. 이 과정은 베트남 전쟁 이후로 가시화되어 왔고 이제 더욱 악화되고 있다. 대통령은 전문가들로 둘러싸여 있고 내각 각료들은 더 이상 1차적인 자문 역할을 하지 않으며, 의회는 대체로 수수방관하는 모양새다. 전문가들은 보다 폭넓은 미국의 국익보다는 당장 해결해야 할 현안에만 집중한다. 아니 보다 정확히 말하자면, 그들은 그들이 전문성을 지닌 분야와 미국이 집중해야 할 분야를 혼동했다. 국내 문제에서와 마찬가지로 일반 국민은 돌아가는 사정을 통제하기는커녕 파악하지도 못하게 되었고, 대통령의 권력이 은밀히 행사되면서 혼란은 제도화되었다.

그 결과 연방정부가 가장 절실히 필요하지만 연방정부를 파악할 역량이 가장 떨어지는 이들이 연방정부를 대단히 불신하게 되었다. 그들이 연방정부를 파악할 만큼 똑똑하지 못해서가 아니라 연방정부가 하는 행동들이 일관성이 없을 뿐만 아니라 기관 자체가 불투명해졌기 때문이다. 연방정부가 광범위한 권한을 행사하게 되면서 체제가 스스로 조율하고 집중하는 역량을 압도했고, 헌법상의 권력분립에서 비롯되는 권한은 행정부 소속 관리들에게로 이전되었다.

도널드 트럼프는 연방정부뿐만 아니라 연방정부에 소속된 공직자들로부터도 유리된 폭넓은 사회 부문들을 파악함으로써 선거에서 이겼다. 연방정부 기술관료 집단과 이들을 겪으면서 불신하게 된 이들 간에 갈등과 충돌이 있었다. 그리고 트럼프는 힐러리 클린턴을 중심으로 조직화된 무리에 맞섰는데, 클린턴은 연방정부의 권한과 기술관료주의를 전적으로 옹호하는 후보였다. 선거는 무엇보다도 불신의 위기가 시작되었음을 확인해주었다.

경제적, 사회적 문제도 모습을 드러내기 시작했다. 레이건 시대는 혁신의 물결에 시동을 걸었고 기업가와 기술전문가들로 구성된 막강한 계층을 탄생시켰다. 전통적인 산업 부문에 고용된 이들은 뒤처졌고 해외와의 경쟁에 뒤떨어진 이 산업 부문에 금융계는 더 이상 투자하지 않았다. 핵심적인 두 계층이 등장했고 그들은 전통적인 산업 부문 종사자들과는 매우 다른 이해관계를 지니고 매우 다른 삶을 살았다. 이들은 전통적인 산업 부문 종사자들과는 대척점에 있었다. 물론 여러 계층들은 단순히 기술전문직 대 전통적인 산업 부문 종사자로 양분하기에는 너무나도 복잡하고 훨씬 다양하며, 수많은 이들이 양쪽 모두의 특징을 지니므로 서로 중첩된다. 그러나 그렇다 하더라도 핵심적인 차이는 기술전문직과 산업 부문 종사자이다.

그리고 사회적, 경제적 분열은 제도적 딜레마에 버금갔고 제도적 딜레마를 한층 악화시켰다. 기술관료 집단은 제도적 주기와 사회경제적 주기둘 다 지배하게 되었다. 기술관료주의는 단순한 개념이다. 전문지식을 통해 문제를 해결해야 하고 온갖 문제의 해결책은 그 속성이 기술적이라는 믿음이다. 여기서 기술은 기계가 아니라 문제에 접근하는 방식이다. 워싱턴에서 의료보험 문제에 관여하는 공직자는 문제를 해결할 때 합리적이고 용의주도하며 기술적인 접근방식을 사용한다. 어떤 의미에서 보면 마이크로칩을 설계하는 사람이 일을 하는 방식과 같다.

앞서 거론한 바와 같이, 기술관료주의는 정부를 위해 이념을 초월한 해결책을 제공한다는 개념을 토대로 구축되었다. 그러나 기술관료주의는 이제 그 자체가 이념으로 발전했다. 기술관료주의는 세계는 파악할 수 있는 대상이고, 세상을 이해하고 조작하는 지식을 지닌 이들이 완벽하게 만들 수 있는 대상이라고 본다. 그리고 이러한 전제조건을 따르면 이 사람들에게 체제를 관리할 책임을 맡겨야 한다는 결론이 나온다. 기술관료는 일반 대중의 이익에 봉사할 수 있으며, 그러한 이익이 무엇인지 정의를 내릴 뿐만 아니라 그의 기술적 전문지식이 쓰이려면 정부, 기업, 대학교, 교도소 같은 사회 조직 기구를 장악할 필요가 있다. 기술관료는 경영학 석사, 컴퓨터 과학자, 공공정책 석사 같은 자격과 업적을 지닌 계층이며 기업을 일구는 데 성공해 능력을 입증한 막강한 일부 기업가들도 포함된다. 그들은 전문성이 사람을 가늠하는 유일한 척도라고 본다. 따라서 인종, 성별, 성적 지향성, 국적의 구분은 전혀 중요하지 않다. 그들이 지닌 정치적 목표 중 하나는 그러한 특징들이 전문가가 되려는 누군가의 능력을 저해하지 않도록 하는 일이다.

기술관료주의가 얼마나 광범위한지 파악할 필요가 있다. 공직자든, 할리우드 영화 제작자든, 도서 편집자든, 금융상품 설계사든, 대학교수든, 지력으로 세계를 바꿀 수 있다는 믿음을 지닌다. 기술관료주의는 계몽주의에서 비롯되며, 따라서 인간의 이성으로 세계를 완벽하게 만들 수 있다거나 완벽하지는 않더라도 상당히 개선할 수 있다고 믿는다. 개선되어야 하는 대상은 미국은 물론이고 세계 전체에서 억압받는 자들의 지위다. 기술관료들은 자기 전문영역에 관계 없이, 세계는 평등하지 않을 뿐만 아니라(기술관료 계층 내에서의 재정적 불평등도 대단히 크다) 억압에서 자유롭지도 않다는 인식을 공유한다. 그러나 무엇보다도 기술관료주의는 누군가에 대한 판단을 내릴 때는 그 사람의 타고난 특성이 아니라 그 사람이 지닌 전문성과 지식을 바탕으로 판단해야 한다고 믿는다. 타고난 특성을 토대로 사람을 판단하면 억압이다.

그렇다면 그들은 억압받는 자를 어떻게 정의할까? 그들이 옹호하려는 대상은 경제적으로 억압받는 이들이 아니라 문화적으로 억압받는 이들이다. 흑인은 그들의 경제적인 지위와 상관없이 인종차별주의로 고통받는다. 히스패닉은 무슬림과 마찬가지로 낯선 이에 대한 혐오의 피해자다. 성적 규범에서 벗어난 이들은 동성애 혐오의 피해자다. 여성은 여성 혐오의 피해자다. 인종차별, 외국인 혐오, 동성애 혐오, 여성 혐오는 모두 가해자가 지닌 결함이다. 따라서 그들이 생각하기에 제약을 가하고 개혁해야 할 대상은 가해자이다. 그들은 가해자의 사고를 바꾸고 억압적인 사고를 버리지 않는 이들을 처벌해야 한다고 생각한다.

기술관료들은 자신만의 영역을 관리할 때조차도 추상적인 삶을 살아간다. 그들이 보기에 어떤 문제든 지성으로 해결할 수 있다. 끊임없이 생각해야 하고 그 생각이 행동을 가능케 한다. 일단 생각을 하고 나면 행동이 뒤따른다. 이성은 언어로 이어지고 기술관료의 전장(戰場)은 언어다. 언어가 바뀌면 행동도 바뀐다. 정치적 정도(political correctness)는 우월한 계층으로 부상한 기술관료들이 이 세상을 개조하는 방식이다. 기술관료들은 자기 분야에서의 업무와 자기가 실천하는 보편적 원칙 사이에서 갈등하게 된다.

이러한 현상은 바로 기술관료들이 쇠락하는 계층, 압도적 다수가 백인인 산업근로자 계층을 대하는 방식에서 가장 분명히 나타난다. 기술관료주의의 사고에 따르면, 억압의 근본적인 원인은 역사적으로 인종, 국적, 성별을 이용해 억압을 자행해온 백인이다. 그러나 기술관료들은 적어도 생각과 말에서 억압을 극복하는 투쟁에 동조하는 (압도적 다수가 백인인) 자신들과 억압적인 관행을 지속하는 백인들을 엄격히 구분했다. 이 쇠락하는 계층은 경제적으로 몰락하고 있지만, 소득수준이 사람마다 천차만별인 현실을 받아들이는 기술관료들이 보기에 경제적 쇠락은 본질이 아니다. 본질은 그들이 억압적인 태도를 포기하지 않으려는 데 있다.

산업근로자 계층은 연령이 높다. 이 계층의 쇠락은 대략 40년 전에 시작되었다. 그들의 자녀들도 그 쇠락으로 고통받았지만 이들은 달리 생각할 필요가 있다. 부모 세대의 삶은 그들이 육체노동으로 할 수 있는 일이 결정했다. 그들이 사는 세상은 물리적인 세상이었다. 기계와 정복해야 하는 물리적 속성의 세상이었다. 그들은 강인한 체력과 상식에서 자부심을 느꼈다. "상식"은 복잡한 용어지만, 세상에 대한 지식, 당대에 특정한 장소에 거주하는 우리 모두가 공통적으로 알고 있는 대상들에 대한 지식으로 귀결된다. 산업근로자 계층이 추구하는 목표는 세상을 바꾸는 일이 아니라 세상 안에서 안전한 자기 자리를 찾고, 그 규율을 이해하고 그 규율 내에서 사는 삶이었다.

백인 근로자 계층은 설계된 도덕이 아니라 받아들인 도덕의 세계에 존재한다. 그들이 받아들인 도덕은 그들의 부모와 교회에서 배운 도덕이다. 1980년대 무렵, 백인 산업근로자 계층 대다수는 가톨릭교도와 개신교도였고 대부분이 보수적인 종파에 속했다. 그들은 동성애, 혼전 성관계, 동성애자의 결혼, 낙태를 본질적으로 부도덕하다고 여겼다. 다른 모든 이들이 그러하듯이 그들도 자기들이 도덕적이라고 믿는 바와 실제로 행동하는 바가 다를 때가 종종 있었다.

이 계층의 구성원들은 이제 그들이 다니는 교회의 세계관이 가장 권위주의적이라고 간주되고, 그러한 세계관은 틀렸을 뿐만 아니라 일종의 혐오증으로 간주되는 세계에 살게 되었다. 이러한 교회는 그들에게는 여전히 합법적이고 어마어마하게 막강한데, 그런 교회가 공격을 받고 있다. 이러한 공격을 받으면 그들은 도덕관이 약화되기는커녕 오히려 더 굳건히 지키려는 방어태세를 취하게 된다. 교회처럼 막강한 권위로부터 뿌리내린 도덕관은 공격을 받으면 불가피하게 대응공격을 낳고, 그 대응공격은 정치적인 영역에서 이루어진다.

인종차별은 늘 미국 역사의 일부였지만, 인종차별은 이제 백인 산업근로자 계층의 인식 속에서는 인종차별이 아니라 선택적인 부당성의 문제이다. 그들은 "억압받는 소수"를 특별히 우대하는 정책은 있지만, 백인 산업근로자 계층의 소득이 하락하고 있고 이 계층의 미혼모 비율이 50퍼센트에 육박한다는 사실은 아무도 개의치 않는 데 분개한다. 약물 사용도 만연하고 있다. 다시 말하면, 백인 산업근로자 계층이 현재 처한 여건은 1970년대에 흑인이 처했던 여건과 다르지 않다.

흑인이 처한 여건은 국가의 초미의 관심사가 되었고, 그들을 지원하는 정책이 양산되었는데, 가장 논란이 많은 정책이 소수자우대정책 (affirmative action)이다. 어설픈 정책이긴 하나 기술관료들은 붕괴되는 흑인 가정의 여건을 개선하려고 애썼다. 그러나 오늘날 백인 산업근로자 계층에 대해 기술관료들은 이에 상응하는 관심을 보이지 않는다. 오히려 기술관료들은 그들을 문제로 여기고 있고, 백인 산업근로자 계층은 자신들도 흑인이나 히스패닉 못지않은 대우를 받을 권리가 있다고 생각한다.

그들도 하나의 계층으로서 피해를 입고 있고 레이건 이후의 시대에 잊혔으며, 트럼프가 등장하고 나서야 비로소 그들의 처지를 이해하고 그들을 대신해 목소리를 내주는 사람을 얻었다.

기술관료들은 백인 산업근로자 계층에 대해 우위를 점하고 있다. 비록 도널드 트럼프의 당선을 통해 드러났듯이, 보잘것없는 우위일지라도 말이다. 그러나 이는 대결의 시작일 뿐이다. 기술관료들은 점점 더 큰 압박을 받게 된다. 미국은 제도적 위기로 치닫고 있는데, 이 과정에서 기술관료들의 능력과 연방정부의 제도에 대해 사람들이 의문을 제기하게 된다. 보다 폭넓은 지정학적 위기로부터도 압력이 가해지게 되고, 기술관료들은 제국으로서의 미국을 위한 제도적 해결책을 제시할 능력이 없음을 점점 더 분명히 드러내게 된다. 같은 의미에서 기술관료들이 사회적 문제에 대한 일관성 있는 해결책을 마련하는 능력은 극도로 제약을 받게 된다. 그 이유는 이념적이기도 하고 복잡한 문제를 단순화하는 데 실패했기 때문이기도 하다.

백인 산업근로자 계층이라고 해서 모조리 트럼프를 지지하지도 않았고 트럼프를 지지한 이들은 그들 말고도 있었다. 그 어떤 계층도 백인 산업근로자 계층만큼 트럼프를 지지하지는 않았지만, 다른 계층들에서도 상당히 많은 이들이 그를 지지했다. 앞서 말했듯이, 힐러리 클린턴은 기술관료들이 지지하는 후보였다. 그녀는 자신의 경력을 토대로 선거운동을 했고 억압받는 이들을 강력히 대변했다. 그녀는 일반유권자 투표에서는 이겼지만 선거인단 투표에서는 졌다. 그녀를 지지한 표는 북동부 지역과 서부 해안지역에 집중되어 있었기 때문이다. 다시 말하면, 그녀는 기술관료주의의 중심지에서 이겼고—쇠락하는 산업기반이 있는—미국의 중심부에서 졌다. 이 선거를 통해 미국의 두 주요 계층 간의 갈등이 교착상태에 빠져 있음이 드러났다. 클린턴을 패배시킨 주인공은 산업근로자 계층이 아니라 그녀의 지지기반이 특정 지역에 집중되어 있고, 그녀를 지지했어야 하는 유권자들이 이탈했기 때문이다.

힐러리 클린턴의 패배를 설명해주는 하나의 사건이 리비아다. 아프가니스탄과 이라크에서 미국이 펼친 전략이 실패했는데도 미국은 리비아에 대한 공습을 감행해 폭군 무하마르 가다피를 축출하기로 했다. 가다피는 죽었지만 혼돈이 리비아를 덮쳤고, 리비아 주재 미국 대사가 공관을 습격한 테러리스트들의 손에 목숨을 잃었다. 이와 관련된 다른 모든 문제들은 차치하더라도, 리비아에서 또 다른 독재자를 제거하기로 한 결정은 이라크에서 값비싸게 얻은 교훈을 무시한 판단이었고 시리아에서 봉기가 일어나는 결과로 이어졌다. 인도주의적인 의도에서 개입했고 국무부의 기술관료들은 이를 거의 위험을 수반하지 않는 도덕적으로 필요한 개입이라고 보았다. 클린턴은 리비아 관련 다른 측면들에 관해서도 비판을 받았지만 그녀의 가장 큰 실책은 정책에 일관성이 없다는 점이었다. 그녀가 자신의 외교정책 경력을 들먹일 때마다 리비아 문제가 거론되었다.

클린턴의 리비아 문제는 기술관료들의 약점을 집약해서 보여주었다. 정치적 권위의 토대로서 전문성을 내세우려면 전문가로서 협소한 자기 영역에서도 그리고 사회 전체를 관리하는 일에서도 전문가로서 성공해야 한다. 어찌 보면 이는 그 어떤 계층이라도 자신의 권위를 정당화하려면 필요한 조건이지만, 특히 기술관료들에게는 근본적인 조건이다. 기술관료들이 실패하면 자신에게 권위가 있고 따라서 자신의 통치가 정당하다는 주장은 무너진다. 기술관료들이 통치 집단이 되면 그들이 제대로 통치하기 위해 갖추어야 할 독특한 조건이 있다. 통치와 전문성은 서로 관련이 있기는 하지만 사람들이 생각하는 것보다 훨씬 먼 관계이기 때문에 그들이 통치의 영역으로 깊이 들어갈수록 그들의 전문성은 덜 중요해진다.

앤드루 잭슨이 통치할 자격을 주장한 이유는 자기가 가장 똑똑한 인물이어서가 아니었다. 그가 그런 주장을 한 근거는 용기와 노련함이었다. 무리 중에서 가장 똑똑한 사람이 되는 것은 스스로를 취약하게 만든다. 사람들은 가장 똑똑한 사람에게 그가 할 수 없는 일을 기대하기 때문이다. 그러나 통치는 지능만으로는 불충분하다. 지식을 기반으로 하는 사회에서는 당연히 지식이 있는 이들이 통치해야 하는 듯이 보인다. 그러나 그리 단순하지 않다. 기술관료들은 습득한 지식이 자격을 부여한다고 주장했다. 통치자는 상식과 도덕을 갖춰야 한다고 주장하는 사람들은 그들에게 반대했다.

경제적 이익과 문화는 부시 행정부 이후로 계속 충돌해왔다. 심한 충돌은 아니었다. 공화당과 민주당 모두 본질적으로 기존의 경제체제를 긍정했기 때문이고, 결국 그게 핵심적인 문제였다. 공화당은 성도덕 문제를 둘러싸고 지배적인 문화에 반대하는 경향이 있고 연방정부의 제도적인 기능에 대해 의문을 제기하는 경향이 있지만, 후자는 형식적으로 취하는 입장일 뿐이고 전자의 경우는 보다 전통적인 성향의 이들을 지지층으로 묶어두려는 게 일차적인 목적이다.

버락 오바마 정권 하에서 작은 정부와 전통적인 가치관을 표방하는 티파티(Tea Party) 운동이 일어나면서 기존의 경제모델에 대한 반박이 훨씬 치열해졌다. 이 운동과 더불어 연방정부가 이념적 근거와 실용적인 근거를 내세워 사회에 개입할 권리가 있는지에 대한 치열한 공방이 벌어졌다. 이와 동시에 민주당은 경제 원칙과 이념적, 문화적 문제에 있어서 훨씬 경직된 입장으로 변했다. 이 두 당은 서로 점점 벌어지기 시작했다. 그러나 대통령 후보들을 배출한 공화당 주류는 변하지 않았다.

그러나 표면 아래에서 경제적 상황은 악화되고 있었고 급기야 2008년에 한계점에 다다랐다. 서브프라임 위기의 영향이 기술관료 계층보다 쇠락하는 계층을 훨씬 직접적으로 강타했다. 백인 산업근로자 계층이 보기에 연방정부는 자기들을 제외한 모든 계층들의 이익을 보호하는 데 전념하는 듯했고, 연방정부가 제 기능을 할 수 있는 역량은 쇠퇴하고 있었다.

백인 산업근로자 계층은 기술관료들과 연방정부가 그들과 그들의 경제적 문제, 그리고 그들의 문화적 가치와 이념에 등을 돌렸다고 생각했다. 기술관료들은 경제적으로 비교적 선방하고 있었다. 그들의 도덕적 원칙은 사회 곳곳에 침투하고 있었고 그들이 표방한 일반적인 이념이 사회를 지배하고 있었다. 쇠락하는 계층의 관점에서 보면, 정도의 차이는 있으나 두 정당 모두 그들의 이익에 반하지는 않는다고 해도 적어도 무관심했다.

경제적, 사회적으로 쇠락하기는 했지만 백인 산업근로자 계층은 여전히 그 수가 만만치 않고, 조직화되어 있지 않았지만 공통의 원칙을 지니고 있었다. 그들은 자신들이 중요하게 생각하는 문제를 밀어붙일 수 있었고, 특히 티파티 운동은 공화당 내의 권력 구조가 허술하다는 사실을 노출시켰다. 그들이 조직화한다면 당내에서 만만치 않은 세력이 될 수 있었다. 불가피하게 누군가가 그들을 조직화해야 했지만, 기존의 기본적인 경제사회 모델을 수용하는 복잡하게 얽히고설킨 관계에 발목 잡힌 사람이 아니라 당 밖에 있는 인물이어야 했다.

지도자가 누군지는 이미 형성된 정서보다 덜 중요했다. 지도자는 그저 이미 존재하는 정서를 인식하고 그 정서에 호소해야 했다. 다른 어떤 공화당 인사도 그렇게 하지 못했다. 그들은 자유무역과 이민자 존중과 같은 기본적인 원칙들을 무시할 수 없었다. 공화당이 깨닫지 못한 사실은 공화당 내에서 주변부에 머무르던 추세가 이제 지배적인 추세가 되었다는 점이다. 이를 이해하지 못한 그들은 이 계층에게 호소력이 없었다.

도널드 트럼프는 미국을 다시 위대한 나라로 만든다는 공약을 내걸었다. 나머지 공화당과 기술관료들이 보기에 이 공약은 어처구니없었다. 그들은 미국이 이미 위대할 뿐만 아니라 그 위대함을 한층 신장시키고 있다고 믿었다. 쇠락하는 산업근로자 계층이 보기에 미국은 사실상 쇠락하고 있었다. 그들 자신의 입지가 점점 취약해지고 있었기 때문이다. 트럼프는 상대방을 모욕하고 지지층에게 약속하고 지지층을 위해 분노했다. 그는 훌륭한 정치인이라면 절대로 하지 않을 언행은 모조리 했다. 그러나 바로 그게 그의 장점이었다. 그는 통상적인 정치인처럼 말하지 않았다. 공화당은 이 시점에서 통상적인 정치인이 얼마나 강렬한 경멸의 대상인지를 파악하지 못했다.

트럼프는 기술관료들에게는 불가해한 인물이었다. 백인 산업근로자 계층이 기술관료들에게 이해 불가해한 이들이었기 때문이다. 민주당이 로널드 레이건의 승리를 헤아리지 못했듯이, 또 공화당이 프랭클린 루즈벨트의 승리를 헤아리지 못했듯이 트럼프의 승리도 불가해했다. 그들은 트럼프와 그의 독특함과 그의 막말에 몰두했다. 그러나 그게 중요한 문제가 아니었다. 힐러리 클린턴의 국무장관 재직 시절, 사설 이메일 서버로 국가기밀을 주고받으면서 기밀관리에 소홀했다는 사실보다도 중요한 문제가 아니었다. 클린턴은 마치 자신의 승리는 따 놓은 당상인 양 행동했다. 트럼프는 납득 불가능한 인물이라는 게 자명했고 그를 지지한 사람들은 주변부로 밀려난 소수였으며, 치료받아야 할 "병"이 있는 이들로 간주되었기 때문이다.

그러나 그들은 주변부로 밀려난 소수도 아니었고 힘을 장악한 계층도 아니었다. 2016년 선거는 본질적으로 소란스러운 교착상태를 낳은 무승부였다. 트럼프는 제도적으로 발이 묶였고 비정부 조직의 반대, 특히 언론매체의 반대에 발이 묶였다. 트럼프는 반대자들을 설득해 입장을 바꾸게 만들 수 없었고, 트럼프를 반대하는 이들도 트럼프 지지자들을 설득해 자기들 진영으로 끌어들일 수 없었다.

따라서 트럼프는 새로운 시대로 가는 전환기를 대표하지 않는다. 그는 그를 지지하는 이들에게는 결단력 있는 지도자이고 그를 반대하는 이들에게는 위협적인 요주의 인물이다. 트럼프는 두 계층 간의 다툼을 보여주는 첫 번째 징후다. 그러나 부상하는 계층은 아직 한계에 도달하지 않았고 쇠락하는 계층은 계속 힘이 빠지고 있다. 2020년대에는 현재의 갈등 구조가 훨씬 더 복잡해지리라는 뜻이다.

09

2020년대의 위기
―두 주기의 충돌

The Crisis of
the 2020s—a Clashing
of Cycles

첫 번째 정치적 징후가 나타나고 분노가 점증하고 서로 대립하는 양측이 맞서 대오를 정비해왔다. 이 이야기의 서막이 진행되어 왔지만, 야릇하게도 그 저변에 깔린 제도적, 사회적, 경제적, 지정학적 문제들이 전모를 드러내면서 분노는 정치적 차원을 넘어서고 미국은 미국의 프로젝트가 실패했을 가능성을 염두에 두기 시작한다. 1970년대에 이런 논의가 활발했고, 이 때문에 지미 카터는 연설을 하게 되었는데 언론이 이 연설을 "질병 연설(Malaise speech)"이라고 일컬어 유명해졌다. 이연설에서 카터는 미국이 "자신감의 위기"에 직면했다고 했다. 마찬가지로 1930년대에도 사회적, 경제적 압박이 미국의 사기를 떨어뜨리자, 루즈벨트는 "우리가 두려워해야 할 유일한 대상은 두려움 그 자체뿐이다."라고 말했다. 오늘날도 이에 대한 논쟁이 치열하지만, 차기 선거를 앞두고 있는 지금 미국은 진짜 위기의 코앞까지 갔지만 아직 위기에 빠지지는 않았다는 사실을 깨달아야 한다.

사회경제적 주기는 사회적, 경제적 실패에 의해 결정된다. 제도적 위기는 미국이 싸워온 전쟁이 결정한다. 2020년대에는 미국의 면모를 결정해온 이 두 가지 주요 주기가 서로 얽히게 되고, 경제적, 사회적 문제에 대한 해결책이 체제를 갈아엎는 동안에도 실패감이 깊어지게 된다. 정치체제보다 정치체제를 압도하는 듯이 보이는 문제들이 더 중요해진다. 정치인이나 전통적인 미국의 입장뿐만 아니라 전체 체제에 대해 점점 냉소적이 될 때는 정치적으로 열정을 유지하기가 힘들다. 정치적 열정은 그것이 중요하다는 믿음을 근거로 한다. 2020년대에는 트럼프 대통령이 재선되든 안 되든, 냉소주의와 더불어 무관심이 팽배하게 된다. 2020년대의 위기는 매우 현실적인 문제들에서 비롯되겠지만, 이는 또한 공화국 자체에 대한 신념의 위기가 될 것이다.

역사에 대한 서술은 사건과 사람들로 채워진다. 그런 역사는 가치가 있지만 논점을 이탈한다. 지난 10년에 대해 생각해보면 온통 도널드 트럼프, 블라디미르 푸틴, 중국과 우크라이나에 대한 얘기로 가득차 있는데 이는 수면 위로 드러난 빙산의 꼭대기일 뿐이다. 진짜 얘기는 물밑에 숨어 있는 빙산의 나머지 부분이다. 깊은 구조와 그 전개 과정은 파악하기 어렵지만 바로 이 부분이 행위자와 사건들을 조종한다.

우선 제도적 주기를 살펴보자. 첫 번째 주기는 연방정부를 탄생시켰고, 두 번째 주기는 연방정부와 주정부 간의 관계를 재규정했으며, 세 번째 주기는 경제와 사회에 대한 연방정부의 관계를 재규정했고, 앞으로 다가올 네 번째 주기는 연방정부 자체에 대한 연방정부의 관계를 재규정하게 된다. 연방정부가 업무의 우선순위를 어떻게 정하고, 그러한 우선순위 업무들을 달성하는 데 어떻게 초점을 맞추고, 어떻게 책임을 질지를 재규정하게 된다는 뜻이다. 이는 비교적 사소한 변화처럼 들린다. 그러나 사실은 제2차 세계대전 후의 변화만큼이나 급격한 변화다. 이 변화는 사회의 모든 측면과 얽혀 있는 거대한 조직을 변화시키고, 그러는 과정에서 그 조직과 사회 여러 부문과의 관계뿐만 아니라 사회 자체가 작동하는 방식도 바뀌게 된다.

현재의 세 번째 주기에서 연방정부는 두 부문으로 나뉘어졌다. 직속 부하직원을 둔 선출된 공직자들과 비선출직 관료들이 있었다. 미국이 탄생한 후로 줄곧 이래왔지만, 이 두 부류 간의 힘의 균형은 세 번째 주기에서 변하면서 관료들이 훨씬 자율성을 누리고 사회의 수많은 부문들뿐만 아니라 정부의 모든 측면과 얽히게 되었다. 공식적으로는 이러한 변화는 (관료들이 선거정치에 관여하지 않았다는 점에서) 정치 영역 바깥에서 일어났지만, 관료들은 미묘한 정치적 이념을 지니고 있었는데, 이는 바로 전문성이라는 이념이다.

이러한 이념은 제도적 위기의 본질에서 비롯되었고 어느 정도 사회경제적 위기에 의해 뒷받침되었다. 지난 수십 년 동안 목격했듯이, 제도적 문제의 근원은 연방정부의 권한이 점점 확장되어왔고 이에 따라 막강한 힘을 행사하게 되었으며, 일관성 있고 이해할 수 있는 법과 정책을 만드는 데 무능함을 보여왔다는 데 있다. "이해할 수 있는"이란 이 법의 적용을 받는 국민이 이해할 수 있는 상태를 말한다. 내가 종종 언급할 사례가 바로 오바마 정권의 적정부담 의료보험법(Affordable Care Act)이다. 이 법안은 모든 사람의 삶에 영향을 미치지만 너무 길고 복잡해서 그 누구도 법안의 의미를 제대로 이해하지 못한다.

연방정부의 임무가 확장되면서 연방정부가 효과적으로 힘을 행사한다는 믿음이 생겼다. 따라서 연방정부의 비효율성은 체계 운영상의 실패의 결과로 간주되지 않고 권력층을 이롭게 하고 수많은 보통 사람들에게 해를 끼치려는 의도적인 실패의 결과로 여겨졌다. 다시 말해서 연방정부가 행사하는 권력을 사람들은 의심의 눈초리로 바라보게 되었고, 연방정부의 실책을 의도적이라고 보는 사람들이 점점 늘어났다. 따라서 사회적으로 두려움이 만연하는 경우 으레 그렇듯이, 앞으로 다가올 10년 동안은 연방정부가 음모를 꾸미는 자들의 손아귀에 놓여 있다는 확신이 점점 강해지게 된다. 이러한 음모론은 앞서 두 차례 제도적 위기 때는 생각도 할 수 없었다. 연방정부의 권력이 그리 방대하지 않았기 때문이다. 그러나 2020년대에는 연방정부의 실정은 의도적인 공모라고밖에는 설득력 있게 설명할 방법이 없다는 이미지가 각인된다. 이러한 불신은 사회경제적 주기의 실패로 경제적 이익을 훼손당할까봐 두려워하는 정서에 불을 붙이게 된다.

심리적으로 2020년대는 제도적, 사회적, 경제적, 지정학적 실패가 묵살되는 혹독한 시기가 될 것이다. 눈에 보이지 않는 힘이 미국을 장악하고 있다고 생각하면 두려워진다. 어쩌면 진실과 마주하기가 더 두려운지도 모른다. 아무도 미국을 장악하지 못하고 있고 연방기구들이 장악하고 있다는 진실 말이다. 제2차 세계대전 이후로 연방체제는 전문성이 있다는 전제 위에서 구축되었고 상당 기간 동안 효과적으로 기능했다. 그러나 전문성이 있어도 실패할 수 있다는 생각을 받아들이려면 일반 대중의 시각이 급격히 바뀌어야 한다. 정부를 경멸하는 전통이 있는 미국에서도 이는 쉽지 않은 변화다. 이것이 세 번째 주기의 제도적 구조와 그러한 제도를 통제하는 기술관료 계층이 직면한 핵심적인 위협이다. 미국이 세계에서 수행해야 하는 역할에서 오는 압박과 지적인 교착상태에서 빠져나오지 못하는 기술관료 계층의 무능력은 2020년대에 제도적 주기가 변하는 데 있어 가장 중요한 두 가지 요인이 된다.

문제의 근원은 전문성이 핵심이므로 전문가가 통치해야 한다는 생각이다. 전문가(기술관료를 의미함)에 의한 정부는 주로, 자기 나름의 관점을 통해 문제들에 접근하면서 그 많은 관점들이 하나의 전체로 합쳐지고 일반 대중에 의해 이해될 수 있기를 기대하는 전문가들로 구성된다. 이는 민주주의적인 삶의 핵심적인 부분이다. 그러나 일반 대중을 이해하는 사람, 수많은 부분들을 통합하려는 사람, 그리고 해결책을 만들어내는 전문가들은 서로를 이해하지 못하기 때문에 그런 일은 거의 일어나지 않는다. 그 결과, 결국 전문가에 의한 정부가 된다. 어마어마한 책임을 떠맡고 광범위한 지식을 지닌 정부는 그 자체의 복잡한 구조에 빠져들게 되면서 국가에 심각한 결과를 초래하게 된다.

외교정책을 보자. 연방정부가 핵심적으로 책임을 지는 분야다. 앞서 살펴본 바와 같이 과거의 세 차례 제도적 주기는 전쟁에서 비롯되었다. 이제 네 번째 주기가 전쟁과 대대적인 지정학적 변화로부터 부상하기 시작한다. 그 전쟁은 2001년 9월 11일에 시작된 전쟁이다. 그러나 반드시 명심해야 할 점은 2001년 이후로 미국은 끊임없이 전시 상태에 놓여 있었다. 제2차 세계대전이나 남북전쟁에 버금가는 규모는 아닐지 모르지만 말이다. 그러나 미국 역사상 그 어떤 전쟁보다도 오래 지속되어온 전쟁이다. 그리고 연방정부가 이길 수 있는 방식으로 전쟁의 틀을 짜는 데 실패하면서 미국의 제도는 근본적인 약점을 드러냈다. 전쟁은 단순화가 요구된다. 추구하는 목표를 이해하고 전략을 명확하게 세우고 목적과 전략에 부합하게 재원을 적절히 배분해야 한다. 정부는 전쟁에 필요한 명료함을 달성하지 못했다. 단순화할 능력이 없었기 때문이다. 정부의 복잡한 구조는 복잡한 전쟁 계획으로 이어졌고, 이러한 복잡한 계획은 전사들을 혼란에 빠뜨리고 임무 수행을 방해했다.

그러나 보다 심각한 문제가 있다. 1991년 12월 소련이 붕괴했다. 이로써 미국은 전혀 예상치도 못했고 원하지도 않았던 입장에 놓이게 되었다. 미국은 유일한 세계적 강대국이 되었을 뿐만 아니라 제국이 되었다. 거의 다른 모든 나라들에 영향을 미치는 나라 말이다. 제국이 된 미국은 그 힘으로 뭘 할까? 많은 이들이 이 명백한 사실을 부인해왔고, 그 사실을 없애고 싶어 하는 이들도 생겼다. 전 세계에 자유민주주의 국가들을 만들기를 원하는 이들도 있다. 미국의 힘을 행사하는 최고 기관이 국무부라고 생각하는 이들도 있고, 국무부를 경멸하는 이들도 있다. 논쟁은 치열하지만 연방정부는 뭔가가 아주 잘못되었다는 보편적인 정서가 존재하고, 이러한 인식은 2020년대에 더욱 강해지게 된다. 앞서 설명한 바와 같이 외교정책을 관리하는 문제는 보통 제도를 변화시키는 문제다.

제2차 세계대전은 산업화된 국가들 간의 전쟁이었고 전쟁을 관리하기 위해 미국의 산업을 동원해야 했다. 따라서 순전히 기업 지향적인 고려들이나 지도자들은 국가에 귀속된 관리자들의 통제를 받아야 했다. 지배적인 세계적 강대국으로의 미국의 부상과 중동에서 18년 동안 지속된 전쟁의 결과들은 권력이 워싱턴에 집중된 제2차 세계대전 유형의 기존 제도에 대한 교체를 압박하게 된다. 제2차 세계대전을 통해 만들어진 연방정부는 현재 자신이 지닌 그런 종류의 힘을 관리하도록 설계되지 않았으며 군사력을 첫 번째 대응방식으로 사용하려는 성향은 더 이상 지속하기 어려워졌다. 새로운 정책이 필요한 게 아니라, 제2차 세계대전과는 전혀 다른, 세계적 이익을 관리할 새로운 제도적 구조가 필요하다. 그리고 이러한 변화의 맥락에서 볼 때, 세계적 차원뿐만 아니라 국내 차원의 다른 제도들도 바뀌어야 한다. 외교정책의 문제는 총체적 위기에 처한 제도의 문제다. 이러한 제도적 전환은 2028년 선거를 앞두고 기술관료주의의 신뢰성을 약화시키게 된다.

미국이 전쟁을 마무리하기 어려운 원인과 새로운 지위에 적응하기 어려운 원인은 근본적으로 같다. 미국은 아주 협소한 영역에 대해 많이 아는 이들이 통치하고, 전체를 볼 줄 아는 사람은 거의 없다. 여우와 고슴도치에 대한 이솝 우화에 이 문제가 함축되어 있다. 여우는 많은 것을 알지만 고슴도치는 한 가지 중요한 것을 안다. 여우가 많은 것을 알려면 빨리 터득할 수 있어야 한다. 그러한 장점이 없으면 자신이 알고 있는 모든 것을 절대로 알 수가 없다. 따라서 여우는 자신이 알아야 하는 것을 그럭저럭 터득할 수 있다. 그러나 여우가 매우 복잡한 문제를 관리해야 한다면 실패하게 된다. 고슴도치는 자기 전문 분야에 속하는 문제라면 무엇이든 관리할 수 있지만 빨리 터득할 수는 없다. 커다란 문제를 완벽하게 다루려면 시간이 걸린다.

지식과 지혜의 차이라는 관점에서 바라볼 수도 있다. 지식은 반드시 필요하지만 지식만으로는 불충분하다. 고슴도치는 자기가 아는 단 한 가지를 알고, 또 다른 고슴도치도 자기가 아는 단 한 가지를 아는데, 이 둘을 누가 서로 엮을 수 있을까? 아니면 어떤 지식이 중요한지 누가 판단할 수 있고 한발 물러서서 모든 고슴도치가 지닌 지식의 총합이 지니는 의미를 가늠하고 그 영향을 헤아릴 수 있는 자는 누구일까? 연방정부는 고슴도치의 영역이 되었다. 절실하게 필요하지만 대단히 불충분한 사람들로 이루어진 조직 말이다. 지혜가 결여되어 있었고 공직 규정에는 지혜에 관한 지침이 없었다.

많은 미국인들은 연방정부가 너무 비대한 게 문제라고 생각한다. 사실 연방정부의 규모는 1988년 이후로 커지지 않았고, 당시에는 아직 연방정부가 기능을 제대로 하고 있었다.

연방정부가 위기에 처한 이유는 규모 때문도 아니고 맡은 임무 때문도 아니다. 연방정부 인력은 1966년 규모로 축소되었다. 레이건과 조지 H. W. 부시 집권 동안 절정에 달했고 그 이후로 계속 줄어들었다. 연방정부가 맡은 임무 때문도 아니다. 연방정부와 경제 및 사회의 관계가 변한 지금, 두 번째 주기에서 주정부와 연방정부의 관계를 뒤엎는 일이 불가능했던 만큼이나, 예전의 모델로 되돌아가기도 불가능하다. 연방정부는 앞으로도 여전히 사회에 관여하게 되고, 미국 국민의 안전에 대한 위협이 계속되면 오히려 더 깊숙이 사회에 관여하게 된다.

문제는 연방정부 자체에 대한 연방정부의 관계다. 현재의 연방정부는 제2차 세계대전 후 탄생한, 고도로 중앙 집중화되고 위계질서가 분명하

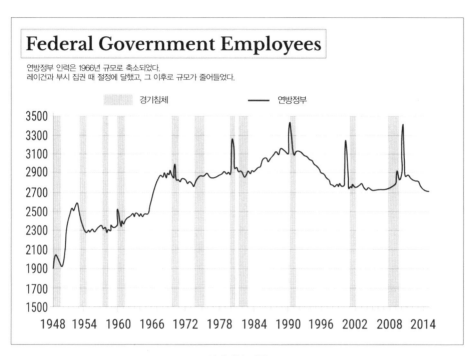

Federal Government Employees

연방정부 인력은 1966년 규모로 축소되었다.
레이건과 부시 집권 때 절정에 달했고, 그 이후로 규모가 줄어들었다.

경기침체   연방정부

연방정부 직원

고 전문가를 기반으로 한 모델을 따르고 있다. 이는 GM을 파산에 이르게 한 바로 그 모델이다. GM의 경영은 탁월했다. 경영진이 내부 기능들을 장악한 정도를 기준으로 판단하면 말이다. 그러나 GM은 동시에 사사건건 간섭하지 않고 창의적이면서, 그러면서도 부분들이 궁극적으로 시장에서 제 기능을 하는 전체를 구성하는 체제를 구축할 수 없었다. 규모가 작을수록 관리하기 쉽지만 규모의 문제도 아니었다. 애플이나 골드만삭스처럼 규모가 아주 크지만 잘 관리되는 기업들도 있다. 제2차 세계대전 모델을 기반으로 한 기존의 기업들은 변하거나 사라졌다.

그러나 연방정부는 변하지 않았다. 전문성을 기반으로 권한을 분산시키면서 연방정부 자체가 수많은 기구들이나 비공식적인 구조로 쪼개졌고, 쪼개진 각 부서는 아주 협소한 기능에 집착하고 다른 부서와 효과적으로 협력하지 못했으며, 대부분이 자기 부서의 기능을 수행하기보다 다른 부서들과 갈등을 빚고 관리하는 데 더 많은 시간을 소비했다.

정부의 행동이 일관성이 없다는 바로 그 이유 때문에 정책들이 실패할 가능성이 높아지거나 성공하더라도 납득할 수 없는 수준의 비용을 치르게 되고, 한 정책이 성공하는 과정에서 또 다른 정책의 성공을 저해하게 된다. 전체를 조망할 수 있는 위치에 있는 사람이 없고 체제를 구성하는 부품에 불과한 전문가들은 여우 역할을 하지도 못하고 복잡한 구조에 접근할 수도 없다. 그 결과 외교정책에서 의료보험에 이르기까지 얽히고설킨 문제를 해결하기 위한 해결책이 나와도 해결책 자체가 문제보다 훨씬 더 복잡하고 이해하기도 어려워진다.

예컨대, 주택담보대출을 신속히 처리하도록 수립된 연방기구들이 있다. 시장을 감독하는 책임을 맡은 연방기구들이 있다. 사기를 감시하는 책임을 맡은 연방기구들이 있다. 경제를 관리하는 책임을 맡은 연방기구들이 있다. 서브프라임 주택담보대출의 전 과정에 연방정부가 관여했지만 관련된 연방정부 기구들은 서로 협력하지 않았다. 협력했다면 문제가 분명히 드러났을지 모른다. 그러나 패니매에서 은행으로부터 주택담보대출을 매입하는 전문가들, 연방수사국에서 화이트칼라 범죄를 수사하는 전문가, 증권거래위원회 전문가, 연방준비제도의 전문가는 모두 다 오로지 하나만 아는 고슴도치였지, 많은 것을 아는 여우가 아니었다. 그러니 시장이 붕괴되었어도 놀랍지 않았다.

이러한 현상은 2020년대에도 계속되면서 보다 심각한 정치적 문제를 야기하게 된다. 보통 시민이 연방정부의 복잡한 구조를 이해하기는 불가

240

능하다. 학력이나 지력이 부족해서가 아니다. 연방정부에서 일하는 이들도 제대로 이해하지 못하기 때문이다. 그러나 외부인들에게는 연방정부의 선한 의도나 능력을 확인하기가 불가능하고, 이해하지 못하는 대상은 필연적으로 불신하게 된다. "딥스테이트(Deep State)"라는 용어는 연방정부를 옹호하는 이들이 주장하는 대로 연방정부를 각인시킨다. 고도로 합리적이고 통합되어 있으며 잘 관리되는 체제라고 말이다. 이게 사실이라고 여기게 되면 많은 이들이 실패한 전쟁과 어설픈 궁여지책으로 나온 국민 감시 장치, 실패한 빈곤퇴치 정책에 이르기까지 정부가 하는 일은 의도적이라고 생각하게 된다.

파악하기가 불가능한 난맥상인 연방정부는 일반 대중이 대표를 선출하고 그 대표들이 정부의 기능을 감독하는 민주공화국을 창건하면서 건국의 아버지들이 피하려고 한 그런 종류의 불신을 야기한다. 세 번째 주기를 마감하는 이 시점에서 문제는 공화국의 대표들이 연방정부의 운영을 세밀하게 감독할 역량이 없다는 점이다. 국민의 대표인 535명은 무슨 일이 벌어지고 있는지 파악하지도 못하고 대통령도 마찬가지다. 각 기관마다 층층이 직원들이 있지만, 일반적으로 직원은 외교와 국내정치에 관련된 난해한 문제들을 다루는 훈련이 되어 있지 않다. 사실 연방정부의 문제는 규모가 아니다. 그 이유는 고도로 복잡한 나라를 관리감독하려면 연방정부는 당연히 규모가 커야 하기 때문이다. 문제는 과도하게 복잡하고 난맥상인 데다가 전문가들로 구성된 하부조직끼리 협력하지도 않고 서로 신뢰하지도 않으며 함께 일하는 데도 서툴다는 데 있다.

게다가 관점이 협소하고 따라서 부서 간의 업무를 연결하는 전문가들을 이해하지 못하는 여러 겹의 기능직들이 추가되었다. 그러나 문제는 문화적인 데 있다. 전문가들은 다른 전문가들을 이해하고 서로 연대감을 느낀다. 저마다 공통적인 언어를 구사하고 비슷하거나 동일한 경험을 지녔을 가능성이 높기 때문이다. 감독관은 자기가 감독하는 대상과 종종 일체가 되고, 전문가가 구사하는 언어를 분명히 이해하지 못하는 선출직 공직자는 자기 직에 주어진 책임을 다하지 못한다.

2020년대에는 연방정부가 사회에 깊이 관여하는 상황에서 뒤로 물러나기가 불가능하기 때문에 위기는 한층 더 심각해진다. 불가능한 이유는 현재 관여하고 있는 관계를 방치하면 너무 많은 연결고리가 끊어지고 너무 많은 작업들이 책임자 없이 방치되기 때문이다. 국민에 대한 위협이 점증한다고 여겨지는 시점에서 국민을 보호하는 업무에서 정부가 어떻게 손을 뗀단 말인가? 국토안보국은 무엇으로 대체하고 위협을 찾아내 봉쇄하는 모든 조치들은 무엇으로 대체한단 말인가? 지문이나 눈동자 스캔으로 여행객의 신원을 확인하는 클리어(CLEAR) 같은 장비로 공항에서의 검색을 강화하지 않고서 말이다. 업무를 보다 효율적으로 처리하기 위해서 중앙 집중화된 새로운 신분 확인 장비가 개발되어야 한다. 남북전쟁 후의 변화가 돌이킬 수 없었듯이, 제2차 세계대전과 9·11 이후의 변화도 돌이킬 수 없다. 그 이후로 점점 복잡해진 연방정부의 구조는 누군가가 연방정부가 하는 일을 해야 한다는 현실적인 필요와 더불어 전술적인 변화 이상의 변화를 불가능하게 만든다. 이로 인해 야기되는 문제가 2020년대 전 기간의 저변에 깔려 있다. 미국 국민의 안전을 보호할 의무와 국민의 사생활 침해 사이에 점점 깊어지는 갈등에서 나타나듯이 말이다. 다가올 10년 동안 이러한 갈등은 다른 사회적인 문제로까지 번지면서 마침내 정치적으로—특히 선거 즈음해서—뜨거운 논란이 된다.

제2차 세계대전이 발발하기 전인 세 번째 제도적 주기 이전에는 선거를 통해 합법성을 인정받은 이들과 정치적 수완과 충성심에 기초해 임명된 이들이 정부를 운영했다. 그들은 정치적 고려를 바탕으로 행동했고 이따금 법을 벗어나기도 했다. 그들은 재선이 목표여서 대체로 체제를 안정적으로 유지하는 게 유리하다고 생각하는 고위직들과 친밀하게 접촉했다. 그들은 정치적인 결과를 모색했고, 정치는 연방정부 곳곳에 스며들었다. 그들에게는 유리한 점이 있었다. 사람들은 그들이 나라나 주를 완벽하게 만들리라고 기대하지 않았다는 사실이다. 그들이 맡은 임무는 중구난방인 나라를 적절하게 통치하는 일이었다.

첫 번째와 두 번째 제도적 주기의 핵심은 상식을 이용하는 일이었다. 건국 당시의 취지와 마찬가지로 미국 사회에는 경험과 훈육을 통해 정부의 기능을 이해할 만한 상식을 갖춘 계층이 있다고 전제되었다. 그 계층은 적절한 경험과 시간이 부족한 가장 빈곤한 계층을 뜻하지는 않았을지 모른다. 그러나 딱히 가장 부유한 계층을 뜻하지도 않았다. 이 계층의 이익은 집단적 이익과는 달랐을지도 모른다. 그러나 제한적인 주제에 대한 전문성이 아니라 상식을 지닌 통치 계층이 있었다. 그리고 이들은 선출된 대통령, 의원, 국민이 선출한 판사들로서 문제를 파악하고 정부를 이끌어가기에 충분한 교육을 받은 이들이었다. 전문성을 기반으로 한 계층이 등장하면서, 이들은 상식을 아마추어적이고 미흡하다고 여기고 상식에 대한 직접적인 공격을 자행했다.

제2차 세계대전 후 도입된, 전문가에 기초한 새로운 모델은 대대적인 경제적, 사회적 변화를 야기했는데, 이 모델은 전문가들이 각각 정책의 특정 부분들을 관리하고, 이들이 하는 일들을 이해하고 통합하는 업무는 더 높은 직급에게 일임하는 방식이었다. 그러나 이 체계는 동시에 근본적인 제도적 문제를 야기하기도 했다. 첫째, 정책의 첫 단계를 감독했던 상식은 관리 업무의 주변부로 밀려났다. 둘째, 전문성의 총합은 부분들보다 나아지기는커녕 악화되었다. 전문가들은 대체로 협력하지 않았고 전체 정책은 조각 났으며 각 부분은 따로따로 작동했다. 적정부담보험 법안은 전문가들도 이해하기 어려운 규정들로 가득찬 방대한 양의 자료로 구성되었고, 규정들은 딱히 서로 보완적이지도 않다는 비판을 받았다. 각 부분은 기술적으로 타당했을지 모르지만 상식적으로 보면 이해가 가지 않았고, 전문가라고 해도 전체를 이해하기가 불가능했다.

다음 사례를 한번 생각해보라. 미국 역사의 대부분의 기간 동안 대법원 판사들은 보통 변호사가 맡았지만 딱히 판사 경력은 없었다. 그들은 정치적 이유로 선출되었고 상식이 있기 때문에 선출되었다. 세 번째 주기에서 그러한 사례가 얼 워런(Earl Warren)이다. 그는 제1차 세계대전에서 육군에 복무한 변호사였고, 지방 검찰에 선출되었다. 그는 정치에 입문해, 캘리포니아 주지사가 되었고 대선에 출마한 토머스 듀이(Thomas Dewey)의 러닝메이트가 되었다. 듀이는 해리 트루먼에게 패했다. 주지사 세 번째 임기를 맡은 그를 아이젠하워가 대법원장에 임명했다. 그는 법률 전문가와는 거리가 멀었지만 대단한 상식을 지니고 있었다. 브라운 대 교육위원회(Brown v. Board of Education) 사건이 대법원에 제출되자, 그는 역사적으로 볼 때 학교에서의 인종분리정책을 종식시킬 때가 왔다고 인식했다. 그는 대법원이 제대로 판결을 내리려면 만장일치로 판결이 나야 한다고 생각했다. 그는 정치인이었기 때문에 이 사건이 법적인 문제가 아니라 정치적인 문제임을 파악했다. 그는 남부 출신인 톰 클라크(Tom Clark)를 비롯해 대법원의 모든 판사들을 설득해 인종분리정책 종식에 찬성하도록 설득하는 데 집중했다. 워런은 법률 분야의 전문성이 아니라 상식과 정치적 수완을 발휘했다.

이제 이 사례를 오늘날의 대법원과 비교해보자. 단 한 명의 판사도 정치적 공직에 몸담은 경험이 없다. 기업이나 농장을 경영한 적이 있는 판사도 없다. 모두가 하버드나 예일 법학대학원에 다녔다(한 명은 하버드에 입학했다가 컬럼비아로 옮겼다). 모두가 법률 전문가이거나, 좀 더 정확히 말하면, 모두가 현재 법을 둘러싸고 벌어지는 기술적인 논쟁에 관한 한 전문가다. 그들은 기술자를 교육시키는 데 탁월한 학교에서 수학한 법률 기술자들이다. 그 결과 대법원은 매우 경직되어 있고 예측가능하다. 아무도 타협이 필요할 때 타협을 밀어붙일 수완을 지니지 못했다. 그들이 정의하는 법에는 1954년 워런 대법원장이 발휘했던 상식이 포함되지 않으며, 그들에게 법이란 주로 기술적인 것이다. 따라서 대법원의 경직성은 그것이 정치적이면서 법적인 제도인데도, 이념적인 목표를 위해 겉보기에는 비이념적인 수단을 활용하는 기술자들에 의해 운영되고 있다는 데 있다. 이는 연방정부에 만연한 문제이고 통치를 점점 더 어렵게 만들고 있다. 상식 즉, 기술적인 문제와는 거리가 먼 결과들을 내다볼 수 있는 역량은 사라졌다. 대법원은 때로는 기술적인 전문성을 포기하고 정치적 상식을 선택하는 게 그들의 책임이라는 사실을 이해하지 못한다.

분명히 전문가는 꼭 필요하다. 그러나 그들은 통치하는 데는 적합하지 않다. 그들의 관점은 그들이 지닌 전문성에 의해 제한받기 때문이다. 그러나 그들은 하나의 계층을 형성해 연방정부와 미국의 관계를 관장하게 되었다. 의회가 통과시키는 법은 기본적으로 연방정부의 재원으로 뒷받침되어야 하는 의도들이다. 전문가는 그 의도를 해석하고 그 의도를 실행할 규정을 만든다. 그러고 나서 그들은 그 규정을 집행한다. 의도와 규정 사이의 관계는 흔히 부수적이지만, 규정은 너무 복잡하고 이를 집행하는 과정은 그보다 더 복잡해서 의회나 대통령은 뭐가 어떻게 시행되는

지 알 길이 없다. 오바마 행정부 동안 통과된 의료보험 법안에서 그런 사례를 보았다. 오바마 대통령은 새 의료보험 하에서도 국민들이 기존의 주치의를 계속 유지할 수 있다고 말했는데 진심이었다. 문제는, 일단 (선출되지 않은 수백 명의 의료보험 전문가들에 의해) 법안의 구체적인 내용이 작성되고 나자, 법안은 이해하기가 대단히 어려워졌고, 실제로는 모든 가입자들이 기존의 주치의를 유지할 수 있는 것은 아니었다. 대통령과 의회가 설계한 계획에 담긴 의도는 상당히 분명했다. 그러나 그 의도가 규정으로 바뀌고 규정이 적용될 무렵, 의도하지 않았던 결과들이 쏟아져 나왔다.

미국인 상당수가 연방정부에 대한 신뢰를 잃었다. 그들은 기술관료들이 국민의 이익을 증진시키기 위해서가 아니라 정부 내에서의 그들의 자리를 보존하고 권력을 유지하기 위해서 일한다는 믿음을 지니게 되었다. 2019년 4월 퓨리서치센터(Pew Research Center)가 발표한 여론조사에 따르면, 정부를 어느 정도라도 신뢰한다고 답한 응답자는 겨우 17퍼센트였다. 아이젠하워 행정부 하에서 이 수치는 약 75퍼센트였다. 이 수치는 루즈벨트 사회경제 주기의 마지막 대통령이었던 카터 행정부에서 35퍼센트로 하락했다.

일반 국민의 관점에서 보면, 연방체제는 행정 복마전이다. 개인에게 영향을 미칠지 모르는 법과 규정을 확인하고, 어떤 영향일지 확인하고, 체제를 관리하고, 개인과 연방정부의 관계를 조율하는 선택지는 더 이상 존재하지 않는다. 선거 절차에 상당한 영향을 미치는 일조차 어렵다.

2020년대에 절정에 다다를 정치적 위기 가운데 하나는 소수가 지닌 이념에 힘을 실어줄 뿐만 아니라 일반 국민이 참여하려면 상당한 노력이 요구되는 예비선거(primary) 체제에 대한 반발이다. 적어도 유권자의 75

퍼센트는 예비선거 과정에 관심이 없다. 개인의 사생활을 존중하는 통치 이념에 비추어볼 때 당연한 결과다. 예비선거에서 투표하는 사람들은 선거에 지대한 관심이 있는 이들이다. 국민으로서의 책임을 중요하게 생각하기 때문에 관심을 보이는 이들도 있다. 그러나 그보다는 자신이 지닌 정치적 신념에 대해 열정적이기 때문에 예비선거에 관심을 보이는 경우가 더 많다. 대다수 미국인은 이념에 대한 열정이 없다. 양당 후보들이 열정적인 소수에 의해 선출된다는 뜻이다. 지배적인 이념을 받아들이는 이들이 투표에 적극적인 이들이기 때문에 후보들은 점점 극단적인 소수 유권자가 선출하게 된다. 특히 총선에서는 철저한 이념주의자가 승리한다.

예비선거 체제는 지역 차원에서 전문적인 당 관리자의 존재를 사실상 제거해버렸다. 제2차 세계대전 이전에는 지역 당위원장이 군림하면서 모든 지역 차원의 후보를 결정했다. 지역 당위원장은 두 가지 기능을 했다. 정부를 상대로 지역민을 위해 고충을 처리해주는 행정감찰관 역할을 했고, 선거체제의 안정을 유지했다. 전문가로서 그가 추구하는 목표는 이념적이지도 정치적이지도 않았다. 그의 권력은 선거에서 승리하는 데서 비롯되었고, 이 때문에 그의 입장은 극단적인 소수의 입장과는 거리가 멀었다. 전문가로서 지역 당위원장은 자신이 유권자의 표를 얻는 대가로 유권자들에게 서비스를 제공한다고 생각했다.

지역 당위원장은 부패하고, 선거를 조작하고, 자기를 지지하는 이들을 편애하고, 절차를 벗어나 일을 도모한다는 비난을 받았다. 그들은 각계각층에서 실력을 행사했고, 기업들이 정부계약을 따내도록 도와주고 그 대가로 상납을 받기도 했다. 내가 자란 브롱스(Bronx)에는 찰리 버클리(Charlie Buckley)라는 지역 당위원장이 있었는데, 그는 아일랜드인, 유대인, 이탈리아인, 푸에르토리코인, 흑인을 도와주었다. 사회는 그들을 동등하다고 여기지 않을지 모르지만 그들도 동등하게 한 표를 행사한다는 사실을 알고 있는 인물이었다. 지역 당위원장들이 부패했을지 모르지만 예비선거 체제를 도입했어도 부패를 청산하지는 못했다.

지역 당위원장은 비효율적인 절차를 건너뛸 힘이 있었다. 그들을 비판하면서 체제를 개혁하려 한 이들은 정치적 충성도에 따라 정부에 대한 접근이 결정되지 않고, 정부와 유권자의 관계에 사적인 인맥이 개입하지 않는 접근방식을 지지했다. 이로써 정부 서비스에 대한 접근이 보다 평등하게 되었지만 통제도 강화되면서 훨씬 비효율성이 높아졌고, 아무도 뜻밖의 필요에 따라 절차를 신속히 처리하거나 조정할 수 없었다.

지역 당위원장이 사라지면서 일반 대중의 상식적인 요구를 정부에서 직접 대표하는 이가 아무도 없었다. 지역 당위원장이 제거되면서 연방체제에 접근하려면 공식적인 경로를 통해야 했고, 이러한 공식적인 경로는 일반 국민이 파악하기가 쉽지 않았다. 의원 사무실은 그곳을 이용할 정도의 소양을 갖춘 이들을 위한 민원해결 창구가 되었지만, 대부분의 사람들에게 의원 사무실과 직접 접촉하기는 하늘의 별 따기였다. 정부 기관에 비공식적으로 접근하려면 정치적 충성심을 보여야 했고, 이는 당에 대한 지역 당위원장의 장악력을 강화했으며 유권자에 대한 당의 장악력도 강화했다. 그러나 명백히 비민주적인 체제도 아니었다. 지역 당위원장은 체제의 중심이었고, 대부분의 경우 그에 대해 유권자들이 애정을 보이거나 적어도 존중하는 경우 이는 그가 유권자들에게 봉사함으로써 얻은 결과였다.

예비선거를 도입하고 일반 대중이 직접 정부를 통제하는 방향으로 움직이면서 지역 당위원장 체제가 무너지고 정직한 정부를 지향하게 되었다. 그러나 새로운 체제는 독특한 요구를 지닌 이들에게는 융통성을 발휘하지 못했다. 지역 당위원장은 지지자들—머릿수가 상당하고 공개되어 있는 집단—의 민원을 해결해줄 수 있었다. 이제는 모두가 평등했고 민원 해결에 있어 필요한 예외적인 대우는 불가능해졌다.

예비선거 체제는 정치를 양극화했다. 후보 선출 과정을 지역 당위원장이 주도하는 절차에서 점점 이념이 중요한 절차로 바꾸었다. 결국 이는 지역 당위원장 체제가 몰락하는 데 기여했다. 그동안은 이념성이 강한 이들이 배제되어왔지만 예비선거에서 투표하는 사람들이 적은 상황에서, 가장 관심이 많은 이들이 예비선거를 좌지우지하게 되었다. 예비선거 절차는 이념성이 강한 소수의 사람들이 장악했다. 출근을 해야 하거나, 비가 오거나 자녀들을 피아노 교습에 데려다 줘야 하거나 저녁 식사를 준비해야 해도 개의치 않고 분주한 평일인 화요일에 투표하러 가는 사람들 말이다. 그런 일상적인 일들을 다 처리하고도 기꺼이 투표하러 가는 이들, 아니면 그런 사소한 일에 신경 쓰지 않아도 되는 이들이 과거에 지역 당위원장이 그랬던 만큼이나 투표를 좌지우지했다.

2020년대에 진가를 발휘할, 유권자와 정부 간의 새로운 관계는 기존의 정치체제를 답습하지 않는다. 그러기에는 너무 많이 변했다. 정치체제는 개인적이고 사적인 문제에 대한 해결책을 제공하는 동시에 유능한 지도자를 배출해야 한다는 원칙 때문에 변하지 않을 수가 없다. 구 정치체제는 에이브러햄 링컨, 시어도어 루즈벨트, 우드로 윌슨, 프랭클린 루즈벨트, 드와이트 아이젠하워 같은 대통령들을 배출했다. 그보다 경량급인 인물들도 배출했지만 말이다. 결과로 측정해보면 지역 당위원장 체제는 예비선거 체제가 낳은 결과보다 못하지 않았고 여러 가지 면에서 어쩌면 훨씬 나았다. 그러나 개인의 성품은 차치하고 지역 당위원장 체제는 이념과 무관한 대중을 동원하고 그들에게 봉사하는 데 집중했고, 따라서 강성 이념을 지닌 소수가 체제를 장악하지 못하게 막았으며 세 번째 제도적 주기 후반기에 치러진 지난 몇 차례 선거에서 나타난 정도의 정치적 양극화를 막을 수 있었다.

무엇보다도 하나의 기구로서 연방정부의 입장에서 이를 생각해보자. 사적인 개입을 철저히 배제하고 절차적 제약을 선호하는 기술관료들이 관리하는 체제가 탄생하면서 뜻하지 않게 발생한 수많은 요구들이 충족되지 않는 불가피한 일이 발생했다. 원칙적으로는 해결해야 하지만 규정이 적용되지 않는 특별한 사례들은 늘 있다. 지역 당위원장 체제 하에서 이러한 사례들은 지역 당위원장에게 도움을 요청하거나 지역 당위원장이 누군가에게 도움을 요청함으로써 해결되었다. 이제는 그런 선택지가 더 이상 존재하지 않는다. 복잡한 체제를 관리할 사람도 없는 상태다. 체제는 정직하기는 하나 융통성이 없고 운용하기도 어렵다. 연방정부는 접근이 제한된 거대한 기계이고, 접근하려는 사람은 무수히 많고 절차를 파악하기는 어렵다.

유권자를 대표하는 이 두 유형의 체제 중 어느 것도 완벽하지는 않다. 그리고 앞으로 10년에 걸쳐—앞으로 표면화될 다른 위기들과 더불어— 이 갈등은 전문성과 상식 간의 갈등으로 구체화된다. 전문가들은 복잡한 문제들은 전문가에게 맡겨야 한다는 타당한 주장을 할 것이다. 상식을 강조하는 이들은 전문가들이 사용하는 방법과 해결책은 이러한 문제들을 해결할 수 없다고 주장할 것이다. 현실적으로 그런 이상적인 해결책은 실행하기에 너무 오래 걸리고 국민의 경험을 너무 무시해서 전문성은 해결책에 대한 환상만 불러일으킬 뿐이기 때문이다. 전문가들은 자신들을 비판하는 이들이 사실을 알지도 못하고 복잡한 문제를 이해할 역량도 되지 않는다고 여길 것이다. 전문가들을 비판하는 이들은 전문가는 그들이 만들어내는 해결책이 어떤 효과를 낳을지보다는 자기 자리와 권한을 지키는 데 훨씬 몰두한다고 주장할 것이다. 그리고 이 모든 공방은 서로에 대한 불신과 역겨움으로 증폭되게 된다.

2020년대에 걸쳐 이러한 갈등은 정부에만 국한되지 않고 점점 증폭되어 다른 부문에까지 확산된다. 기술관료 계층은 정부 집단인 동시에 사회적 계층이기도 하다. 예컨대, 한때 권위 있는 언론이라 불렸던, 전통적으로 신뢰받는 신문사 소속 언론인들은 그들의 입지를 잃었다. 2017년 갤럽(Gallup) 여론조사에 따르면, 신문을 조금이라도 신뢰하는 사람은 응답자의 27퍼센트에 불과했다. 미국과학진흥협회(American Association of Advancement of Science)가 실시한 여론조사에 따르면, 대학을 높이 평가하는 사람은 겨우 14퍼센트에 그쳤다. 갤럽 여론조사에 따르면, 가장 신뢰받는 기구는 군으로 응답자의 75퍼센트가 신뢰한다고 답했고, 경찰이 58퍼센트로 뒤를 이었다. 가장 신뢰받는 기구는 기술관료 집단과 관련 없다고 인식된 기구들이었다. 2015년 퓨 리서치 여론조사에 따르면, 연방정부를 신뢰하는 응답자는 겨우 19퍼센트였다. 이러한 수치들은 트럼프가 대통령에 당선되기 전에 나왔다는 점을 주목해야 한다. 전문가에 대한 불신의 위기는 트럼프의 당선과 더불어 시작된 게 아니라 그러한 불신이 팽배했기 때문에 트럼프가 당선되는 결과를 낳았다. 그리고 트럼프는 이러한 불신을 감지하고 이를 토대로 정치적으로 부상한 인물이다. 위에 언급한 수치들은 연방정부, 언론매체, 학계와 이들에 대한 불신을 기반으로 부상하는 세력 간의 갈등을 반영한다.

2020년대에 점점 고조되는 위기가 이것 하나뿐이라도 충분히 우려할 만하다. 그런데 이와 거의 동시에 사회적, 경제적 위기도 절정에 달하는 상황에 직면하게 된다. 그리고 그 무렵이면 제도적 위기와도 완전히 얽히고설키게 된다. 앞의 여러 장에서 다룬 바와 같이, 경제의 주기적 위기는 바로 그 주기의 성공에서 비롯된다는 게 핵심이다.

레이건 정부 하에서 세제를 개편하면서 투자 자본이 급증했고, 이는 새로운 핵심기술인 마이크로칩과 복합적으로 작용해 새로운 경제적, 사회적 현실을 탄생시켰다. 마이크로소프트와 오라클 같이 새롭게 재탄생한 기업은 경제가 작동하는 방식을 변모시켰다. 첨단기술 분야에서 새로운 부유층이 부상했고 이는 동시에 기존의 산업체제의 쇠락에 기여했다. 산업의 효율성을 증진시키는 데 투자자금이 흘러들어가면서 일자리가 사라지고 근로자들은 해고되었다. 마이크로칩을 기반으로 한 경제의 투자수익률은 치솟은 반면 전통적인 산업의 수익률은 정체되었고, 산업생산 시설이 해외로 이전되면서 산업근로자들의 대량 실직과 불완전 고용으로 이어졌다.

이러한 상황은 기존의 입지를 잃은 산업근로자 계층의 깊은 분노로 이어졌고 앞으로 10년 동안에도 계속 그러한 분노는 이어지게 된다. 이는 단순히 경제적 문제가 아니라 문화적 문제이기도 하다. 기술관료 계층은 산업근로자 계층의 경제적 토대를 불안정하게 만들었을 뿐만 아니라 문화적 가치의 토대도 흔들었다. 산업근로자 계층은 그들이 여전히 우러러보는 교회에서 자신들의 문화적 가치관을 형성해왔는데, 그러한 가치관은 혐오증(phobia)의 형태가 아니다. 기술관료 계층의 일부인 연방정부는 산업근로자 계층의 가치관을 공격하는 진영의 편을 들었고, 심지어 그러한 공격을 주도하기까지 하면서 쇠락하는 산업근로자 계층을 경제적으로, 사회적으로 쓸모없는 계층처럼 취급했다. 트럼프의 당선이 중요한 게 아니었다. 사실 해고된 산업근로자가 중요한 것도 아니었다. 이 대부분은 경제가 체계적으로 변하고 있다는 사실과 관련 있다.

대격돌이 임박했다는 정서는 2020년 이전에 이미 존재하고 있었고, 2020년대에는 더욱 강화되며 연방정부를 넘어서 확장된다. 이는 기술관료 계층 전반으로 확장되는데, 기술관료 계층은 단순히 전문성에 대한 믿음을 넘어서는 이념을 공유하기 때문이다. 기술관료 계층은 일을 처리하는 새로운 방법을 생각해내고, 진보는 지적인 활동에서 비롯된다고 생각하기 때문에 그들은 전통과 전통적 가치관에 맞서는 세력으로 간주된다. 이런 의미에서 기술관료 계층은 건국의 아버지들이 표방한 원칙과 그 궤를 같이한다. 다만, 건국의 아버지들은 기술적 진보와 당시 전통적인 산업이었던 농업 간에 갈등이 생기리라고 생각하지 않았다는 점만 다르다. 그렇다면—보다 폭넓은 의미에서—기술관료 계층은 앞으로도 더 많은 전통적 가치에 이의를 제기하면서 다가올 10년 동안 사회적 갈등을 증폭시키게 된다고 해도 놀랄 일이 아니다.

다가올 10년이 끝날 무렵 미국이 어떤 모습일지는 이러한 위기들을 지도자들과 국민들이 어떻게 관리할지에 달려 있다. 2020년대에 미국이 얼마나 사분오열될지는 이러한 상황을 수습하고 분열된 양 진영의 사람들이 겪는 고통을 경감하기 위해 미국적 삶의 특정한 부문들에서 어떤 조치가 취해질지에 달려 있다. 경제적, 사회적 쇠락을 겪고 있는 이들과 효율적인 정부와 공적인 삶을 재건하기 위해 구조조정을 겪어야 하는 기술관료 집단의 고통 말이다. 미래에 대한 이러한 전망을 이해하려면 미국적인 삶에서 중요한 두 부문, 기술과 교육이 얼마나 심각한 위기를 맞게 될지를 이해해야 한다.

10

2020년대에
기술과 교육 부문에
닥칠 위기

The 2020s Crisis
in Technology and
Education

기술은 미국의 역사를 이끄는 힘으로 늘 손꼽혀왔다. 이는 건국의 원칙과 나라의 결속력을 유지해야 할 필요성에서 비롯된다. 미국인은 저마다 겪은 개인사도 다르고 지역적으로 처한 현실도 다르다. 미국인을 하나로 묶는 것은 경제적 여건에 뿌리를 둔, 보다 나은 삶을 모색하려는 정신이다. 경제가 발전하려면 미국인과 자연의 관계도 변해야 한다. 그러기 위해서는 기술이 변해야 하고, 이는 다시 미국인이 새로운 기술과 이 기술을 바탕으로 한 기업을 창조하는 법을 터득하는 방법도 변해야 하고, 미국인이 여가를 즐기는 방법도 변해야 하고, 이에 따르는 모든 것이 변해야 한다는 뜻이다. 이러한 모든 변화는 결국 교육에 달려 있다.

가장 폭넓은 의미에서 기술은 인류가 과거와의 관계, 미래와의 관계를 바꾸는 수단이다. 앞서 살펴본 바와 같이, 전기 같은 기술은 전통적으로 인류가 겪은 밤의 의미를 변화시켰고 사람들이 읽고 배우는 시간을 확장했으며 잠들어 꿈을 꾸는 시간을 축소했다. 음악을 공연장에서 각 가정으로 끌어들여 원할 때 감상할 수 있게 하는 기술도 있고, 연극과 영화를 영화관에서 TV 스크린으로 이동시켜 사생활이 보호되는 자기 집 거실에서 관람할 수 있게 하는 기술도 있다. 기술은 자연과 자연에 수반돼 수세기 전부터 지속되어온 전통을 변모시켰다. 기술은 인간이 생계를 꾸리는 방식과 어느 정도나 부자가 될 수 있는지 그 수준도 바꾸었다. 기술은 사회적, 경제적 갈등의 틀을 짜거나 전장이 되기도 한다. 산업혁명 이후로 기술전문가는 부와 문화적 영향력과 권력의 중심이 되어왔다.

기술은 분명히 레이건 주기의 중추였다. 레이건 주기는 1980년에 시작되어 풍요를 창출하고 제도적, 사회경제적 위기를 조성하면서 서서히 저물어가고 있다. 각 세대마다 끊임없이 응용방법과 기업을 탄생시킨 핵심기술이 있다. 증기기관과 전기는 다양한 응용기술을 탄생시켰고 또 다른 기술들의 개발로 이어지면서 경제 환경과 생활 환경을 변모시켰다.

앞서 미국은 발명된 나라라고 했다. 미국인이 발명한 기술은 세계를 혁명적으로 바꾸었다. 마이크로칩은 미군용으로 1970년대 초에 도입되었고 휴대용 계산기의 형태로 소비자들이 이용하게 되었다. 1980년대 초 텍사스인스트루먼츠(Texas Instruments), 라디오섁(RadioShack), 아타리(Atari)를 비롯한 수많은 기업들이 1세대 컴퓨터를 생산했다. 1980년대 말 무렵 사무용 컴퓨터가 흔해졌고 프린터에서부터 인터넷에 이르기까지 관련 상품들도 함께 쓰이면서 경제와 일상생활을 혁명적으로 변모시켰다. 1980년대 중엽부터 대략 2010년까지 마이크로칩은 제2단계를 맞았었다. 그러다가 새로운 응용기술이 발명되고 일부 새로운 혁신이 일어나는 성숙한 산업이 되었지만, 제2단계는 끝났고 이와 더불어 생산성의 급증도 막을 내렸다. 마이크로칩은 이 시대를 변모시킨 핵심기술이었다. 혁신을 사업과 접목한 에디슨 같은 발명가의 전통을 다시 부활시키기도 했다. 앞으로 중요한 의문은 세상을 바꿀 차세대 기술은 무엇이고 그 기술이 등장하면 초창기에 그것이 차세대 핵심기술이 될지 알아차릴 수 있을까 하는 점이다.

세상을 변모시키는 핵심기술은 네 가지 단계를 거친다. 첫 번째 혁신 단계는 핵심기술이 존재하지만 기술전문가가 이를 완벽하게 다듬고 이 기술을 중심으로 사업을 일구는 단계다. 두 번째 단계는 개발 중인 상품이 뜻밖의 방향으로 발전하면서 생산성을 급격히 향상시키는 단계다. 세 번째 단계는 어마어마하게 쓸모 있는 성숙한 상품이 여전히 새로운 사업 모델을 만들어내고 변화를 일으키지만 두 번째 단계에서만큼 빠른 속도로 변화를 일으키지는 않는 단계다. 기술에서 비롯된 생산성 향상은 답

보상태에 머물기 시작한다. 네 번째 단계에서 이 기술은 여전히 중요한 역할을 하지만 더 이상 역동적으로 변화를 일으키지는 않는다. 1915년 헨리 포드는 내연기관에서 파생된 자동차를 세상에 소개하고 대량생산했다. 1960년 무렵 자동차 시장은 성숙했다. 경쟁자들로 시장은 포화상태에 도달했고 자동차의 기본적인 구조는 그대로였다. 기본적인 틀 안에서 부분적인 개선이 불가피했다. 자동차는 대량생산에서 시장이 성숙하기까지 대략 45년 걸렸다. 1980년에 마이크로칩이 등장하고 2020년 성숙 단계에 도달하기까지도 이와 비슷하게 40년이 걸렸다.

마이크로칩이 이제 쓸모없게 되었다는 뜻이 결코 아니다. 마이크로칩은 우리의 삶을 변모시켰고, 물건을 구매하는 방식, 서로 소통하고 필요한 정보를 찾는 방식, 심지어 생각하는 방식까지도 변모시켰다. 1980년 이후로 마이크로칩은 생산성을 급격히 향상시켰다. 그러나 이제 그러한 생산성 향상 수치는 거의 0으로 하락하고 있다.

노동통계국이 발표한 노동생산성 표를 보면 1962년부터 1982년까지의 생산성 하락과 21세기 들어 2010년대 첫 몇 년 동안의 생산성 하락 사이에 비슷한 점이 있다. 새로운 기술이 생산성 향상의 주요 요인이고 생산성 향상이 경제를 성장시킨다. 마이크로칩 기술이 성숙기에 도달했다는 사실은 새로울 게 없다. 문화가 기술의 성숙과 쇠퇴를 예상하지 못한다는 사실도 새로울 게 없다. 그럼에도 불구하고 새로운 핵심기술이 등장할 때까지는 고통을 겪게 된다. 그리고 2020년부터 2030년까지 10년은 제도적 주기와 사회경제적 주기가 겹치면서 야기하는 위기 때문에 아주 큰 고통을 겪게 된다. 게다가 이를 대체할 새로운 핵심기술이 아직 등장하지 않았기 때문에 고통은 점점 심해진다.

마이크로칩이 주도하는 경제의 전성기에 어마어마한 양의 자본이 창

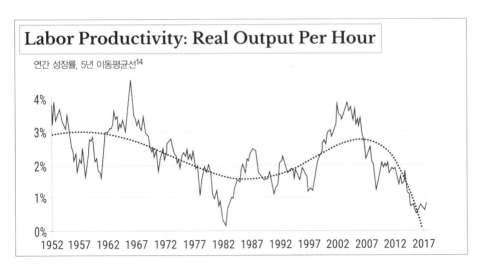

Labor Productivity: Real Output Per Hour

연간 성장률, 5년 이동평균선[14]

노동생산성: 시간당 실질 생산

출되었고 이러한 자본은 "순자산 가치가 대단히 높은" 개인—요즘은 부자를 이런 식으로 일컫는다—뿐만 아니라 각종 금융기관들이 보유했다. 금융계는 독특한 문제에 봉착하면서 2020년대에 고통을 보태게 된다. 현재의 주기 동안 어마어마한 자본이 창출되었고 이러한 자본을 손에 넣은 계층은 이를 소비하기보다는 투자하는 데 썼다. 그 돈은 투자처를 찾아야 한다. 그러나 스타트업 창업이 줄어들면서 투자처를 찾기가 훨씬 어려워졌다. 특히 2008년 이후 투자 기회가 줄어들었다.

이제 1970년대와 정반대 상황에 처했다. 당시에는 자본이 부족했다. 지금은 자본이 과잉이다. 이자율은 역대 최저다. 중앙은행이 정책적으로 저이자율을 유지하는 게 아니라 중앙은행이 이자율 하락에 기여하고 있다. 그러나 근본적인 문제는 투자처를 찾는 자금은 어마어마하게 많고 마이크로칩을 기반으로 한 사업 기회와 그러한 사업에 투자할 기회는 줄어들고 있다는 점이다. 따라서 투자자들은 의료 부문과 소매업을 비롯해 보다 전통적인 투자처로 시선을 돌리고 있지만, 이는 첨단기술이 아니다. 이러한 뭉칫돈은 안전한 투자의 대안으로 국채에 흘러들어가면서 돈의 가격을 계속 떨어뜨리고 이는 은퇴자들에게 심각한 문제를 야기한다. 특히 이미 재정적으로 손실을 입은, 고령화하는 산업근로자 계층에게 심각한 문제를 야기한다. 그나마 수중에 남은 자산도 이렇다 할 이윤을 창출하지 못하게 되면서 그들은 더욱 강한 압박에 시달리게 된다.

산업근로자 계층은 2016년 대통령 선거에서 막강한 위력을 발휘했지만 의회에서 그들이 추진하는 의제를 관철시키지는 못했다. 그들은 쇠락하는 계층이고 그들이 번성했던 시대로 경제적, 사회적 체제를 되돌릴 역량이 없다. 그들은 수적으로도 우세하지 못하고 활력 있는 산업 사회로 돌아갈 길도 없다. 2020년대에 이 계층이 나이가 들면서 극도로 어려운 시기를 맞게 되고 그나마 남아있던 힘도 잃게 된다. 그러나 기술관료 계층에 맞서게 될 계층은 이들이 아니다.

앞으로 다가올 10년 동안 기술관료 계층에게 맞설 이들은 산업근로자 계층의 자녀와 손자손녀들인데, 이들은 가족의 기억 말고는 산업 사회와 접촉한 적도 없고 상당히 어려운 여건에서 성장했으며 그들이 처한 환경이 상당히 변하지 않는 이상 암울한 미래를 맞게 될 이들이다. 이러한 운동의 전위부대는 1990년부터 2010년 사이에 태어난 이들로서 2030년에 20세에서부터 40세까지의 연령대가 된다. 어떤 의미에서 보면 이들은 맨해튼이나 샌프란시스코에 거주하지 않고 마케팅이나 첨단기술 분야에 종사하지 않는 밀레니얼 세대다. 그들은 지배적인 문화의 상투적인 유형에 들어맞지 않는 밀레니얼 세대다.

2020년대에 겪을 위기는 교육기관을 중심으로 변화를 일으키게 된다.

교육 방식과 교육 대상은 기술과 밀접한 관련을 갖게 된다. 기술관료 계층을 구성하는 이들은 하나같이 대학과 연결되어 있다. 금융설계사에서부터 영화제작자, 정부관료, 판사, 기술판매 전문가에 이르기까지 말이다. 개인은 대학에서 세 가지를 얻는다. 첫째, 폭넓은 지식을 얻으면 한 분야에 진입해 더 많은 지식을 축적하고 성공하게 해준다. 둘째, 학위라는 자격증이다. 미래를 좌우하는 결정적인 시기인 직장 경력 초기에 흔히 어느 학교를 다녔고 전공이 무엇인지 질문을 받는다. 전공을 알면 관심사가 뭔지 파악하게 해준다. 어느 대학을 다녔는지 알면 사고의 수준을 가늠하게 해준다. 작은 주에서 주립대학의 분교를 다녔다고 하면 그에 걸맞은 수준의 사고를 지녔다는 인식을 준다. 대학에 다닌 적이 없다고 하면 자격을 증명할 방법이 없다. 대학을 다니지 않아도 성공하는 이들이 있지만, 그런 사람은 드물다. (빌 게이츠가 하버드를 중퇴했다고 해도 아무도 그의 자격을 폄하하지 않는다. 어쨌든 하버드에 입학은 했으니까.) 개인이 세 번째로 대학에서 얻는 것은 평생 그들을 도와줄지 모르는 인맥이다. 제대로 된 학교를 다니면서 제대로 된 친구들을 사귀면 경력을 유지하는 데 도움이 된다. 엉뚱한 학교에 다니면 옴짝달싹 못하거나 평생 고군분투해야 할지도 모른다. 제대로 된 학교에 다니면 기술관료 계층에 합류하는 데 필요한 예의범절과 가치관을 배우게 된다. 엉뚱한 학교를 다니면 턱도 없다.

지금과 앞으로 10년 동안 중요한 문제는 기술관료 집단의 중심부, 즉 유수의 대학들에 접근하는 것인데, 이러한 대학들은 기술관료 집단에 소속되는 데 필요한 전문지식을 가르쳐줄 뿐만 아니라 그 계층의 사회적 의례에 대해서도 교육을 시켜준다. 유수의 대학들은 기술관료 계층 출신이 아닌 이들에게는 점점 문호가 좁아지고 있다. 제2차 세계대전 이전의 미국에서 최고 명문대학은 엘리트 계층의 피난처로 인식되었다. 당시에는 부유한 백인 앵글로색슨 개신교도가 엘리트 계층이었다. 제2차 세계대전 후 참전용사들에게 교육 기회를 지원하는 법이 제정되면서 그러한 장벽이 무너졌다. 대학들은 급진적으로 민주화되었고 루즈벨트 주기의 원동력이 된 사회 혁명을 일으키면서 엘리트 계층으로 진입할 수 있는 문호를 활짝 열었다.

서로 다른 두 문화가 부상하면서 2020년대에 격돌하게 된다. 기술관료 계층의 문화는 이미 가시적으로 드러나 있다. 명문대학 졸업장이 자격을 결정하고 결혼과 가족에 대한 기대는 여러 가지 면에서 과거의 규범으로부터 계속 멀어지게 되는 그런 문화다. 무엇보다도 기술관료 계층은 그들의 기술적 탁월함을 도덕적 우월감으로 보완하고 에워싸서 사회적, 정치적 격변으로부터 자신을 보호하게 된다. 이 계층에 속하지 못하는 "외부자들"은 절박한 심정으로 분노를 안고 살게 되며 이들도 결혼과 가족관계에서의 변화를 겪게 되지만, 기술관료 계층과는 달리 사회적 위기로서 겪게 된다.

이러한 위기가 고조되면서 기술관료 계층에 맞서는 세력의 중심에는 백인 산업근로자 계층의 자녀들이 서게 된다. 특히 2000년 후에 태어난 이들, 중산층의 안락한 삶은 오직 기억 속에만 존재하게 될 세대다. 이들은 자신들과 비슷한 요구사항과 배경을 지닌 뜻밖의 집단들과 합류하게 된다. 흑인, 히스패닉을 비롯해 이들과 합류하는 집단들은 자신의 정체성이 아니라 자신의 요구사항으로써 자신을 규정하게 된다. 연방정부의 사회적 설계의 일환으로 "보호받는 계층(protected classes)"[15]이라는 법적 개념에서 비롯된 정체성의 정치(identity politics)는 지속 불가능하다. 백인 산업근로자 계층의 자녀들은 흑인과 같은 처지에 놓이면서 보다 전통적인 유형의 사회적 갈등이 부상하게 된다. 소외된 저소득층이라는 처지를 기반으로 한 동맹이다. 현재로서는 생각조차 할 수 없는 이런 동맹이 앞으로 형성된다.

정체성 보호정책 때문에 오히려 흑인 계층 대부분은 모든 정체성을 포함해 지식과 자격이 주어지는 대학으로부터 소외되었다. 대부분의 흑인들은 "보호받는" 정책으로부터 혜택을 얻지 못했기 때문이다. 정체성의 정치는 제도의 경직성, 이 경우에는 대학이라는 교육기관의 경직성에 뿌리를 둔 문제들을 해결할 수 없다. 인종갈등은 미국 사회에 만연해 있고, 백인과 흑인 간의 갈등은 미국 역사 곳곳에 새겨져 있다. 지난 몇 년 사이에 고조된 인종갈등은 2020년대부터 2030년대 사이에 더욱 높아지게 된다. 경제적 역경에 처하고, 자신이 지닌 문화적 가치가 공격당하고, 이에 무관심해 보이는 정부와 지도자 계층을 지켜봐야 하는 가정과 개인은 침묵하지 않을 것이다.

이들을 이어주는 유일한 연결고리는 공동의 이익이다. 뉴딜 정책 시대와 마찬가지로 말이다. 흥미롭게도 그러한 공동의 이익이 다시 형성되고 있다. 히스패닉은 계속 이어지는 이민의 물결이 조성하는 역동성에 힘입어 이 물결의 일부인 그들도 자기 힘으로 사회적으로 경제적으로 상승하게 된다. 그들은 이러한 새로운 연합에 오로지 일시적으로 관심을 보이게 된다. 그러나 흑인들은 기술관료 계층이 제공하는 길과는 다른, 안락한 삶을 누리고 어느 정도의 부를 축적할 또 다른 방법이 필요하다. 그리고 산업근로자 계층의 자녀들은 한때 경멸의 대상이었던 계층인 스코틀랜드계 아일랜드인의 도덕적 후손이라 할 수 있다. 이 계층은 미국 전체 인구의 30퍼센트이고 흑인들은 13퍼센트다. 따라서 이들은 정서를 공유하지는 않지만 공동의 이익으로 결속된 막강한 연합 세력을 구축하게 된다. 낯설고 불편한 동맹이지만 전례가 있다.

대학들이 처한 위기는 어느 날 갑자기 생긴 게 아니다. 과거 수 세대 동안은 고등학교 학업 성적이 우수하고 대학진학 적성검사(Scholastic Aptitude Test) 점수가 우수하면 명문대학교에 입학할 수 있었다. 뛰어난 학업 성적과 SAT 점수를 받은 고등학교 졸업반의 입학지원서가 물밀듯이 쏟아져 들어오자 명문대학교는 이들을 차별화할 방법을 모색했다. 대학들은 고등학교 성적이 뛰어날 뿐만 아니라 뛰어난 재능이나 사회에 대한 문제의식을 보여주는 학생들을 찾았다. 명문대학교들은 자기 학교에 다니게 되면 "가장 혜택을 볼" 학생들을 찾는다는 조건을 내세웠다. 고등학교 학업 성적이 우수하고 명문대에 다니면 혜택을 볼 학생들이 너무나도 많았기 때문에 대학교들은 더 많은 자격 요건들을 내세우고 이를 충족시키는 학생들을 찾았다.

우선 학생들이 특정 대학교에 지원하는 이유를 설명하는 자기소개서가 등장했다. 가장 언변이 뛰어나고 기발한 아이디어로 입학사정위원회를 놀라게 할 이들이 당연히 두드러졌다. 이 뛰어난 자기소개서들 가운데 부모나 돈을 받고 입학 절차를 도와주는 지도교사들이 대신 써준 자기소개서가 얼마나 되는지 아무도 모르지만, 내가 입학사정위원회 위원으로 검토했던 자기소개서 가운데 만 17세 학생이 썼다고는 믿기지 않는 자기소개서가 상당히 많았다. 글재주가 있는 어른이나 적어도 그런 자기소개서를 쓰도록 지도해줄 어른이 옆에 있는 학생들이 훨씬 유리했다.

합격생을 추려내는 절차에서 그 다음으로 도입된 자격 요건은 과외활동이었다. 고등학교에서 우수한 성적을 얻고 SAT 점수가 좋은 것만으로는 충분치 않다고 여긴 입학사정위원회는 여가를 이용해 보람 있는 활동을 한 학생들을 찾았다. 페루 같은 지역에서 가난한 사람들을 돕는 자선

단체에서 일했다든가, 자기 지역구 의원 사무실에서 인턴을 했다든가, 빈곤층 가정의 아이들을 가르친다든가, 음악경진대회에서 상을 탔다든가 하는 활동으로 학생들을 평가했다. 볼리비아인들에게 보수적인 기독교 가치관을 가르치는 선교활동을 하면 입학사정위원회로부터 열렬한 찬사를 받을지 여부는 절대 사소하지 않은 또 다른 문제다. 그러나 보다 중요한 문제가 있다.

대부분의 학생들은 과외활동을 할 겨를이 없다. 가족 생활비를 보태느라 건설현장에서 일하거나, 용돈을 벌기 위해 패스트푸드 레스토랑에서 햄버거 고기를 뒤집느라 바쁘기 때문이다. 나는 고등학교 다닐 때 여름방학 동안 번드르르한 금융기관에서 무보수로 인턴을 할 여유가 없었다. 돈을 벌어야 했기 때문이다. 산업근로자 계층의 자녀들은 비영리기구인 인류의 거처(Habitat for Humanity)를 대표해 아이티 재건활동에서 자원봉사자로 일할 여유가 없다. 설사 누가 여행 경비를 부담한다고 해도 말이다. 학자금을 마련하고 생활비를 벌거나 가족의 생활비에 보탤 돈을 벌어야 한다. 자기가 다니는 교회가 운영하는 지역 자선단체가 아니라 인류의 거처 같은 자선단체를 돕는 선택을 할 여유가 있는지 여부는 중요한 문제다. 그러나 가장 중요한 문제는 명문대학교가 요구하는 무보수 과외활동을 할 여유가 있는지 여부다. 최근에는 방과 후 돈을 벌기 위해 일을 해도 과외활동으로 간주해야 한다고 주장하는 학교들도 있다. 그렇다고 해도 부모가 어떤 의원에게 정치자금을 기부한 대가로 의원 사무실에서 인턴으로 일한 경력 못지않게 월마트에서 일한 경력을 입학사정위원회가 가치 있게 쳐줄까? 설사 그렇게 한다고 입학사정위원회가 주장해도 사람들이 믿을까? 그들이 동등한 대우를 한다고 신뢰할 수 있는지가 핵심적인 문제다.

현재 명문대학교의 입학생 선정 절차는 뛰어난 학생을 선발하는 게 아니라 대학이 자기 학교 교육에서 얻을 수 있는 것으로 간주하는 문화와 이를 이미 갖춘 학생들을 선발하는 과정이다. 현재의 제도적, 사회경제적 주기들이 막바지에 다다르면서, 대학들은 참전용사들에게 교육의 기회를 제공한 법안과 뉴딜 정책이 시행되기 전에 존재했던 장벽을 다시 세웠다. 명문대학교는 자기 학교가 "우리 학교에 적합한 학생"이라고 간주하는 자격 요건을 갖출 만한 성장 배경을 지닌 학생들을 주로 합격시킨다. 1920년대에 그랬듯이 말이다. 보호받는 계층에 속한 학생들 가운데는 본인이 자격이 있어서 합격할 만한 이들을 명문교들이 받아들이기도 한다. 소외되는 이들은 압도적으로 백인인 산업근로자 계층의 자녀들이다.

명문대에 한참 못 미치는 대학에 다니는, 쇠락하는 산업근로자 계층의 자녀들이 그들의 사회적 상향 이동을 도와줄 누군가를 만날 가능성은 희박하다. 대학교는 단순히 기술이나 지식만 가르치지 않는다. 대학교는 학생들이 졸업하면 진입하게 될 세계의 문화에 익숙해지도록 사회화하고 그들을 이미 그 문화에 속한 이들에게 소개해준다. 이는 1920년대에 아이비리그 명문대학교에 진학하려는 이민자의 경우와 다르지 않다. 그리고 바로 그게 요점이다. 쇠락하는 산업근로자 계층은 이민자가 아니다. 이러한 사실은 정치적으로 어마어마한 결과를 낳는다. 구글 엔지니어나 골드만삭스 파트너가 되고 싶으면 스탠퍼드나 하버드 대학교 졸업장이 있어야 하고, 주기들의 역학관계 때문에 명문대학교 졸업장은 사회적, 문화적 규범에 부합하는 이들이 지닌 특성이 되었다.

하버드 대학교는 이에 대해 상당히 직설적이다. 일부러 그러는 건 아니라고 생각한다. 하버드 대학교는 가족 환경과 경제 사정 때문에 과외활동을 할 기회를 얻지 못한 이들이 있을지 모른다고 인정하면서, 이러한 학생들에게 여가 시간이 있다면 무엇을 하고 싶은지 물어보고 그들에게 있을지 없을지 모르는 기회가 주어지면 무슨 일을 하게 될지 상상해보라고 한다. 하버드가 학생을 평가할 때 적용하는 중요한 평가 기준에 다음과 같은 사항도 들어 있다.

> 다른 학생들이 당신과 같은 방을 쓰고, 당신과 밥을 같이 먹고, 당신과 함께 세미나에 참석하고 싶어 할까? 그리고 구성원들끼리 아주 친밀한 관계인 과외활동 집단에서 당신과 같은 팀에 속하거나 협력하고 싶어 할까?

다시 말하면, 네가 우리 학교에 어울릴까? 네 동료 학생들이 너를 높이 평가할까? 18-19세 학생들의 사회성이 유연한 경우는 거의 없다. 그건 대학교가 학생들에게 가르쳐야 할 특성이다. 그리고 무엇보다도 높이 평가해야 할 대상은 전혀 딴판인 이들이다. 제2차 세계대전 후 하버드는 결코 대다수와 어울리지 않을 학생을 환영했다. 이제 하버드는 다시 F. 스콧 피츠제럴드(F. Scott Fitzgerald)의 소설에 나올 법한, 자기 학교와 찰떡궁합인 학생을 찾고 있다. 이러한 관행은 이미 이글이글 타오르는 불에 휘발유를 붓는 격이다. 앞으로 닥칠 10년 동안 미국은 두 주기가 충돌하면서 빚어지는 경제적, 사회적 압력이 촉발하는 교육과 기회의 위기에 직면하게 된다.

교육의 위기는 대학입학 절차에서만 비롯되는 게 아니다. 경제적 주기가 직면한 위기의 일환이 된 또 다른 중요한 재정적 문제도 있다. 대다수가 아직 깨닫지 못하고 있지만 말이다. 하버드 대학교에 다니려면—학비, 주거비, 식비를 포함해서—1년에 7만 달러가 들고 교재비, 의료비 등 기타 필수적인 비용을 감안하면 8만 달러에 육박한다. 하버드는 재정적으로 탄탄한 학교이므로 학자금 융자 자격을 충족시키거나 장학금을 받을 자격이 되는 가난한 학생들을 도울 여유가 있다. 콜럼버스에 있는 오하이오 주립대학 같은 주립대학교들은 학비, 주거비, 식비를 합해 오하이오주에 거주하는 주민이면 한 해에 23,000달러가 들고 교재비와 의료비를 추가하면 한 해에 25,000달러가 든다. 하버드 대학교보다 훨씬 적지만 그래도 4년 동안 드는 비용을 합하면 10만 달러가 넘는다. 법학대학원, 의과대학원, 경영대학원은 이보다 훨씬 많이 든다. 예전에는 자기 힘으로 어떻게든 대학을 졸업할 수 있었다. 그러나 이제는 주립대학을 졸업하기도 엄청나게 힘들어졌다. 물론 학자금 융자도 받을 수 있고 장학금도 있다. 그러나 학자금 융자를 받으면 수년 동안 이를 갚느라고 재정적으로 등골이 휘게 되고 사회적으로 상향 이동하기는 그림의 떡이다. 학자금 융자는 졸업하고 아주 빠른 시일 내에 기술관료 계층의 엘리트 집단에 진입해 두둑한 봉급을 받게 될 가능성이 있다는 데 도박을 거는 셈이다. 그리고 대부분의 학생들이 입학할 수 있는 유일한 학교들은 그러한 가능성에 문이 열려 있지 않다.

대학교에 다니는 데 드는 비용이 어마어마한데 이는 지탱하기가 불가능하다. 학자금 부채 총액이 현재 1조 3,400억 달러에 달한다는 사실을 보면 학자금 융자 비용이 어느 정도인지 감이 잡힌다. 이게 어느 정도인지 비교해보려면 주택담보대출 총액이 현재 8조 4천억 달러이고 2008년 서브프라임 주택담보대출 총액이 1조 3천억 달러였다는 사실을 보면 알 수 있다. 주택담보대출 파생상품이 묶음으로 팔렸듯이, 학자금 융자에서도 지금 그런 일이 일어나고 있다. 주택담보대출 시장에서 유동성을 제공하기 위해 설립된 연방기구 패니매와 프레디맥이 주택담보대출을 매입했듯이, 학자금 융자에서도 이에 상응하는 역할을 하는 연방기구인 샐리매(Sallie Mae)는 학자금 융자를 매입해 묶음으로 되팔고 있다.

근본적인 문제가 무엇이든 대부분의 주기는 금융위기와 더불어 끝나거나 시작된다. 학자금 융자 위기는 2008년 서브프라임 위기처럼 되지는 않겠지만 이는 상당한 액수이고, 대학에 다니는 동안 한 학생이 빌리는 융자금은 평균 35,000달러다. 그 가운데 주립대학에 다니는 비교적 더 가난한 학생들이 가장 빚을 많이 진다. 애초에 가진 게 없기 때문이다. 그들은 졸업하면 하버드 졸업생보다 훨씬 적게 번다. 서브프라임 계층이 형성되고 있다는 뜻이다. 그렇다고 대학에 진학하지 않으면 더 끔찍한 결과가 기다리고 있다. 대학 졸업장이 없으면 사회적으로 상향 이동할 길이 거의 막혀버리기 때문이다.

대학 교육비가 이처럼 비싼 이유는 두 가지다. 첫째, 대부분의 대학 교정들은, 특히 명문대학교 교정은 잘 관리하고 다듬은 공원 같다. 나는 대학원을 코넬에서 다녔는데, 라켓볼 코트에서 호수에 이르기까지 풍광이 아주 수려한 곳이었고 정말 마음에 들었다. 제정신인 학생이라면 이런 학교에 다니는 게 싫을 리가 없지만, 이런 대학 교정을 만들고 관리하는 데 드는 비용은 어마어마하다. 게다가 대학이 소유하고 있는 부동산의 가치는, 매각한다면, 학자금 융자 문제를 상당히 해결할 수 있을 텐데 말이다. 대학 교육에 그런 시설들이 있어야 할 본질적인 이유는 없다. 나는 코넬도 다녔지만 학부는 뉴욕에 있는 뉴욕시립대학(City College of New York, CCNY)을 다녔는데 이 학교는 교정이 아주 소박하다. 그러나 경관이 수려한 코넬의 교정이 뉴욕시립대학교보다 내 지적 욕구를 더 자극했다고 느낀 적은 없다.

두 번째 문제는 대학교수가 세계에서 가장 고액의 봉급을 받는 시간제 일자리라는 점이다. 한 학기는 평균 13주에서 14주 정도다. 일주일은 학점 매기는 데 쓴다고 치면 평균 정규직 교수는 일 년에 여섯 달을 일한다. 이 여섯 달 동안 명문대학교 교수라면 한 주에 한두 개 과목을 가르치니 약 여섯 시간을 강의하고 가장 명성이 떨어지는 학교에서는 일주일에 12시간 정도 강의한다. 교수는 자기가 전문가인 분야의 주제를 가르치고, 한 번 강의 준비를 해놓으면 몇 년이고 써먹기 때문에 강의 준비하는 데 드는 시간은 세월이 흐르면서 0시간에 가까워진다. 그리고 대학원에서 학점 매기는 일은 대학원생들이 한다. 교수는 연구하고 논문을 발표해야 하며, 그렇게 하는 교수들도 일부 있지만, 일단 정교수가 되어 자리가 보장되면 연구와 논문 발표를 덜 한다. 그러나 발표한 논문이 실제로 가치가 있는지 여부도 의문이다. 과거에 나도 상당히 많은 학술적인 논문을 발표했지만 그 논문들의 사회적인 효용은 거의 없었다.

대학은 이런 체제를 유지하느라 계속 비용을 대기가 어렵다는 사실을 잘 알고 있고 따라서 시간강사들―가르칠 능력은 있으나 정규직 자리를 얻지 못한 사람들―을 이용해 비용을 줄이고 있다. 시간강사들은 쥐꼬리만 한 강의료를 주더라도 닥치는 대로 일을 떠맡으면서 대학이 필요한 인력과 대학이 지불할 능력 사이의 간극을 메워주고 있다. 시간강사 자리는 정교수직보다 훨씬 지위가 낮지만 그들이 정교수보다 아는 게 적거나 더 못 가르치는지는 분명치 않다. 시간강사는 삶이 훨씬 고달프다 보니 시간이 갈수록 그들이 하는 강의의 질적 수준이 떨어질 가능성은 있지만 말이다. 그러나 대학이 지출을 줄이려면 정교수들에게 피해가 가지 않는 선에서 지출을 줄일 방법을 찾아야 한다.

내가 이런 얘기를 하는 이유는 대학을 매도하려는 게 아니다. 대학은 반드시 필요하다. 그러나 현재의 형태로는 지탱할 수 없다. 고등교육비는 더 이상 지탱하기가 어렵다. 수용 능력과 질을 높이면서 비용을 줄이는 문제는 레이건 정권 하에서 자본부족을 해결하거나 루즈벨트 정권 하에서 실업을 해결하는 문제 못지않게 중요하다. 2030년대에 사회적, 경제적 문제를 완화하려면 국민이 사회적으로 상향 이동할 길을 다시 마련하는 게 핵심이다. 대학은 문제의 핵심이자 해결책의 핵심이다. 대학은 또한 정치적 투쟁의 중심지가 된다.

〈애틀랜틱The Atlantic〉에 실린 다음과 같은 놀라운 내용은 한번 고려해 볼 가치가 있다.

> 2016년에 상위 36개 대학에 등록한 학생 16만 명 가운데 겨우 645
> 명―0.4퍼센트―이 참전용사였다.

명문대학교가 이념적인 이유로 참전용사의 입학을 제한하지는 않는다고 생각한다. 대학이 결과적으로 참전용사의 입학을 제한하게 되는 이유는 따로 있다. 합격하려면 갖춰야 할 자격 요건에 대한 개념이 대학 관리자들과 비슷한 성향인 부모의 자녀들로 지나치게 편향되어 있어서 제2차 세계대전 후 대학에게 주어진 사명을 완전히 잊었다. 참전용사들에게 교육의 기회를 제공하고 대학 관리자들과 계층이나 성향이 같지 않은 이들에게 사회적으로 상향 이동할 길을 마련해주는 사명 말이다. 그리고 대부분의 참전용사들은 명문대학에 응시할 생각조차 하지 않으리라고 본다. 응시해도 합격도 못 하고 합격해도 소속감도 느끼지 못하리라고 생각하니까.

대학 진학이 당연시 된 게 놀랄 일은 아니다. 1784년에 토머스 제퍼슨이 상정해 1787년에 채택된 〈북서부 조례〉에서 새로 생기는 주는 무조건 대학을 설립하도록 못박아놓았기 때문이다. 제퍼슨과 그의 동지들은 대학을 설립하면 농부와 상인들이 학식 있는 계층이 되어 경제 발전에 기여하고 민주주의의 토대를 구축한다고 믿었다. 이러한 대학 졸업생들은 자기가 사는 지역사회에서 학식 있는 지도자가 되고 미래의 역군이 된다고 여겼다.

대학은 2020년대에 위기의 전장이 된다. 대학이 폭넓은 사회적 관료주의에 연료를 공급하는 체제이기 때문이다. 사회적 관료주의가 바뀌려면 우선 대학이 바뀌어야 한다. 학생들의 새로운 유입이 있는데, 그 이유는 두 가지다. 첫째, 기술관료 계층에 진입하는 데 필요한 지식과 자격증을 얻기 위해서다. 둘째, 기술관료 계층을 바꾸기 위해서다. 왜냐하면 기술관료 계층의 문화적 가정(assumption)은 그들과 대립하는 이들의 문화적 가정과 다르기 때문이다. 기술관료 계층의 문화가 바뀌면 그 가치관도 바뀌고, 그 계층이 작동하는 방식도 바뀐다. 그렇게 되면 공공기관과 민간기관이 모두 변모하게 된다. 기술이 변하면 다시 생산성이 향상되고 경제가 발전하듯이 말이다. 대학의 면모를 보면 사실상 앞으로 기술관료 계층의 면모를 짐작할 수 있다.

그리고 이러한 변화에 힘을 실어주는 또 다른 추진력은 대학 생활의 경제적 여건을 급격하게 바꾸는 학자금 융자의 위기다. 학자금 융자가 가능해지면서 대학은 교육 비용을 인상하는 동시에 기존의 관행을 유지하고 그러기 위해서 필요한 학생의 수를 제한할 수 있었다. 앞으로 학자금 융자를 쉽게 얻지 못하게 되면, 대학에게 남은 유일한 해결책은 지출을 줄이거나 학비를 낮춰서 더 많은 학생들을 입학시키는 방법뿐이다. 졸업장의 가치가 가장 높은 명문대학교는 이러한 제약을 받지 않을지 모르지만, 나머지 대학들은 이러한 제약을 받게 되고 시간이 흐르면 명문 대학교도 마찬가지로 이러한 제약에 직면하게 된다. 2020년대에 위기가 닥치면 틀에서 벗어난 생각과 행동이 필요하게 된다. 많은 대학들이 대단히 가치가 있는 부동산을 소유하고 있으므로 이를 매각하면 상당한 재원을 확보하게 되고, 무엇을 연구로 간주할 것인지를 보다 엄격하게 규정하면 교수의 강의 부담을 늘릴 수 있으며, 보다 엄격한 대출 조건과 더불어 학자금 융자를 축소하게 되면 대학은 그 문호를 개방할 수밖에 없게 된다.

루즈벨트가 집권하는 데 기여한 연합 세력은 북부의 소수민족 집단, 남부 농촌 거주자들, 그리고 흑인으로 이루어졌다. 레이건의 집권에 기여한 연합 세력은 크고 작은 기업가들과 상당 부분의 노조들이었다. 주기가 전환하는 시기에는 서로 어울리지 않는 세력들이 손을 잡는다. 기업가들과 노조원들의 연대만큼이나 남부 인종차별주의자와 흑인의 연대는 어색하다. 이러한 세력들은 서로에 대한 애정이 아니라 필요에 의해서 연합을 구축한다. 지난 주기의 실패로 야기된 압력 때문에 서로 어울리지 않을 듯한 세력들이 연합을 구축할 수밖에 없다. 이는 협력이라기보다는 동일한 실패의 서로 다른 측면에 대해 개별적으로 보이는 반응이었다. 그러나 루즈벨트와 레이건 두 사례 모두에서 세력들 간의 연합은 정치적 분파들의 대대적인 재편을 가져왔고, 이러한 재편을 둘러싸고 대단한 갈등이 조성되었다. 루즈벨트의 승리로 미국 정치의 역학관계가 바뀌었고 레이건의 승리도 마찬가지 결과를 낳았으며, 이에 대한 반응, 특히 권력을 잃은 이들의 반응은 살벌했다.

2016년 선거에서도 트럼프를 지지하는 진영과 반대하는 진영 모두로부터 이와 똑같은 살벌한 반응이 나왔다. 역사적으로 민주당을 지지해온 중서부 유권자들 가운데 상당수가 지지 대상을 바꾸면서 선거인단 표와 선거 결과를 트럼프 쪽으로 기울게 만들었다. 양 진영이 서로에 대한 신랄하고 살벌한 공격이 극단적인 수준에 도달했다. 트럼프는 비판의 표적인 동시에 지지자들의 영웅이 되었다.

과거의 여러 주기에서는 주기가 바뀌기 시작하는 시기와 새로운 주기를 시작하는 대통령이 당선되기까지 그 사이의 기간 동안 양 진영의 살벌한 대결의 수위가 오르내린다. 예컨대, 리처드 닉슨이 사임한 후, 어색한 평온의 시기가 있었다. 그러다가 레이건이 당선되자 경멸감이 다시 표출되기 시작했다. 레이건의 정책이 지난 정치 주기가 표방한 가치를 저버렸다는 게 공격의 이유였다. 그러나 레이건 본인도 집중공격을 받았다. 그가 대통령직을 수행할 지적인 능력이 없고 그저 언론매체와 마케팅이 만든 허상이라는 주장이었다. 따라서 트럼프가 물러나면 이 살벌한 공격은 잦아들고 어색한 평온이 찾아오리라고 예상된다. 그러다가 2028년 대선이 치러지고 나서 신임 대통령이 펼치는—그보다 앞선 반세기 동안 실시된 정책의 시각에서 보면—급진적인 정책이 공격의 대상이 되면서 다시 상호 비난이 폭발하게 된다. 이러한 살벌한 공격은 표면에 불과하고 보다 심층부에서는 구조적 변화가 일어나고 있다.

향후 10여 년 동안 기술관료 계층은 계속 통치하겠지만, 점점 폐쇄적이 되고, 그들의 권력에 맞서는 이들을 점점 더 경멸하게 되고, 점점 더 힘이 약화된다. 인구 구조로 미루어볼 때 그들은 계속 연방정부를 장악하겠지만, 선거 절차를 통해서라기보다는 연방정부 체제를 장악하고 있기 때문이다. 기술관료 계층은 클린턴 선거운동에서 제시될 법한 사안들—본질적으로 기술관료 계층의 주장에 해당하는 사안들—에 계속 집중하게 된다. 즉, 교육, 경륜, 자격증을 갖춘 이들이 도움을 받을 자격이 있는 빈곤층과 기술관료 계층의 사회적 가치들에 힘쓰는 정부체제를 운용한다는 사실을 강조하게 된다.

2020년대를 통틀어 경제적 고통은 고조되고 이는 산업근로자 계층이 가장 극심하게 느끼게 되며 이들은 중산층에서 중하류층으로 추락하게 된다. 그들은 내 집 마련, 휴가, 자녀를 대학에 진학시킬 학비 등 미국에서 성공적인 삶을 영위하는 최소한의 요건도 누리지 못하게 된다. 그런 요건을 누릴 가능성은 그들과 그들의 자녀에게서 점점 멀어져간다. 마이크로칩은 성숙 단계에 도달했지만 그 뒤를 이을 핵심기술이 등장하지 않으면서 생긴 기술적 간극은 계속 생산성을 갉아먹고 투자를 주저하게 만든다. 이 기간 동안 기술관료 계층은 계속 안락한 삶을 누리겠지만 나머지 계층의 삶은 잘해야 정체되고 쇠락할 가능성이 높다.

2028년 대선이 치러지면 기술관료 계층은 그 결과에 경악하게 되고, 새 정부가 집권하면 그들은 자신들이 당연히 여겼던 것들이 폐기되는 속도에 놀라게 된다. 이러한 현상은 50년마다 일어나기 때문에 1980년에 일어난 사건들을 목격했고 여전히 기억하는 인구 계층이 존재하게 된다. 당시에 기존의 국내 정책과 외교정책이 폐기되었고 레이건이 취임하면서 받았던 경멸은 그가 새로운 정책을 추진하면서 경악으로 바뀌었다. 루즈벨트와 레이건 때와 마찬가지로, 2028년 새 정부가 집권하고 뒤이어 나올 정책은 미국의 핵심 원칙을 유지하겠지만 미국인이 이를 겪는 방식은 급격히 변하게 된다.

1920년대에는 대학교 졸업장이 없어도 대안이 있었다. 일자리도 있었고 작은 사업을 시작할 수도 있었다. 이는 1930년대에는 더 이상 가능하지 않게 되었다. 그 대안으로서 엘리트 계층의 제도들을 빈곤층에도 개방하든가 영원히 빈곤층에 머무르게 될 계층을 방치하든가 둘 중 하나를 선택해야 했다. 제2차 세계대전과 참전용사에게 교육 기회를 주는 법안이 이 딜레마를 해결했다. 미국은 다시 그 딜레마에 빠지게 된다. 급속히 쇠락하는 백인 산업근로자 계층이 사회적으로 상향 이동하는 데 필요한 자격증을 얻게 해주든가, 그들이 영원히 빈곤한 계층으로 남도록 방치하든가 둘 중 하나를 선택해야 한다. 1930년대에 그러한 계층이 생겨날 위험성은 농후했고 지금도 그러하다.

흥미롭게도, 성공한 이들은 이 두 계층을 모두 경멸한다. 그러나 미국 사회가 지닌 막강한 측면 중 하나는 경제적으로 절박하고 사회적으로 소외당한 이들이 열성적으로 투표하는 경향이 있고, 심연으로 추락하고 있는 이들은 주변부로 밀려난 보잘것없는 소수가 아니라 인종과 민족이 다양하고 남녀 비율이 비슷하며 규모가 큰 세력이라는 점이다. 이들의 행동은 불가피하고 그 결과는 뻔하다. 기술관료 계층을 배출하는 중심지인 대학들은 이 위기의 전장이 되고 대학들의 운명은 궁극적으로 연방정부가 결정하게 된다. 1조 3천억 달러에 달하는 학자금 융자 상환 문제가 금융 시장을 움직이기 시작하면 위기는 더욱 고조된다.

2020년대 대부분의 기간 동안은 생산성 향상의 부진, 축적된 자본의 투자 기회 감소, 그리고 낮은 이자율이 경제를 이끌어가게 된다. 이 기간에는 실업률도 증가하게 된다. 핵심기술이 성숙기에 도달하면서 첨단기술 부문의 성장이 정체되고 전통적인 산업도 계속 쇠락하기 때문이다. 심리적으로는 첨단기술 부문의 인력 수요가 정체되는 현상이 전통적인 산업 부문의 지속적인 쇠락보다 더 두드러지게 느껴지게 된다. 기술의 성숙으로 인한 역전 현상은 늘 사회적으로 불안정하게 만들기 때문이다. 1960년대에 미국 자동차산업의 쇠락은 생각조차 할 수 없었고, 1970년대에 실제로 쇠락하게 되자 그 심리적 효과는 두드러졌다. 물론 이러한 현실의 틀 안에서 작동하는 통상적인 경기순환 주기가 있지만, 활황은 활력이 덜하고 불황은 골이 더 깊어진다. 이는 한 주기가 저물 때 으레 나타나는 현상이다.

사회 구조도 불안정해진다. 이미 산업근로자 계층에서 연속적으로 수 세대가 어떤 과정을 거치게 되는지 살펴보았는데, 기술관료 계층도 엄청난 압박을 받게 된다. 연방정부는 점점 제 기능을 하기 어려워지고, 그렇게 되면 문제는 체제이지만 으레 연방정부 직원이 비난을 받게 된다. 대학교는 특정 계층 편향성과 비효율성에 대해 공격을 받게 되고 학자금 융자 거품이 꺼지면서 그 피해를 최소화하려는 시도를 하다 비판을 받게 된다. 첨단기술 부문 종사자들은 자기들이 몸담은 직종이 예전만큼 선망의 대상이 아니고 일자리를 얻기도 쉽지 않다는 사실을 깨닫게 된다. 가장 민첩한 금융 부문은 새로운 현실에서 이득을 보기 위해 구조조정에 들어가게 된다.

산업근로자 계층은 입지를 잃은 기존 세대의 자녀들이 중심이 되어 원하는 바를 요구하겠지만, 이를 관철시킬 정치적 힘을 갖지는 못한다. 변화를 관철시킬 힘을 가지려면 연합 세력을 구축해야 한다. 그 연합 세력은 뜻밖의 집단들로 구성되며, 현재의 구조가 자신의 이익에 적대적이라고 여기는 모든 이들을 아우르게 된다. 예컨대, 이 연합 세력에는 흑인들이 합류한다. 대부분의 흑인은 자신들이 대학에 다니는 이들과 같은 부류임을 보여줄 수 없는 한 계속해서 배제된다. 평범한 고등학교를 다녔고 이렇다 할 과외활동이 별로 없는 똑똑한 흑인은 비슷한 배경의 백인 못지않게 명문대에 들어가기 어렵게 된다.

정치체제는 처음에는 변하는 사회적 패턴을 반영하고 증폭시키다가 해당 주기를 끝낼 위기와 주기의 종식에 직면하기 전까지는 안정적인 패턴에 정착하게 된다. 이번 주기는 2024년과 2028년 대통령 선거에서 종지부를 찍게 되는데, 이 두 선거는 주기적 전환의 틀을 짜고 저변에 깔린 현실을 반영하게 된다. 제도적 변화와 경제사회적 변화는 이 두 선거에서 하나로 합쳐지게 된다.

트럼프의 당선은 이번 주기가 막바지에 다다랐다는 신호였다. 체제의 급격한 전환과 철저한 교착상태를 예고하는 선거였다. 산업근로자 계층과 그들의 이념적, 경제적 동맹세력이 이끈 선거였지만, 기술관료 계층은 그대로 살아남아서 정치적으로 트럼프 행정부를 견제할 힘을 여전히 보유하고 있다.

기술관료 계층은 그들이 익숙해져 있고 자연스러운 상태라고 여기는 규범으로 체제를 되돌리려고 안간힘을 쓰고 있다. 2020년 선거는, 과거의 패턴을 따른다면, 기술관료 계층이 이겨야 하고, 이는 민주당이 이긴다는 뜻이다. 그러나 선거 결과는 어찌될지 알 수 없고 누가 이기든 변화의 과정에 크게 영향을 미치지 못한다.

2024년 선거는 매우 중요하다. 레이건 주기의 마지막 대통령을 선출하는 선거이기 때문이다. 지미 카터나 허버트 후버와 마찬가지로 2024년에 당선될 대통령도 심각한 경제적, 사회적 문제에 직면하게 되고 이를 해결하기 위해 레이건 시대의 기본적인 원칙들을 적용하게 된다. 세율을 낮추고 규제를 줄이는 원칙 말이다. 어느 당이 집권하든 마찬가지다. 그러나 레이건 대통령이 해결하려 한 문제는 자본 부족이었고 세율을 낮추면 이 문제를 해결하는 데 도움이 되었다. 레이건 주기의 끝자락인 현재, 문제는 자본이 성공적으로 확대되었지만 자본은 더 이상 경제를 견인할 역량이 없고 사회적으로 불평등만 심화시켰다는 점이다. 이를 해소하기 위해 실행하는 해결책은 문제를 해결하기보다 더 악화시키게 된다.

그리고 이로 인해 2028년 선거에서는 미국을 통치하는, 전혀 색다른 제도적, 사회경제적 원칙이 도입된다. 이 선거에서도 정치적 분열이 나타나겠지만, 의회의 지지뿐만 아니라 대다수의 지지를 받는 대통령이 탄생하게 된다. 레이건 시대의 마지막 대통령은 새로운 시대로 향하는 추진력 역할을 하게 된다. 로널드 레이건은 자신이 대통령에 당선되면 무엇을 해야 하는지 알고 있었다. 세금 삭감이었다. 프랭클린 루즈벨트는 대통령에 당선되면 어떻게 해야 할지 모르고 있었지만, 임기응변으로 헤쳐 나갔다. 대통령은 자신이 하겠다고 생각한 일을 하지 않고 현실이 요구하는 일, 자신을 뽑아준 사람들이 요구하는 일을 하게 된다. 지금 해결해야 할 문제가 뭔지 제시되었고 어떤 연합 세력이 구축될지도 제시되었다. 이제 폭풍을 벗어나 고요에 진입하면서 해결책이 어떤 모습을 하고 있을지 알아보자.

11

폭풍이 지나간 후

Beyond Storm

새 로운 주기는 처음에는 무질서하지만 전환기를 지나 새로운 해결책을 찾으면 안정을 되찾는다. 1930년대나 1970년대를 생각해 보라. 두 시기 모두 사회경제적 전환의 한가운데 놓여 있었다. 그리고 두 시기 모두 상당 기간 번영이 이어진 시대가 그 뒤를 따랐다. 제도적 전환에 앞서 보통 군사적인 갈등이 있고, 그러한 갈등이 끝나면서 새로운 제도적 구조를 위한 토대가 조성된다. 그러나 이번 시련을 통해서는 새로운 사회경제적 체제와 새로운 제도적 체제가 동시에 등장하게 된다. 2020년대는 실패의 시기가 된다. 2030년대와 그 후는 새로운 창조의 시대가 된다.

2028년 대통령 선거(늦어도 2032년)를 통해 그 이전 10년의 폭풍이 지나가고 정치적 틀이 구축된다. 여섯 번째 사회경제적 주기에 진입하면서 정치적 투쟁은 기술관료 계층과 연합 세력 간에 전개된다. 이제는 힘이 빠졌지만 여전히 과거에 매달리는 기술관료 계층은 여전히 그들의 전문성과 자격증과 능력을 내세우며 자신들이 미국에서 도덕적으로 정당한 권력층이라고 주장하게 된다. 이에 맞서는 이들은 이전 주기에 소외됐던 세대의 후손들을 망라하는 연합 세력인데, 이들은 지난 주기를 지배했던 인종적 분열을 초월해 손을 잡게 된다. 이 연합 세력은, 으레 그렇듯이, 권력과 부의 분배 구조를 바꾸라고 요구하게 되지만, 그렇게 하는 과정에서 다시 한 번 미국의 사회적 여건을 재규정하게 된다. 새로운 사회경제적 주기는 다음 제도적 전환과 맞물리게 된다.

네 번째 제도적 주기에서 당면할 난관은 사회의 모든 측면들과 얽히고 설켜 있고 더 이상 효과적으로 제 기능을 하지 못하는 연방정부를 어떻게 변모시킬지다. 이 문제는 해결되어야 하고 해결책은 연방정부 체제에 새로운 통치 원칙을 도입하는 방법이다. 이상하게 들리겠지만 이 원칙은 이미 방대한 연방체제의 일부로 자리 잡고 있다. 그 어떤 조직보다 거대한 관료체제, 바로 군이다. 군에는 "지휘관 의도의 원칙(principle of commander's intent)"이 있다. 지휘관은 자신의 의도를 어느 정도 수준까지 제시하면 부하들이 각자가 당면한 현실을 염두에 두고 그 의도를 적용하리라고 기대한다. 부하들은 이 의도에서 벗어날 재량이 주어지지 않는다. 그렇다고 부하들이 그들이 당면한 현실과 상관없이 기계적으로 지휘관의 의도를 적용하지도 않는다. 지휘관은 자신의 의도를 분명히 제시해야 할 뿐만 아니라 부하들이 제대로 이해하도록 만들 책임이 있다. 그러고 나서 지휘관은 주도권을 위관급 장교들과 부사관들에게 위임함으로써 자신이 의도한 목표에 도달하고자 노력한다. 모든 군이 다 이렇지는 않다. 예컨대, 소련 육군은 기술관료적인 군대다. 그러나 미국 육군은 항상 지휘관의 의도를 토대로 부하들이 주도권을 행사하도록 요구하는 군이었다.

경직되게 설계된 규정이 아니라 의도를 토대로 작동하는 연방정부라는 개념은 미국의 모든 통치 원칙을 거스르는 듯이 보인다. 모든 사람과 모든 사례를 똑같이 대하지 않음으로써 그리고 경륜이 짧은 행정관리의 손에 권력을 쥐어줌으로써 말이다. 예컨대, 1944년 미군이 노르망디에 상륙했을 때 주위가 관목으로 둘러싸여 있어서 진격하기가 불가능했다. 상륙작전의 의도는 신속히 프랑스로 진입해 독일군을 포위하는 게 목표였다. 커티스 G. 컬린(Curtis G. Cullin) 병장은 자기 부대와 이 문제를 의논하고 해결책을 생각해냈다. 탱크 앞에 칼날을 부착해 탱크로 관목을 베면서 진군하는 방법이었다. 그는 상부의 허락도 구하지 않고 탱크를 개조했고 이 생각은 먹혔다. 그는 아주 비싼 탱크를 상부의 허락 없이 개조한 행위를 포함해 여러 가지 규정을 위반했다. 그러나 오마 브래들리

(Omar Bradley) 장군은 이러한 기발한 해결책을 생각해낸 컬린 병장을 문책하기란 상상조차 할 수 없었고, 그에게 훈공장(勳功章, Legion of Merit)을 수여했으며, 컬린의 해결책을 따라서 탱크들을 개조하라고 군 전체에 명령했다. 브래들리 장군의 의도는 그의 군대에 알려져 있었다. 컬린은 브래들리 장군의 의도를 파악하고 뜻밖의 방식으로 해결책을 찾는 데 착수했고 바로 이게 노르망디에서 미군이 직면한 난관에서 벗어나는 열쇠가 되었다.

지휘관의 의도를 바탕으로 행동할 자유가 뜻하는 바는 반드시 특정한 방식으로 성공하라는 게 아니라 성공하기만 하면 된다는 뜻이다. 교통안전국(Transportation Safety Administration, 이하 TSA로 표기)은 테러리스트가 항공기를 폭파하고 승객을 살해하지 못하게 막으라는 임무를 맡았다. 기술관료주의적인 해결책은 모든 승객에게 똑같은 검색 절차를 적용하는 방법이었다. 그러나 의도를 토대로 규정을 적용하면 TSA 직원은 휠체어를 탄 90세 노인이 지나치게 불편을 느끼지 않고 보안검색을 통과하도록 해주게 된다. TSA 관리는 의도의 원칙을 적용하기 때문이다. TSA가 맡은 임무가 의도하는 바는 비극을 사전에 예방하는 일이다. 그리고 TSA 지침서보다 이 문제에 관해 훨씬 많은 경험을 쌓은 TSA 관리가 판단하기에 고령의 노인은 그런 비극을 야기할 역량이 없다. 의도가 달성된다. 기계적인 해결책은 필요 없어진다. 재량권과 주도권을 허락하면 테러리스트가 빠져나가게 될지 모른다는 주장이 제기될 것이다. 그러나 기계적인 해결책을 철저히 따른다고 해도 테러리스트가 빠져나갈 가능성은 있다.

다음 사례를 살펴보자. 나는 예순다섯이 되면서 메디케어(Medicare)[16]를 받을 자격 요건을 갖추게 되었다. 나는 일을 하고 있었고 민간의료보험에 가입하고 있었기 때문에 보험을 전환해서 정부가 내 의료비를 지불하게 할 이유가 없었다. 그로부터 2년 후, 나는 내가 메디케어를 받을 자격 요건이 될 뿐만 아니라 의무적으로 가입해야 한다는 사실을 알게 되었다. 그래서 가입하러 갔더니 평생 벌금을 내야 한다는 얘기를 들었다. 벌금은 짜증났지만 금액이 크지는 않았다. 하지만 내 생활 여건이 바뀌어서 벌금이 경제적 부담이 되면 어쩌지? 면제 요청서를 제출하면 된다는 소리를 누가 내게 해주었는데, 소득과 여러 가지 요인들을 고려해서 규정에 따라 면제 요청은 승인될 수도 있고 안 될 수도 있다고 했다. 그렇다면, 누군가가 내가 한 실수와 똑같은 실수를 했는데 나보다 경제적 여유가 없다면, 일단 벌금을 내기 시작하고, 면제 신청서를 작성해 제출하고 답변을 기다려야 한다. 이 사회보장제도는 65세에 가입하지 않은 사람들을 벌주되 벌금이 그리 부담이 되지 않을 사람들만 벌주는 게 의도한 바였다. 제도가 의도한 바를 이해하고 내 사례를 처리하는 사람은(제출해야 하는 양식이 어마어마하다) 복잡한 절차를 거치지 않고 답변을 오래 기다리게 만들지 않고 신속히 내 신청을 기각했지만, 다른 사람들은 어마어마한 불편을 겪게 하고 나서야 면제해주었다.

세 번째 제도적 주기의 문제는 기술관료 계층이 규정을 치밀하게 설계해 일반적으로 아주 합리적인 해결책을 마련했지만, 삶에서 끊임없이 생기기 마련인 예외적인 독특한 사례들은 무시되었다는 점이다. 대기업은 로비스트를 고용해 설계된 절차 자체를 바꿀 수 있다. 그러나 개인은 그럴 방법이 없다. 개인들은 자기들을 대신해 정부와 소통하는 정치 일꾼을 잃었다. 정직하게 절차를 따르면 되는 일이 없다. 기술관료 계층이 마련한 대안은 뜻하지 않은 해를 끼쳤고 한 사회를 관리하는 데 있어 경직성을 초래했다. 건국 초기부터 설사 부패의 가능성이 있더라도 융통성을 가장 우선시 했던 사회인데 말이다. 설계된 규정으로는 해결할 방법이 없고 체제를 운영하는 이들은 지휘관의 의도를 토대로 주도권을 행사할 자유가 없다.

네 번째 제도적 주기에서는 기술관료적 접근이 대폭 수정되어서 정부의 의도가 각급 차원에서 합리적으로 관철될 수 있게 된다. 거의 아무도 읽지 않고 이해하지도 못하는 방대한 규정 대신에, 상식이라는 개념이 다시 도입되어야 한다. 정부에 대한 공학적 접근은 경직되기 마련이고, 그렇게 되면 중요하지만 예외적인 사례들을 예측하지 못하고 국민이 인간적인 방식으로 정부 내의 누군가에게 탄원할 수 있도록 힘을 실어주지도 못한다. 링컨 행정부에서는 탄원을 하는 사람들, 보통 국민들이 그의 집무실 밖에서 기다렸다. 자신의 고충을 해결해주기를 바라면서. 이제 이런 광경은 볼 수 없다. 국민에게 보장된 고충 해결은 "체제에 대한 분노"에 국한될 정도로 이런 일은 이제는 불가능해졌다. 군대 모델은 이 문제에 대한 한 가지 해결책이 될 수 있다.

네 번째 제도적 주기가 시작될 때 직면하게 될 또 다른 주요 난관은 연방정부의 새로운 통치 원칙을 구축하는 일만큼이나 중요하다. 대부분의 대학들은 어떤 식으로든 연방정부의 재정적 지원을 받는데, 그중 가장 후한 지원이 연방정부가 보증하는 학자금 융자다. 이러한 융자가 있기 때문에 대학들은 학비와 그 밖의 부대비용을 인상한다. 학자금 융자 액수도 학비가 오르면 덩달아 오른다는 사실을 알기 때문이다. 그렇게 되면 학생들이 갚아야 할 부채 액수와 연방정부의 부채 규모도 늘어난다. 소수 명문대학교에 입학하면 정부 지원금을 받거나 학비를 면제받을 가능성이 있다고 해도, 학비를 댈 여유가 없는 부모들로서는 학자금 융자가 통상적인 학비마련 방법이라는 사실은 변하지 않는다.

학자금 융자를 두고 첫 번째 투쟁이 일어나게 된다. 지금 학자금 융자 총액은 2008년 서브프라임 부채 총액보다 규모가 크다. 학자금 융자 체계를 철폐하거나 보완하면 대학이 학비와 그 밖의 부대비용을 인상하는 데 제동이 걸릴 뿐만 아니라 대학들이 그 비용 구조를 유지하기도 어려워진다. 대학들은 흥청망청 지출하던 버릇을 고치고 비용을 삭감해야 한다. 대학이 보유한 어마어마하게 비싼 부동산을 매각하고 훨씬 소박한 공간으로 옮기면 어마어마한 기금을 조성할 수 있다. 유럽의 대학에 가 보면 대부분의 미국 대학교들과 비교해서 시설이 얼마나 소박한지 절감한다.

가르치는 교수진과 연구 교수진을 엄격히 구분하면 더 많은 비용을 절약할 수 있다. 전체적으로 볼 때 대부분의 미국 교수들은 비중 있는 연구를 전혀 혹은 거의 하지 않는다. 세간에 떠도는 낭설과는 달리 비중 있는 논문을 발표하지 않아도 아주 훌륭한 선생이 될 수 있다. 이러한 교수들의 강의 부담을 더 늘려서 비용을 줄여야 한다. 연구 프로그램은 보통 대학교의 운영자금으로 유지되는 게 아니라 정부나 재단에서 받은 연구지원금으로 유지되고, 이러한 연구지원금은 대부분 운영비로 쓰인다. 연구에 쓰도록 한 자금은 연구에 쓰도록 해야 한다. 강의 전담 교수들은 탁월한 강의에 집중하면 되고 그저 구색 맞추기로 가짜 연구를 해야 할 필요를 느끼지 않아도 된다.

어마어마하게 값비싼 시설을 처분하고 교수진 사이에 분업 체제를 구축하는 게 과격한 변화로 보일지도 모른다. 하지만 다섯 번째 사회경제적 주기 동안 주요 기업이 당면했던 난관의 해결책 또한 과격해 보였다. 네 번째 주기에 실시된 참전용사에게 교육의 기회를 주는 법안도, 세 번째 주기에 구축된 금본위제도도 과격한 변화처럼 보였다. 두 번째 주기에서 서부 지역에 정착하는 이들의 고충을 덜어주기 위해 만든 은행법도 과격한 변화였다. 그리고 첫 번째 주기에는 미국의 건국 자체가 급진적인 개념이었다. 각 주기마다 하나같이 고정불변인 듯한 뭔가를 바꾸어놓는다. 지식의 시대에는 지식을 생산하고 가르치는 주체가 바뀌어야 한다. 미국에서는 통상적으로 겪는 일이다.

대학을 둘러싼 투쟁은 여섯 번째 사회경제적 주기의 정치를 규정하는 이념 투쟁이 된다. 여기서 정치란 좌우를 뜻하는 게 아니다. 근대 자유주의 개념들이 기술관료주의 이념과 서로 교차하기는 하지만 말이다. 대학은 기술관료주의의 근거지다. 능력을 평가하는 근거로서 전문성을 기르고 자격증을 발행하고 자격증의 위계질서가 존재하는 방식으로 구축되었다는 점에서 그렇다. 합격시킬 학생의 수는 가르칠 공간과 교수진이 가르칠 시간이 제약한다. 대학 공간을 검소하게 하면 강의실에 더 많은 자리를 확보할 수 있고 강의하는 교수의 역량에 대한 기대치도 높아진다. 실제로 더 많은 교수를 고용할 수 있게 되고, 교수진의 역량도 높아진다. 하버드는 한 해에 약 2,000명의 학생을 입학시킨다. 5,000명은 왜 안 되나? 물론 그렇게 많은 신입생을 받아들이면 하버드의 권위가 하락하겠지만, 학생들에게 전수되는 지식이 반드시 하락하지는 않는다.

대학의 이념은 궁극적으로 자기 학교에 대한 자부심, 자기 학교가 점유하는 지위를 토대로 하며, 이를 정당화할 필요도 거의 없다. 명문이라고 일컫는 대학교들은 그들이 제공하는 지식이 "서열이 낮은" 학교들보다 어떻게 월등하다는 건지 딱히 설명하지 못한다. 그러면 그들은 연구실적을 가리키기도 하는데, 연구실적은 중요하지만 그렇다고 해서 본질적으로 월등하다는 증거는 아니다. 상향 이동은 두 가지 방법으로 달성 가능하다. 참전용사에게 교육 기회를 준 법안처럼 명문대학교의 문호를 개방하든가, 아니면 명문이라는 주장을 반박하면서 명문대학들을 합리적으로 재평가하고 탁월함에 대해 보다 현실적인 개념을 정립해서 스탠퍼드나 하버드 대학 학위가 질적인 면에서 텍사스 주립대학교 학위와 다르지 않게 만들면 된다. 그렇게 되면 시간이 흐르면서 사회적으로 인맥이 탄탄한 이들이 그들이 지닌 사회적 지위를 스탠퍼드나 하버드 졸업장으로 확인하는 경향이 깨지게 된다. 여기서 두 가지 이득이 발생한다. 첫째, 예일이나 하버드가 다른 학교들보다 우월하다는 미심쩍은 주장이 무색해지고 자격증의 가치가 바뀌면서 상향 이동을 촉진하게 된다. 둘째, 제2차 세계대전이 진행 중이던 시기와 종전 후에 그랬듯이 각양각색의 계층들이 서로 훨씬 자유롭게 섞이고 교류하게 된다. 그렇게 되면 계층 간의 장벽이 무너지게 된다.

이번 주기의 위기가 폭발할 전장으로서 대학에 초점을 맞추는 게 이상하게 보일지 모르겠다. 그러나 대학은 이미 대학의 내부적 가치, 그리고 지적인 다양성이 아닌 인종적인 다양성을 강조하는 행태를 놓고 점점 논란이 불거지고 있다. 그러나 그것이 변화의 대상은 아니다. 상향 이동을 제한하는 대학 체제 자체에 대한 공격이 일어나게 된다. 그리고 이 투쟁은 궁극적으로 미국 사회의 면모를 바꿔놓게 된다.

대학 문제는 기술 발전과 밀접히 관련되어 있다. 기술 발전은 2040년에서 2080년 사이에 세계가 경제적으로, 사회적으로 어떤 면모를 보일지 그리고 제도적 틀이 남은 세기 동안 어떻게 인식될지에 대해 생각할 때 고려해야 하는 요소이다. 우리는 새로운 주기의 출현에서 성숙으로 나아가게 된다.

2030년대에 네 번째 제도적 주기의 부상과 병행해 여섯 번째 사회경제적 주기도 부상하게 된다. 이번의 새로운 주기는 다섯 번째 사회경제적 주기의 말기 동안 생긴 문제들을 다루게 된다는 사실을 명심하자. 이러한 문제들은 우발적인 사고나 잘못된 판단의 결과가 아니라 성공의 결과로 보는 게 중요하다. 피라미드를 구축할 때는 각각의 층을 계획하면서 그 다음 층을 쌓기 시작할 적절한 시기를 선택해야 한다.

각 사회경제적 주기는 성숙기에 다다르면 중심부에 다이아몬드를 품은 황금시대가 된다. 황금시대와 다이아몬드는 위험한 은유지만, 미국이 변해온 과정을 생각하면 각 주기에는 미국을 변모시키는 독특한 성질과 해당 주기가 무르익는 결정적인 순간이 내재되어 있다.

다섯 번째 사회경제적 주기와 1990년대를 생각해보자. 마이크로칩이 쥐고 있던 패를 드러내고, 소련이 붕괴되고 미국의 힘이 전 세계 위에 군림하던 찬란한 순간 말이다. 정치와 사회적 갈등이 뭉근히 끓어올랐지만 폭발하지는 않았다.

네 번째 사회경제적 주기의 1950년대를 생각해보자. 제트기와 TV, 주와 주를 잇는 고속도로가 미국의 지리적 여건을 변모시키면서 미국인들이 그동안 보이지 않던 것들을 보게 되고 너무 멀어서 갈 수 없던 곳에 가게 된 시대 말이다. 아이젠하워의 더할 나위 없는 평범함이 진가를 발휘한 시대였다.

세 번째 사회경제적 주기의 1890년대를 돌이켜보면, 미국은 세계 최대 산업국가가 되었다. 두 번째 사회경제적 주기의 1840년대에는 미국의 지리적 여건이 완성되었다. 첫 번째 사회경제적 주기의 19세기 첫 10년에는 루이지애나가 미국 영토의 일부가 되었고 애팔래치아산맥을 관통해 서부로 가는 도로가 깔렸다.

새로운 주기로 전환된 후 황금시대가 열리고 그 중심에는 작지만 놀라운 다이아몬드가 반짝거린다. 그 시대의 남은 기간은 이러한 순간이 규정한다. 미국이 당면한 문제는 여섯 번째 주기에서 무엇이 황금시대이고 그 중심에 있는 다이아몬드는 무엇일까 하는 점이다.

황금시대는 화평하거나 환희가 넘쳐흐르거나 비극이 없는 시대라는 뜻이 아니다. 우리는 인간이고 비극과 고통과 분노는 벗어날 길이 없다. 황금시대는 인간사에 내재된 이 모든 고통에도 불구하고 비범한 무엇인가가 탄생하는 시대를 뜻한다. 아테네나 르네상스 시대를 황금시대라고 생각한다. 이 두 시대에도 노예제도부터 빈곤, 전쟁, 음모와 살인에 이르기까지 인간이 처한 비극적인 여건이 존재했다. 그러나 이러한 고통들은 어느 시대든 공통적으로 존재한다. 역사 속의 황금시대에 대해 우리가 기억하는 바는 모든 시대에 공통적이었던 비극과 고통이 아니라 그 시대에만 독특했던 무엇이다. 미국이 지닌 독특함은 비범함이 끊임없이 부활하고, 피라미드에 또 하나의 황금 층을 쌓아올리는 새로운 주기가 등장한다는 점이다. 내부적으로는 당대의 저변에 불행과 분노와 빈곤이 만연해 있음에도 불구하고 말이다. 그리고 비범함이란 이러한 시기 동안 부정적이고 고통스러운 것들이 제거되지는 않으나 어느 정도 완화된다는 점이다. 각 사회경제적 주기의 끝과 시작 지점에서는 패배감과 재앙이 닥친다는 정서가 존재한다. 그러나 매번 미국은 불완전하나마 스스로를 다시 창조했고 놀라울 정도로 탁월한 모습으로 재탄생했다.

황금시대를 규정하는 다이아몬드 같은 순간은 새로운 주기가 시작되고 2030년 후에 온다. 그렇다면 미국은 2050년대나 2060년대를 기대할 만하다. 그때까지 미국은 여섯 번째 사회경제적 주기의 구조를 구축하게 되고, 황금시대가 저물면 불가피하게 쇠락이 시작된다. 미래의 주기를 파악하려면 다이아몬드 같은 순간이 언제일지를 파악할 필요가 있고, 그러기 위해서는 우리가 보아 온 문제들이 스스로를 규정하는 방식을 이해해야 한다.

여섯 번째 사회경제적 주기의 틀을 결정할 금융 문제는 경제체제에 넘쳐흐르는 과잉 자본과 이의 분배다. 과잉 자본은 다섯 번째 주기가 성공하고 마이크로칩 경제가 성숙하면서 비롯되었다. 앞서 몇 차례 언급했듯이 가장 심각한 문제는 자본은 넘치는데 부를 창출할 투자 대상이 없어서 투자 기회가 충분치 않다는 점이다. 자본은 불공평하게 배분되어 있고 사회의 상위 절반에게 몰려 있으며, 상층부로 올라갈수록 부의 집중도도 높아진다. 이자율이 낮기 때문에 수익이 저조한 은행에 돈을 넣어두거나 채권에 투자하는 것도 말이 안 된다. 투자자들은 돈을 손에 쥐고 있기보다 부동산 같이 뭔가 실물을 매입하게 된다. 따라서 집값과 상업용 부동산과 임대부동산 가격이 폭등한다. 이는 소득이 중앙값 이하인 사람들에게 문제가 된다. 그들은 그동안 창출된 부를 나눠 갖지 못했다. 나눴어도 적어도 공평하게 나눠 갖지 못했다. 그리고 부동산 가격이 상승하면서 그들은 내 집을 마련하기가 어려워지고 중하류층이 대부분인 그들은 살 집을 임차하기도 어려워진다.

지배적인 정치 세력은 소득이 중앙값 이하인 계층과 상위 24퍼센트 안에 드는 계층이 되고 나머지는 이 두 세력 사이에 끼게 된다. 레이건 시대의 자유 시장을 옹호하는 집단이 퇴조하고 결과에 집중하는 세력이 다시 부상하면서 이념적 재편이 일어나게 되는데, 후자의 경우 그들이 원하는 결과는 소득의 재분배이며, 그들은 심지어 이미 획득한 부도 재분배하자고 요구하게 된다. 다섯 번째 사회경제적 주기에서 정치를 규정하는 문화 전쟁은 계속되겠지만 더 이상 경제적 요구와 연결되지 않고 다양한 세력들 사이에 분산된다.

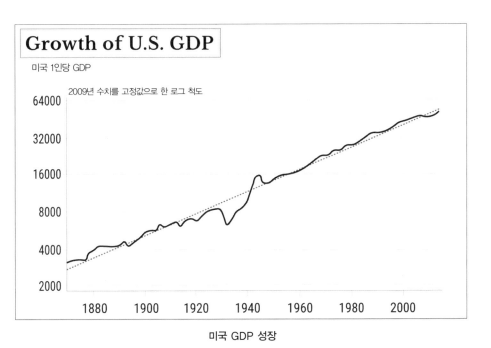

Growth of U.S. GDP

미국 1인당 GDP

2009년 수치를 고정값으로 한 로그 척도

| | 1880 | 1900 | 1920 | 1940 | 1960 | 1980 | 2000 |

64000
32000
16000
8000
4000
2000

미국 GDP 성장

　역사를 통틀어 미국은 주기적 변화로 발생하는 문제들을 헤쳐 나갈 때 종종 세제 개혁에 의존해왔고 이를 부의 재분배와 물가 문제를 해결할 당연한 해결책으로 생각했다. 그러나 미국은 어마어마하게 그리고 예측 가능하게 발전해왔다. 1880년부터 2010년까지 GDP 성장의 추이를 기록한 다음 표를 보면, GDP 성장이 눈에 띄게 하락했던 시기는 경제대공황 때뿐이다. 그리고 이보다 중요한 사실은 GDP가 꾸준히 상승해왔다는 사실이다. 미국은 안정적이고 극적인 성장 기조를 유지해왔고, 지금까지 언급한 모든 다른 주기에서 잠깐 주춤하거나 하락했던 적은 있지만 이러한 하락 현상은 확고한 성장 추세에서 거의 눈에 띄지 않는 변화였다. 미국이 건설하려고 한 거대한 피라미드를 생각해볼 때, 개념적으로 그 피라미드의 모습은 바로 이러한 성장 추세와 같다.

이 추세가 바뀐다고 생각할 아무런 이유가 없으며, 이 추세가 계속되리라고 생각할 이유는 차고 넘친다. 미국의 영혼은 감정의 기복이 심하지만 그럼에도 불구하고 이 추세는 계속 이어진다. 새로운 풍요 뒤에 위험이 도사리고 있다는 두려움도 미국인의 뇌리에서 떠나지 않는다. 최근 몇 년 사이에 지배적인 정서로 다시 부상하기 시작했듯이 말이다. 한 주기를 잘게 쪼개 작은 주기로 나누어보면 작은 주기의 고점에 도달했을 때 모든 위험은 사라졌다는 믿음이 팽배하지만, 사소한 사건이 터지면 이러한 믿음이 산산조각 나게 된다.

따라서 경제정책의 변화는 통상적인 경제 발전의 틀 안에서 일어나게 된다. 그러나 이보다 훨씬 심오한 사회적 현실이 부상하는데, 이러한 현실은 미국 사회에서 무엇이 새로 필요한지를 규정하게 되고, 따라서 새로운 기술, 새로운 사회 구조, 그리고 그 시대의 특징을 창출하는 원동력이 된다.

다음 사회정치적 주기의 핵심적인 문제는 인구 구조다. 『100년 후The Next 100 Years』에서 지적한 바와 같이 출산율 하락과 기대수명의 연장이 중요한 문제로 손꼽힌다. 2018년에 미국의 출산율은 역대 최저를 기록했다. 미국에서 태어난 모든 인종 집단에서 하나같이 출산율이 하락했다.

이보다 더 중요한 문제는, 인구조사국 통계실의 조사에 따르면 기대수명이 대폭 늘어났다는 사실이다. 출생 시 측정하는 기대수명이 한 세기만에 40세에서 약 80세로 두 배가 되었다는 사실에서 알 수 있다. 그러나 이보다 한층 더 중요한 사실은 65세 이상인 사람들의 기대수명이다. 이 덕분에 유아사망률이 기대수명을 끌어내리는 효과가 사실상 사라진다. 65세 남성의 50퍼센트가 85세 이상 살게 되는데, 이는 2000년보다 기대수명이 약 9.2퍼센트 증가한 수치다. 전체 여성의 50퍼센트는 86세를 넘겨 살게 된다. 이와 비교하면, 1900년에는 전체 남녀의 절반이 47세를 넘기지 못했다(이 수치는 백인의 경우다. 흑인은 이보다 2년 짧았다).

이렇게 기대수명은 증가하고 출산율은 하락하는 추세가 계속될 가능성은 매우 높다. 기대수명은 의학의 발달과 산업 사회의 쇠락 덕분에 증가해왔다. 산업체에서 대량생산을 하려면 공장이 있어야 하고, 공장 업무는 육체적으로 힘든 노동이며 건강을 유지하기가 매우 힘들다. 산업 사회가 퇴조하고 서비스와 기술 산업이 부상하면서 대부분이 건강 유지에 신경을 쓰게 되었다. 흡연 같은 바람직하지 못한 습관이 줄었고 운동과 식생활에 신경 쓰는 사람들이 많아졌다. 이와 같이 건강에 신경 쓰는 정서는 앞으로도 계속 확산된다. 이와 동시에 의료 연구의 발달에도 가속도가 붙고 있다. 질병관리본부에 따르면, 2000년부터 2014년까지의 기간 동안 100세 이상까지 사는 사람의 숫자가 44퍼센트 증가했다.

출산율 하락은 피임, 도시화, 유아사망률 하락 등을 통해 출산을 조절하는 능력이 향상된 현실과 밀접하게 연관되어 있다. 도시화가 출산율 하락에 핵심적인 역할을 했다. 농업 사회에서는 이른 나이에 일을 할 수 있는 자녀를 많이 두는 게 중요했다. 산업화 초기에도 마찬가지였다. 그러나 성숙한 도시화 사회에서 자녀는 순전히 돈 먹는 하마다. 기대수명이 늘어나면서 생식능력은 있으나 생산능력은 없어서 생계를 꾸릴 능력이 없는 기간을 뜻하는 청소년기가 대폭 확장되었다. 무절제하게 자녀를 두면 가족이 궁핍해지고 따라서 자녀를 적게 두는 게 바람직해진다.

그러나 가족을 새롭게 규정하는 초기 단계에 놓여 있다는 사실도 주목해야 한다. 첫 단계에서는 신부는 결혼하기 전까지 처녀여야 한다는 인식이 사라졌다. 두 번째 단계에서는 혼전동거가 사회적으로 받아들여지기 시작했다. 이제는 성 정체성과 가족을 새롭게 규정하는 단계에 놓여 있다. 남녀가 가족을 구성하는 구조가 반드시 유지되어야 했던 게 농업 사회와 산업 사회에서의 삶의 현실이었다. 자녀를 두는 능력이 중요했기 때문에 남녀가 법적으로 서로에게 충실하겠다는 서약을 했고, 이 체제에서 소외되는 이들은 사회 주변부로 밀려났다. 산업 사회의 압박이 약해지고 자녀의 수를 조절하고 줄이게 되면서 그 저변에 깔린 젠더(gender)라는 현실이 표면화되고, 결혼이라는 제도는 선택이 된다.

전통적인 결혼이 붕괴되고 연인 관계가 대단히 불확실해지는 변화가 찾아온다. 성적인 활동과 한 상대방에게 전념하는 정서가 하락했다는 연구 결과도 있다. 이와 동시에 자유를 불안해하는 정서가 조성된다. 지침이 될 만한 규율이 없으니 문제에 당면해도 어떻게 해결해야 할지를 모른다. 삶에서 소중히 여기던 의례들이 근본적으로 구조가 변하고 있고, 전통을 소중히 여기는 이들은 이러한 현상에 대해 강하게 저항하고 있다. 이러한 현상이 여섯 번째 사회경제적 주기에서 정치의 일부가 되겠지만 점점 퇴조하게 된다. 전통적인 결혼은 경제적인 필요에서 비롯되었고 종교적인 믿음과 궤를 같이했다. 경제적 필요에서 비롯된 관계가 종말을 맞으면 당연히 출산율이 하락하게 된다.

이와 동시에 출산율 하락은 기대수명의 증가로 그 영향이 어느 정도 완화된다. 총인구의 기대수명이 20퍼센트 더 증가하면 한동안 인구 손실을 상쇄시킬 연령대가 조성된다. 그러나 이렇게 되려면 기대수명만으로는 충분치 않다. 현재 상대적으로 고령인 연령대의 인구를 재원의 생산자에서 대대적인 소비자로 전환시키는 퇴행성 질환을 줄여야 한다. 신속히 사망에 이르게 하는 질병은 경제적으로 지속가능하지만, 생산 활동을 못하는 사람들의 목숨을 계속 연명시켜야 하면 경제적으로 타격이 크다.

따라서 의료 분야에 응용되는 생물학 연구에서 일대 혁명이 일어나야 한다. 그리고 과거의 여러 주기에서 본 바와 같이, 이 때문에 기술적인 생산성을 향상시킬 필요가 생긴다. 알츠하이머, 파킨슨 등 고령층 인구를 사회와 경제에 전혀 기여하지 못하고 재원을 소비하기만 하는 인구로 만드는 질병들을 퇴치해야 한다. 그런데 그렇게 하려면 그러한 질병들의 저변에 깔린 생물학적 과정들을 지금보다 훨씬 잘 이해할 필요가 있고, 그러고 나면 의료 체계에서 효율적인 비용으로 치료에 응용할 수 있는 조치가 마련되어야 한다.

한 가지 해답은, 앞서 설명한 대로 연방정부를 권한이 분산되고 민첩하게 변화에 대응할 수 있는 형태로 운영하는 방법이다. 정부는 의료 연구에 가장 재정적인 지원을 많이 하는 조직이고 사회적으로도 개인의 차원에서도 그 중요성과 미치는 영향이 어마어마하다고 볼 때, 기초연구 절차도 민첩하게 진행될 필요가 있다. 둘째, 의료보험 체계는 고도로 중앙 집중화되고 고도로 복잡한 현재의 연방정부 모델을 따르지 않으면서도 분산되고 사소한 절차에 매달려 기능이 마비되는 일 없이 재원을 동원할 수 있는 체제가 필요하다.

사회 모든 차원에서 결속과 유대가 느슨해지는 현상이 나타나게 된다. 사회를 숨 막힐 정도로 움켜쥔 연방정부의 손아귀 힘이 풀린다. 마이크로칩을 첨단기술의 미래와 묶어두었던 결속도 풀어진다. 미국을 더 이상 미국의 관심의 대상이 아닌 다른 나라들과 묶어두었던 동맹체제도 와해된다. 미국은 새로운 주기가 시작될 때면 늘 그래왔듯이 나아가는 방향을 바꾸게 된다. 그리고 개인들을 서로 묶어준 유대감도 방향을 바꾸게 된다. 인간은 전통의 구속을 받고 전통은 의례로 변한다. 가장 중요한 사실은 출생, 결혼, 남자다움과 여자다움 등 삶에서 통과해야 하는 의례들은 다섯 번째 사회경제적 주기에서 그 중요성이 약화된다. 성 지향성을 재규정하면서 결혼의 의미도 변하고 있다. 젠더를 재규정하려는 시도—여성과 남성의 정의—도 진행 중이다. 남녀가 서로에 대해 다해야 하는 의무가 바뀌면서 생계를 꾸리고 미래를 위해 저축을 하는 행위의 의미도 바뀌게 된다. 특정한 의무가 변하면 모든 의무가 의문시된다. 이러한 변화는 처음에는 해방감을 느끼게 해주지만 개인은 홀로 남게 되고, 그렇게 된 개인은 아마도 결코 만난 적이 없는 적을 상대로 비디오 게임을 하는 데 몰두하게 될지도 모른다.

삶의 통과의례가 무너진 상태가 영원히 계속될 수는 없다. 삶이 주는 짐을 벗어던지고 아무도 내게 기대하는 바가 없게 되면 해방감이 느껴질지 모르지만, 해방된 상태에 처하면 미래에 대한 계획을 어떻게 세워야 할지 몰라 방황하게 된다. 남자는 한때 이 무자비한 세상에 맞서서 생계를 꾸리기 위해 고군분투하는 게 자신의 본분이라고 생각했다. 여성은 한때 피도 눈물도 없는 이 냉혹한 세상에서 남편과 자녀들을 위한 안식처를 마련하는 게 자신의 본분이라고 생각했다. 여전히 그런 선택지는 존재하지만, 선택이지 의무는 아니다. 기존의 의무는 붕괴되고 있고 여섯 번째 사회경제적 주기에서는 삶의 질서가 어떤 모습일지에 대한 새로운 정서가 조성된다. 그리고 이 모두가 이 주기의 주요 문제들과 연결된다. 바로 출생률의 하락과 기대수명의 연장이다. 삶의 통과의례들은 짧은 수명과 죽기 전에 자녀를 두어야 한다는 절박함을 중심으로 구축되었다. 죽음은 더 이상 임박했다는 느낌을 주지 못하게 되었고 자녀를 두는 일은 선택이 되었다. 따라서 전통적인 가족은 새롭게 규정된다. 수명이 거의 한 세기까지 연장되고 자녀를 두는 일이 수많은 선택지들 가운데 하나가 되면 사람들이 다해야 하는 의무는 무엇이 될까?

이는 미국이라는 체제를 발명한 시기로 되돌아간다. 건국의 아버지들은 자유와 의무 간의 균형점을 모색했다. 그들이 보기에 이는 정치적 문제였다. 여섯 번째 주기에 이는 실존적인 문제로서 개인으로서의 우리는 누구인가를 규정하게 된다. 미국은 다른 나라들보다 이 문제를 훨씬 심각하게 맞게 된다. 미국의 부는 수많은 가능성을 낳고 그러한 가능성은 무한해지기 때문이다.

소셜 미디어가 이를 구현한다. 소셜 미디어에서 개인은 익명으로 여러 차례 변신을 할 수 있다. 다른 이들에게 익명으로 내 생각을 전할 수 있는 공간이다. 그리고 이는 치명적인 문제다. 마이크로칩은 멀리 있는 사람들과도 소통하게 함으로써 거리를 무의미하게 만들었지만 자신과 소통하는 사람이 누구인지 알고 싶은 게 인지상정이다. 이는 그렇게 심오한 진실은 아니지만, 소셜 미디어를 신봉하는 이들이 놓친 진실이다. 어떤 매체든 절정기를 맞는다. 세 번째 사회경제적 주기에서 절정기를 구가한 매체는 라디오였다. 네 번째 주기에서는 TV였고, 다섯 번째 주기에서는 컴퓨터였다. 각 단계마다 인간의 관심은 다른 인간들보다는 전달 체계에 집중되었다. 요즘 술집에 들어가면 서로 논쟁을 하거나 남녀가 작업을 거는 광경을 거의 보지 못한다. 남녀 모두 자리에 앉아서 자기 휴대전화를 들여다보고 있다.

그런데 바로 이 점이 괴이하다. TV는 보는 사람을 몰입시켰다. 휴대전화는 다른 사람들과 연결시킨다. 전례 없는 이상한 방식으로 사람들을 이어주기는 한다. 문자 메시지를 보내는 행위가 전화의 본래 목적—다른 사람의 목소리를 듣고 대화하는 행위—을 능가하게 되었으니 말이다. 그러나 이러한 관계맺음이 아무리 왜곡된 형태라고 해도 휴대전화와 이에 대한 집착은 사람들이 다른 사람들과의 관계를 갈구한다는 방증이다. 이는 인간관계를 집약해서 보여주는 하나의 단면이지만, 사람들이 인간관계에 굶주려 있다는 방증이기도 하다. 전화는 유대감을 상실시키지 않는다. 유대감의 상실은 변화하는 현실이 조성한다. 전화 통화나 심지어 문자 메시지조차도 혼자이고 싶지 않은 인간의 정서를 대표한다. 소셜 미디어는 여섯 번째 주기에서 사회적 관계의 토대로 살아남기에는 너무 익명성이 강하다. 하지만 단절되기 쉽고 혼란스럽긴 해도 인간적 연결이 여전히 거기에 존재한다.

출생과 죽음이 시대의 중심적인 위치를 점하고, 출생과 죽음의 의례가 유명무실해져도 인간관계에 대한 갈망은 여전히 존재하고 끊임없이 그 존재를 확인시켜준다. 전신이 발명된 후로 기술은 늘 인간의 소통에서 중심적인 위치를 차지해왔다. 따라서 여섯 번째 주기에 새로운 소통 기술이 그 중심적인 위치를 점하게 되리라는 기대감이 있다. 그러나 그렇게 되지 않는다. 소통 기술이 더 이상 개선의 여지가 없을 정도의 단계에 도달했기 때문이다. 효율성이 너무 약화되어서 인간이 삶에서 겪는 감정적 욕구를 해소해주지 못한다. 앞으로 사람들은 마이크로칩 문화를 초월해 다시금 공동체를 적극적으로 주장하게 되고, 그 공동체의 중심에는 기존의 의례들이 아니라 외로움을 모면하는 문화가 위치하게 된다. 마이크로칩으로 자초한 외로움은 인간관계에서 스스로를 지탱하기가 불가능하다. 인간이 하는 모든 행위와 마찬가지로 그러한 외로움도 의례를 강요한다. 그러나 그러한 의례는 중독성이 있지만 욕구를 충족시켜주지는 못한다. 이와 관련하여 불가피하게 과거로의 회귀가 있게 된다. 아니 보다 정확히 말하자면, 컴퓨터의 영역을 제한해 과거를 재창조하게 된다.

인공지능에 대한 갈망은 그 종착점에 도달했다는 징후다. 인공지능은 가장 극단적인 형태로 인간을 대체하는 기술이다. 생각할 능력을 지닌

300

인공지능은 자동차 운전에서 인간의 판단을 대체할 수 있다. 그러나 인공지능에 대해 난무하는 주장들은 과장되었다. 실재하는 뭔가—예컨대 지능—와 유사한 것을 인위적으로 만들려면 인간이 사고하는 방식을 파악해야 한다. 인간의 뇌가 어떻게 작동하는지는 아무도 제대로 파악하지 못하고 있다. 컴퓨터와 컴퓨터 프로그램 작동 논리는 단조로워서 인간이 어떻게 사고하는지 전혀 설명해주지 못한다. 인간이 사고하는 과정은 논리적 절차와는 거리가 멀다. 나는 글을 쓸 때 문득 기발한 생각이 머리를 스치는데 그 생각이 어디서 비롯되는지 알 수가 없다. 지능의 재현은 인간이 사고하는 방식을 이해하기 전에는 불가능하다. 그때까지는 훨씬 똑똑한 프로그램을 만들어 중요한 업무를 맡기기는 하겠지만 인간의 감정을 재현하지는 못할 것이고, 감정을 재현하지 못하면 인간의 지능도 재현하기가 불가능하다.

그러나 인공지능은 이 모두에서 중요한 자리를 차지한다. 인공지능을 옹호하는 이들은 이를 인류가 이룬 개가로 여긴다. 일자리와 컴퓨터 오작동 같은 문제와는 별개로, 인공지능은 인간이 서로에 대해 느끼는 필요를 약화시킨다. 인간은 경제적 필요를 비롯해 여러 가지 필요 때문에 서로 유대를 맺는다. 우리는 모두가 인간이라는 사실에 즐거움을 느끼고 유대를 맺는다. 인공지능이 제대로 작동하게 되면 인간을 결속시켜주는 필요조건들을 약화시킨다. 불현듯 떠오르는 생각이나 우연한 만남은 인간의 지능에서 핵심적인 자리를 차지한다. 그런데 인공지능은 인간과는 달리 효율적이기 때문에 그러한 뜻하지 않은 사건이 발생할 가능성을 모조리 차단해버린다.

기술에 열광하는 이들은 늘 그 효과를 확대 해석하기 마련이다. 항공사들이 707기를 운항하기 시작하자 사람들은 뉴욕에서 런던까지 한 시간 만에 도착하는 로켓 비행기를 꿈꾸었다. 전기가 상용화되자 인간의 모든 정신적인 기능을 전기를 통해서 설명할 수 있다고 믿었다. 1930년 대에 미래의 도시를 상상한 그림들을 보면 끝이 보이지 않을 정도로 높은 마천루와 공중에 떠있는 고속도로가 묘사되어 있고 단 한 그루의 나무도 보이지 않는다. 보통 세 가지 현상이 일어난다. 첫째, 재정적으로 뒷받침할 수 없고 안전도 보장되지 않는 수준의 기술 개발을 시도한다. 둘째, 자기가 알고 있는 기술을 이용해 전 세계를 설명할 수 있다고 상상한다. 셋째, 이론상으로는 놀라워 보이지만 실제로 살려고 하면 악몽이나 다름 없을 세계를 꿈꾼다. 이 가운데 실현되는 상상도 있을지 모르고, 실현시키기 위해 애쓰는 상상도 있을 것이다. 그러나 기술은 미래를 예견하는 능력이 형편없다. 기술에 대해 사람들이 보이는 반응은 흔히 기술 전문가들이 원하는 미래상이다.

오늘날 자동차에 대한 반감이 존재하는데 특히 도시에서 심하다. 한 세대 전만 해도 상상도 할 수 없었던 현상이다. 기존의 TV를 폐기하는 사례도 흔하다. 단파라디오를 듣고 세상 돌아가는 사정을 이해했던 시절이 있었다. 이제 아무도 그 기술을 이용하지 않는다. 가장 탄탄한 기술들, 인간이 일을 처리하는 방식에서 중심적인 위치를 차지했던 기술들이 놀라울 정도로 빠른 속도로 그 수명을 다하고 사라진다. 마지막으로 전보를 받은 게 언젠지 기억나는가? 컴퓨터와 인터넷과 휴대전화는 앞으로 한 세기 동안 여전히 존재하게 된다. 자동차가 발명되고 한 세기 동안 존재해왔듯이 말이다. 그러나 자동차가 소유자의 정체성을 상징했던 예전과는 달리 이제 이동수단에 불과하듯이, 마이크로칩을 기반으로 한 기술은 더 이상 경이로운 기술이 아니라 한낱 도구가 된다. 여섯 번째 주기에는 바로 이런 일이 일어나게 된다.

사회적 운동으로 시작해서 정치적 운동으로 변하는 현상이 나타나게 된다. 외로움은 세상에서 가장 막강한 힘을 발휘하는 정서로 손꼽힌다. 사람들은 병든다. 나는 내가 병들면 누가 나를 돌봐줄지 안다. 30대 연령에 자녀가 없고 아마도 동반자 없이 홀로 나이 들어 가면서 반세기 이상을 홀로 살게 될 이들은 이 질문에 답해야 하는데, 답이 없다는 사실을 깨닫게 되면 끔찍한 기분이 든다. 아무도 내가 필요하지 않고, 내가 살든 죽든 아무도 관심이 없는 삶은 해방감을 느끼게 해줄지 모르지만 그 해방이 얼마나 끔찍한 의미를 지니는지 시간이 지나면서 깨닫게 된다.

군중 속에서 외로움을 느끼는 아노미 현상을 해결할 주인공은 기술이 아니다. 아노미 현상이 야기할 개인의 절박한 심정이 해결하게 된다. 다섯 번째 주기에서 등장한 사회운동이 여러 가지 전통과 기대치와 의례를 붕괴시켰듯이, 여섯 번째 주기에서도 기존의 의례가 붕괴된 현실을 받아들이면서 새로운 의례를 만들어낼 필요를 느끼게 된다. 이번에는 죽기 전에 자손을 보아야 한다는 절박감이 아니라 선택지가 있으면 결국 선택을 하게 된다는 다소 느긋한 인식을 바탕으로 말이다. 과거에는 너무 일찍 세상을 떠나게 될 위험이 있었듯이, 이제는 건강하게 나이 들어가면서 직면하게 되는 위험이 존재한다. 여섯 번째 주기의 사회적 격변은 바로 이러한 현실과 관련 있다.

일종의 의례를 갖춘 관계로 나아가야 인간의 삶에서 예측가능성이라는 요소가 조성된다. 모든 인간 사회는 의례가 있고, 이러한 의례는 대부분 가족과 그보다 더 넓은 집단에 대한 의무사항들과 관련 있다. 가족과 이에 따른 의무가 존재하지 않는 사회는 내가 알기론 없다. 앞으로 어떤 종류의 가족이 등장할지, 그리고 어떤 의무가 생길지는 예측 불가능하지만 자녀 양육과 병간호, 노동의 분업은 둘째 치고 가족을 꾸리는 목적은 인간이 지닌 동반자 관계에 대한 욕구를 충족시키기 위해서다. 새로운 형태의 가족은 대개 전쟁으로 사회가 파괴되고 새로운 질서가 부여될 때 등장한다. 이번에는 많은 선택지가 제시되며, 이 주기의 정신에 맞는 융통성이 조성된다. 이 새로운 질서는 보다 가까운 과거로부터의 전통들도 아우르리라고 본다.

의례는 전통에서 비롯되고 전통은 과거로 거슬러 올라가는 속성이 있다. 또한 전통을 존중하는 이들은 처음에는 설득을 통해서, 그리고 나서는 법을 통해서 자신들의 원칙과 의례를 보편화시키고 싶어 하는 속성이 있다. 다시 말해서 새로운 의례는 어느 정도는 과거의 의례를 모방하며, 합법적인 지위를 얻을 방법을 모색하게 된다. 의례는 종교적일 수도 있지만 세속적인 것으로 제시된다. 배우자를 몇 명이나 허용할지에 대한 규정, 이혼 시 재산권, 자녀 양육 등에 대한 규정은 도덕적인 가치들이 세속화된 강제조항이다. 여섯 번째 주기 중반으로 향하면서 새로운 가치가 부상하고 이러한 가치는 정치적 형태를 띠게 된다.

이 갈등은 두 갈래 전선을 형성하게 된다. 첫째, 세제 문제다. 고소득자에 대한 세금은 여섯 번째 주기 초기에 급등하게 된다. 그러나 새로운 의술 연구개발에는 어마어마한 민간 투자가 필요하다는 게 문제다. 연방정부는 기초적인 의학 연구에 재정적 지원을 하고 그러한 연구는 신약이나 치료방법으로 전환될 수도 있지만, 연방정부는 전통적으로 연구를 신약이나 치료로 전환하는 역할을 담당하지 않았고 더더군다나 구조조정 후에는 그 역할을 맡을 리가 없다. 투자자금이 존재하기는 하나 빠듯할 테고, 따라서 세제를 새로 개편하라는 압력이 고조된다.

여섯 번째 주기의 첫 세대는 밀레니얼 세대로서, 그때쯤이면 50대가 될 이 세대는 사적인 부의 축적을 촉진하기 위해 세율을 낮추는 정책에 대해 이념적으로 반감을 지닌 이들이다. 적어도 좌익 진영의 밀레니얼 세대는 그렇다. 그러나 이와 같은 세금 삭감은 수명이 연장된 삶의 질병 치료에 투자할 자본을 창출하게 된다. 따라서 자신에게 이득이 되는 정책이므로 이를 이념보다 우선시하게 된다. 세금 인하가 마이크로칩 경제의 원동력이 되었듯이 2050년대에도 세금 인하가 의술을 변모시키는 원동력이 된다.

밀레니얼이라 불리는 세대의 자녀들은 이전 세대들의 부평초 같은 삶 (rootlessness)에 반감을 보이게 된다. 그들은 컴퓨터와 인터넷을 구식이라고 여기고 현대적인 막강한 가족 유대관계를 조성하게 된다. 그리고 그들은 어떤 가치든 출현하고 공유되게 하라고 나라에 요구하게 된다. 도덕적 목적을 법으로 만들려는 유혹은 모든 주기에서 나타난다. 윗세대는 자신들이 애착을 느끼는 마이크로칩을 아랫세대가 거부하자 이에 경악하고, 어느 정도 질서와 의례가 존재하는 삶으로 돌아가려는 아랫세대의 모습에 반감을 느끼게 된다. 윗세대는 2020년대에 패배한 구 기술관료 계층의 잔존세력이고, 아랫세대는 과거에 서로 적대적이었던 집단들을 통합해 그들 나름의 정당을 결성하게 된다. 누가 민주당을 지지하고 공화당을 지지할지는 알 수 없고 중요하지도 않다. 그들은 기술관료 계층을 패배시킨 연합 세력의 계승자가 되고, 수십 년에 걸쳐 스스로를 규정하게 되며, 그리고 권력에 대한 그들의 권리를 주장하게 된다. 그리고 그들이 권력에 안착하게 되면서, 일곱 번째 사회경제적 주기의 선두주자들이 부상하게 된다.

지금까지 일부러 다루지 않은 문제가 하나 있다. 바로 지구온난화와 기후변화다. 중요하지 않아서가 아니라 (전혀 관여하고 싶지 않은) 서로에 대한 비방전으로 변질되었기 때문이고, 너무 복잡한 문제라서 풀어헤치기가 어렵기 때문이다.

첫째, 기후는 분명히 변하고 있다. 과거에도 기후가 급격하게 변해왔지만 이번만큼 급격하게 변하지는 않았다. (선사시대의 기후를 연구하는 학문인) 원시기후학이 제시한 증거에 따르면 그렇다고 하는데, 나는 이를 반박할 만한 전문적인 지식이 없으니 그냥 그 주장을 받아들이겠다.

둘째, 기후변화는 인간의 활동이 야기하는 것으로 보인다. 실제로 변하는 속도가 보이는 것만큼이나 빠르다면 인간의 활동 말고 기후변화를 야기하는 다른 어떤 요인이 있다고 보기 어렵다.

셋째, 여러 수준의 온난화 단계마다 세계가 어떤 모습일지 확신이 가지 않는다. 예측이 컴퓨터 모델에 의존하고 있고(이 주제에 관해서는 조금 안다) 효과적인 변화 모델을 구축하려면 모든 변인들, 변인들 간의 기본적인 상호작용, 그리고 새로운 요인들이 그 변인들에게 미치는 영향들을 모두 파악해야 한다. 그러려면 기후가 어떻게 작동하는지를 포괄적으로 이해하고 이를 모델로 만들 수 있어야 한다. 기후가 어떻게 작동하는지에 대해 인간이 지닌 지식이 급격히 확장되어왔지만 아직 밝혀지지 않은 변수들이 여전히 많다. 특히 모든 변인들을 분리시키고 새로운 변인들이 대기에 더해지면 나타나는 효과를 측정하는 문제는 제대로 파악되지 않고 있다.

기후가 변하고 있다는 사실은 분명하고, 재앙을 초래하는 방향으로 변하고 있다는 주장에 대해 나는 열린 자세를 지니고 있지만, 확신하지는 않는다. 언론 보도들은 대부분 몇 가지 변인과 관련된 매우 제한된 연구 결과를 바탕으로 작성되었다. 이러한 연구 결과들을 따로따로 보면 인간에게 피해를 주는 결과를 야기한다는 설득력 있는 주장을 하고 있다. 그러나 포괄적인 기후 모델이 없이는 아직 규명되지 않은 변인이 이러한 연구 결과를 무산시킬지도 모른다. 전체로서의 체제는 부분들이 의미하는 것과는 전혀 다른 결과를 낳을지도 모른다.

게다가 기후변화의 결과가 부정적이라는 개념이 전 세계에 적용되는데, 하지만 복잡한 체계는 보통 복잡한 효과를 낳는다. 예컨대, 과거 어느 시점에 사하라사막은 아주 비옥하고 식물이 무성했다고 알려져 있다. 그런데 지금은 사막이다. 해수면 상승으로 해안 도시들은 물에 잠기지만 사하라와 다른 황무지들은 다시 초목이 자라게 된다고 가정해보자. 피해도 있고 이득도 있는 이런 상황은 인류에게 득인가 실인가? 어쨌든 현재로서는 세계 기후에 대한 논의를 보다 구체적인 예측으로 전환할 모델이 존재하지 않는다.

권위 있는 집단인 로마클럽(Club of Rome) 회원국들이 1970년에, 인구의 폭발적인 증가로 2000년 무렵에 전 세계에서 기아가 발생한다던 예측이 늘 떠오른다. 그들은 쓸데없는 걱정을 하는 이들은 아니었다. 전 세계적으로 식량 생산과 인구성장률을 살펴보면 그들의 예측은 정확했다. 그러나 예측은 맞지 않았다. 노먼 볼로그(Norman Borlaug)가 기적의 곡물을 발명해 녹색혁명이 일어나면서 식량공급량이 급격히 증가하리라고 예상하지 못했기 때문이다. 둘째, 그들은 출산율이 하락하리라고 기대하지 않았다. 그들이 계산에 넣지 않은 요인들이 있었다. 인구 폭발에 대한 보편적인 믿음은 실제로 일어난 예기치 못한 사건(기적의 곡물)과 발생 초기 단계에 있는 현상(출산율 하락)을 고려하지 못해서 틀린 것으로 판명났다.

인구재앙을 예상한 이들은 입수 가능한 자료를 토대로 분석을 했다. 인구는 폭증하고 있었고 식량 생산은 정체되었다. 그들이 사용한 모델은 너무 포괄적이고 다루기가 복잡했다. 기후변화를 얘기하는 이들도 그런 오류에 빠져 있지 않은지 모르겠다. 인구폭탄 모델과 같은 예측 모델들은 결함이 있는 경우가 많다. 따라서 나는 이 책에서 기후변화 이야기는 다루지 않았다. 어떻게 다루어야 할지 난감하기 때문이다. 기후는 변하고 있고 인간이 변화의 주요 요인일 가능성이 높지만, 이러한 사항이 미국 북동부와 비교해서 남서부에 어떤 영향을 미칠지에 대한 지침을 전혀 얻을 수 없다.

기후변화 문제를 누락시킨 또 다른 이유는 이를 해결하기 위해 모종의 조치를 취할지는 정치적으로 결정될 문제이고 전 세계적으로 대부분의 나라들이 행동에 나서야 하는데 그런 일은 일어나지 않으리라고 확신하기 때문이다. 온실효과를 유발하는 물질의 배출을 줄이기 위해 생활방식을 뜯어고치는 데 드는 비용은 어마어마하고 이는 사소한 문제로 취급해서는 안 된다. 대부분의 지역의 생활수준이 위험한 수준에 있는 중국 같은 나라들을 비롯해서 도처에서 생활수준이 상당히 하락하게 되기 때문이다.

개발도상국들은 생활방식을 바꾸려 하지 않을 것이다. 변화에서 비롯되는 정세 불안을 버텨낼 수 없기 때문이다. 산업화된 선진국 진영에서는 두 가지 정치적 문제가 있다. 첫째, 재앙이 내년에 일어난다고 말하는 사람은 아무도 없다. 대부분의 사람들은 시간적으로 먼 나중의 일일수록 걱정을 덜 한다. 기후변화는 일어나지 않을지도 모르고, 일어난다고 해도 내가 죽은 다음에 일어날 것이니 불확실한 해결책을 실행하자고 내가 대가를 치르지는 않겠다는 논리다. 두 번째 문제는 기후변화에 대해 가장 걱정하는 사람들은 가장 신뢰를 못 받는 사람들이라는 점이다. 이러한 사람들이 국가 권력을 장악하고 사람들의 행동을 규제하기 위해 가장 최근에 한 시도가 기후변화 주장이라고 간주된다. 따라서 나는 기후변화에 대한 세계적 차원의 대응을 예측하지 않고 있다. 그러한 대응이 없을 것이라고 생각하기 때문이다.

애기가 나온 김에 이 문제를 해결하는 데 중요한 역할을 하리라고 생각되는 한 가지에 대해 언급하겠다. 기후변화는 일어나고 있고 인간이 야기하지만 아무도 문제를 해결하는 데 드는 비용을 내려 하지 않는다. 친환경 기술은 산업-소비 사회를 지탱하는 부담을 짊어질 수 없다. 내가 생각하는 해결책은 텍사스 서부에서 실험 중인 로켓과 관련 있다. 발전소가 야기하는 오염을 없앨 한 가지 방법은 우주를 기반으로 한 태양광 발전이다. 우주에는 햇빛이 무한히 공급되고 집광기를 설치할 공간이 풍부하다. 집광기는 햇빛을 전자기파로 전환해 지구에 있는 거대한 전환기로 쏘아 보내서 전기로 바꾼다. 이 방법으로 탄소 연료의 과다 사용을 줄이고 어쩌면 기후변화의 위험에서 벗어날 수 있을 것이다.

우주를 기반으로 한 태양광 발전은 내가 『100년 후』에서 예견한 기술인데, 이제는 실현될 수도 있다는 생각이 들기 시작한다. 에너지 사용을 절반으로 줄이는 방법보다 훨씬 비용이 적게 들고, 생활수준 하락으로 불만이 쌓인 대중이 혁명을 일으킬 염려도 없으며, 현재 가용 기술을 이용하는 해결책이다. 어떤 기후변화 모델이든 관계없이, 이 방법은 실행해야 한다.

결론

미국의 시대

Conclusion:
The American Age

20 26년은 미국에게 기념비적인 해다. 독립선언문에 서명한 지 250주년 되는 해이고, 아메리카에 정착한 이들이 자신들을 하나의 국민이라고 선언하고 전쟁으로 가는 길을 택해 승산이 없는 전쟁에서 승리한 다음 국민이 되는 데서 그치지 않고 지구상에 없던 전혀 새로운 통치체제를 탄생시킨 지 250주년 되는 해이기도 하다. 이 모두가 1776년 7월 4일에 시작되었고, 앞서 살펴본 바와 같이 미국의 역사는 미국 나름의 독특한 방식으로 현재 진행형이다.

지금의 미국의 모습을 갖추게 된 과정은 경이롭다. 제3세계 국가에서 출발해 동반구와 서반구에 한 다리씩 걸치고 세계에 영향을 미치는 거대한 나라가 되었다. 해마다 세계에서 창출되는 부의 거의 4분의 1을 생산하고 있다. 미군은 세계 전역에서 활동하고 있다. 그게 현명한 조치든 아니든 말이다. 미군은 150개국 이상에 주둔하고 있는데 대부분 소규모 훈련 목적의 파병이고 일부는 전투에 참가하지만, 임무가 무엇이든 파병 규모가 어느 정도든 상관없이 이는 놀라운 수치다.

건국의 아버지들은 미국이 역사상 존재한 적이 없는 새 시대를 열게 하겠다는 의도를 품고 있었다. 그러나 사람들은 의도한다고 해서 실제로 의도한 대로 실현되리라고 생각하지는 않는다. 거의 250년 전, 건국의 아버지들은 미국이 지금의 미국이 되리라고 상상했을까? 제퍼슨과 워싱턴에게서는 그런 기미가 엿보인다. 풍자하는 재능이 뛰어난 프랭클린은 허풍이 심하다는 인상을 주었다. 존 애덤스와 제임스 매디슨은 아마 미래에 대한 헛된 꿈보다는 당장 닥친 상황에 훨씬 골몰했을 가능성이 높다. 그러나 그래도 미국은 지금의 모습이 되었다. 미국은 대영제국에 맞서 분연히 떨쳐 일어났지만 스스로도 제국이 되었다. 건국의 아버지들이 의도한 바와 기대한 바는 이와는 달랐을지 모른다. 그러나 일어나야 할 일이 일어났다.

미제국의 토대는 군사력도 심지어 경제력도 아니다. 그 토대는 로큰롤, "샌타바버라"라는 지명이 찍힌 티셔츠, 그리고 뉴욕 양키스 팀 야구 모자다. 언어도 그 토대다. 20개국에서 사람들이 모이는 회의에 가면 모두가 완벽한 영어를 구사한다. 이들이 공통적으로 구사하는 유일한 언어가 영어이기 때문이다. 무엇보다도 컴퓨터와 오로지 영어로만 존재하는 프로그래밍 언어가 미제국의 토대다. 미국을 원망하거나 심지어 증오하면서도 자기 자녀는 미국의 대학에 보내고 싶어 하는 사람들이 미제국의 토대다.

어떤 제국이든 제국의 토대는 군사력이 아니다. 히틀러도 스탈린도 이 사실을 깨닫지 못했다. 제국의 토대는 경제력과 그 경제력이 야기하는 질투다. 그러나 경제력과 군사력보다 중요한 것은 미래를 대표하는 기술과 현 시대를 반영하는 문화다. 오랜 세월 지속되는 제국은 한결같이 사상과 영혼의 제국이다. 다른 나라들이 모방하고 싶어 안달하게 만드는 제국이다.

미국의 건국 취지는 제국이 되는 게 아니었다. 그러나 제국이 되었다. "제국"은 독립전쟁 이후로 찬사로 여겨져 왔다. 그러나 제국에는 두 종류가 있다. 하나는 히틀러가 구축하려던 제국처럼 철저히 착취하는 제국이다. 또 다른 하나는 자신이 구축한 제국에서 이득을 보긴 하지만 공생 관계인 체제를 구축해 모두가 이득을 보게 만드는 제국이다. 이러한 제국이 유지되는 이유는 제국의 힘 때문만이 아니라 식민지도 이득을 보기 때문이다. 따라서 로마제국은 다른 나라들을 정복했지만 정복당한 나라들 가운데 다는 아니어도 많은 나라들이 로마제국 체제의 일부가 되려고 했다. 페르시아 제국도 마찬가지다. 제국은 정복자에서 출발하지만 제국

체제가 아니었으면 존재하지 않았을 경제 성장, 무역, 평화를 감독하는 역할로 바뀐다.

사소한 부분이든 중요한 부분이든 다른 나라들이 모방하고 싶어 하는 나라인 미국은 건국의 아버지들이 지녔던 의도를 실현하고 있다. 거의 250년 전 건국의 아버지들은 새 시대를 열겠다고 공언했다. 그 시대는 통치체제의 도덕적 가치와 그 가치에서 비롯되는 것들을 토대로 구축되었다. 공화국 형태의 정부는 이제 거의 보편적이다. 기껏해야 불완전한 형태로 존재하기는 하지만 말이다. 미국이 건국의 아버지들의 의도를 충실히 실현하지 못했듯이 말이다. 그러나 프랑스 작가 프랑수아 드 라 로슈푸코(Francois de La Rochefoucauld)가 "위선은 악덕이 미덕에게 바치는 찬사다."라고 말했듯이, 대부분의 나라들은 불완전하나마 공화국임을 자임한다. 공교롭게도 군주제 나라들까지도 공화국이라고 주장한다. 이러한 나라들은 미국 건국의 아버지들이 거론한 권리들을 짓밟을지 모르지만, 짓밟는 행위를 하는 이들은 보통 짓밟지 않는다고 거짓말을 한다. 야구모자, 컴퓨터 언어, 그리고 항공모함 전투함대는 실제로는 아주 불완전한 승리를 상징하고 원칙적으로는 대단한 승리를 상징한다. 건국의 아버지들이 생각했던 바와 말한 바 덕분에 세계는 매우 다른 면모를 보이게 되었다.

미국이 당면한 딜레마는 과거와는 전혀 딴판인, 1992년에 시작된 전혀 새로운 미국의 시대에 미국을 지탱할 토대를 찾아내는 일이다. 이 시대는 적어도 한 세기 동안 지속된다. 미국이 그러한 힘을 지녔다는 현실이 어색하게 느껴지고 아직 그 힘을 지탱할 전략을 개발하지도 못했지만 말이다. 미국이 세계적으로 직면한 난관은 지속가능한 제국의 정책을 입안하는 일이다. 주기적 과정을 통해서 권력, 부, 혁신이 끊임없이 증가하는 나라에서 말이다. 미국은 한편으로는 아주 막강한 다른 나라들처럼 될 필요가 있다. 또 다른 한편으로는 미국은 국내적으로 발전의 원동력인 창의력과 활력을 포기해서는 안 된다.

1992년 이전에는 미국은 군사력을 이용해 자국의 이익을 추구하는 전략을 썼다. 이 전략으로 이룬 가장 큰 쾌거가 제2차 세계대전의 승리였다. 미국은 독일과 일본을 패배시켰을 뿐만 아니라 대서양과 태평양을 모두 지배하게 되면서 미국을 적어도 침략으로부터 안전하게 만들었다. 핵전쟁으로부터의 안전은 모르겠지만 말이다. 제2차 세계대전 이후로 미국은 제국이 되기 전까지 지속적으로 동일한 전략을 채택했다. 사막의 폭풍 작전을 제외하면 미국은 제2차 세계대전 이후로 전쟁에서 이기지 못했다. 성공적인 제국은 가능한 한 군사력 사용을 자제하고 지역 간의 갈등을 이용해 제국의 이익을 도모한다. 대영제국은 수십만 명의 군인들을 파견해 인도를 장악하지 않았다. 인도 내에서 힘의 균형을 이용했다.

미제국이 부상한 시기는 미국이 치른 전쟁들 가운데 가장 길고 여러 가지 면에서 가장 성공적이지 못했던 전쟁, 바로 지하디스트와의 전쟁을 치른 시기와 일치한다. 9·11 이후 미국은 아프가니스탄에서 작전을 개시하면서 알카에다에 맞서기 위해 현지 군대를 지원하고 매수했으며, 이 전쟁은 이라크로 확전되었다. 합리적이었던 전쟁이 도저히 이길 수 없는 전쟁이자 미국 내부의 활력을 소진시키고 왜곡시키는 전쟁으로 변질되었다. 제국은 정규군으로 조직화되지 않아서 제국의 월등한 군사력으로 패배시키기가 불가능한 세력을 상대로 전쟁을 치르면 제국의 중심지는 기진맥진하게 된다.

이는 미국의 미숙함이 노정하는 문제다. 성숙한 국가 전략은 갈등을 최소화한다. 세계 150개국에 군대를 주둔시키고 있는 제국은 끊임없이 갈등에 휘말릴 가능성이 있으며, 전쟁은 보통 상대방이 먼저 일으키는 경우가 흔하기 때문이다. 이렇게 되면 국가의 역동성이 파괴될 수 있다. 이와 동시에 세계의 자원, 시장, 혁신에 대한 접근을 통해 역동적인 사회가 조성된다. 제국이라는 지위는 포기할 수도 없고 무작정 수용해서도 안 된다. 성숙한 태도로 관리해야 한다.

성숙한 태도는 제국의 기반이다. 그리고 미국은 그러한 안정된 기반을 마련해야 한다. 그러나 이는 미국 국내 현실의 기반이 되지는 않는다. 앞서 살펴본 주기들은 끊임없이 출발점으로 되돌아가고, 각 주기는 새로운 미국을 탄생시킨다. 제도적 주기와 사회경제적 주기 둘 다 성숙 단계에 도달하면 온갖 문제들이 한데 얽혀 위기가 조성되고 해결책이 마련되면서 새로운 주기가 시작된다. 신중함이 관건인 외교정책과 매번 미성숙 단계를 거치게 되는 주기들 사이에는 갈등이 내재되어 있다.

2030년대에 부상할 새로운 주기들은 현재의 주기가 안고 있는 문제들을 해결하고 그 새로운 주기로 인한 문제들을 노정하게 된다. 그 시기는 사회경제적 주기의 경우 2080년이고, 제도적 주기의 경우는 2105년쯤이 된다. 각 주기를 끝낼 위기와 실패가 무엇일지 예측하기는 힘들다. 사회경제적 주기의 경우, 앞으로 개발될 새로운 기술들 덕분에 수명이 급격히 늘어나면서 야기되는 압력에 직면하면서 실패하게 된다고 보는 게 타당할 것이다. 노년층은 지혜가 있고 인생이 무엇인지에 대해 감을 잡고 있으며, 무엇이 중요하고 무엇이 중요하지 않은지를 안다. 노년층은 최첨단 지식을 지니거나 최첨단 기술을 이용하지 못하는 경우도 있다. 나는 한때 컴퓨팅에 매료되었다. 그런데 10여 년 전 더 이상 관심을 두지 않게 되었다. 나보다 젊은 사람들이 컴퓨팅에 대해 나보다 훨씬 많이 알기 때문이다. 내 관점에서 볼 때 컴퓨터는 사랑보다 덜 중요하다는 사실,

316

심지어 때로는 컴퓨터가 사랑하는 능력을 방해할지도 모른다는 사실을 깨달았다. 그런 생각이 지혜일지도 모르고 그저 노인의 투정일지도 모르지만, 분명히 지식은 아니다. 미국 국민들이 보편적으로 더 오래 살게 되면서 나라는 더 현명해질지 모르지만 지식이 더 늘어나지는 않는다. 그리고 지식은 주기를 진행시키는 데 필수적이라는 사실로 미루어볼 때, 2080년 위기는 인구의 상당한 비율을 차지하는 노년층 인구가 지닌 육중한 무게를 중심으로 조성될 가능성이 높다. 정정하고 지혜는 많으나 그 존재감과 막강한 힘 때문에 실패로 치닫는 주기를 극복할 능력은 없는 노년층 말이다.

제도적 주기의 경우 연방정부에서 나올 해결책은 정부가 기능하는 방식을 바꾸고, 경직된 규제를 지양하고, 일반 대중에서부터 상층부까지 의사결정 담당자들이 재량껏 판단하는 방향으로 전환하는 방법이다. 이와 더불어 연방정부를 상대할 때 지역 유권자들을 대표하는 일을 자신의 목적으로 삼고 연방정부의 업무 수행에 대해 책임을 묻는 지역 정치체제가 부활하게 된다. 이 해결책은 기존의 문제들은 해결하겠지만 그 다음에 생길 가능성이 높은 문제는 해결하지 못한다. 현재의 제도적 체제는 투표권을 부여할 때 최소연령 제한은 있지만 최고연령 제한은 없다. 기대수명이 증가하고 출산율이 낮은 수준에서 안정적으로 유지되면 인구구조는 수적으로 노년층으로 몰리게 되는데, 노년층의 이익은 그보다 연령이 낮은 유권자들의 이익과는 매우 다르다. 노년층은 앞으로 수명이 더 연장되면서 지금보다 훨씬 큰 유권자 집단을 형성하게 된다. 그렇게 되면 미국이 지닌 주기적 속성에 반드시 필요한 역동성이 체제에서 빠져나갈지 모른다. 노년층은 생산적이 되겠지만 오로지 청년층에게서만 발견되는 창의력이 있다. 어느 시점에 가서는 투표 연령의 상한선을 정하거나 일정한 나이를 넘은 이들의 표는 다른 이들의 표보다 비중을 덜 부여하는 문제가 대두될 가능성이 있다. 노년기가 연장되면서 여러 가지 문제들이 야기되고 이 문제를 중심으로 21세기가 돌아가게 될지 모른다.

　미국은 인구 구조의 속성 때문에 점점 성숙해지고 있다. 성숙하면 지혜로워지는데 이는 외교정책을 유지하는 데 필요한 속성이다. 그러나 주기적 변화를 겪는 미국이 회복력을 유지하기 위해 필요한 활력은 지혜에서 비롯되지 않는다. 이러한 갈등이 어찌 보면 건국의 핵심이었다. 건국의 아버지들은 외교정책에서는 신중했다. 그들은 마음속으로는 프랑스혁명에 동조했을지 모르지만, 영국과 무역을 하고 있었고 따라서 미국은 어른스럽게 영국과 동맹을 맺었다. 이와 동시에 주기들을 통해서 미국은 끊임없이 다시 태어나고, 새로운 주기가 등장할 때마다 성숙한 주기의 탄탄한 기반에 도전장을 내미는 어느 정도의 무모함도 드러낸다.

　건국의 아버지들은 어른스럽고 신중한 이들이었다. 미숙하고 무모한 주인공은 미국이라는 나라였다. 그 나라는 모험가들과 위험을 무릅쓰는 이들, 기회가 이끄는 대로 떠돌던 이들, 자신이 원하는 삶을 산 사람들로 구성된 나라였다. 지금까지 미국은 온갖 주기들을 겪었지만, 오늘날에도 이는 크게 다르지 않다. 직장과 기회를 찾아 부모와 자녀들이 서로 수천 마일, 수십만 마일을 뿔뿔이 흩어져 산다. 미국에서는 원하는 지역으로 이주하듯이 자기 자신을 재창조할 수 있다. 그리고 그 과정에서 자기 자신과 다른 이들을 한꺼번에 파괴시킬 수도 있다.

　바로 이 점이 다른 나라들에는 없는, 미국의 독특한 점이다. 어느 나라든 어느 정도 야성은 지니고 있다. 그러나 미국처럼 혼돈을 제도화한 나라는 없다. 미국은 주기를 겪을 때마다 개인들의 삶을 반영하는 이러한 야성을 드러낸다. 미국인은 현실을 뒤집어엎기 위해 태어난다. 그들은 전례 없는 새로운 해결책을 만들어내고, 이는 대부분 전 세계에 확산된다. 주기는 견고하고 성에 차지 않는 모든 것을 뒤집어엎는 일견 무모해 보이는 행동을 통해 그 자체의 성공과 약점에 빠져든다. 건국의 아버지들이 마련한 틀 안에서 혁명을 일으키고 각계각층에서 혁명을 일으킬 용기를 내도록 제도화한 나라가 바로 미국이다.

그 핵심에는 기술을 중요시하는 문화가 자리 잡고 있다. 미국만 지닌 특징은 아니지만 그래도 기술은 미국의 본질이다. 아서 쾨슬러(Arthur Koestler)가 스탈린의 대숙청에 대해 쓴 책을 보면, 수감된 이후 몇 달 동안 신문을 보지 못한 주인공이 세상이 어떻게 돌아가는지 궁금해 하는 대목이 있다. 그 주인공은 미국인들이 혹시 그동안 시간 여행하는 방법을 발명했을지 궁금해 한다. 1930년대에 세계가 미국을 어떻게 바라보았는지 엿보이는 내용이다. 위대한 예술 작품도 없고, 심오한 사상을 탄생시키지도 못했고, 뛰어난 전략을 생각해내지도 못했지만, 기발하고 놀라운 기술을 발명할 역량이 있는 나라 말이다.

앞으로 등장할 신기술은 건강하게 오래 살도록 하는 기술이 되리라고 본다. 전 세계적으로 인구가 줄어드는 상황에서 이는 해결해야 할 문제이고 과학이 해결할 문제다. 그러나 앞서 말했듯이, 이는 새로운 문제를 야기한다. 노년층이 인구의 상당한 비율을 차지하는 나라는 노인이 지배하는 나라다. 노년층이 아무리 정정하고 건강해도 말이다. 제국을 경영하는 데 필요한 지혜가 지배하지만 바로 그 지혜 때문에 미국을 전진하게 만드는 주기들이 마비될 수도 있다. 젊음의 무지는 불가능을 가능케 한다. 무엇이 불가능한지 알지 못하고 무모한 짓을 불가능하다고 치부하지 않고 현실로 만들기 때문이다. 그런 의미에서 무모함은 미래다.

네 번째 제도적 주기는 건강한 노년층 인구에게 최적이다. 상식과 지혜를 통치에 도입하게 된다. 그들은 사회경제적 주기를 위협하게 되는데 나이가 들면서 균형감이 생기기 때문이다. 균형감도 중요하지만 스티브 잡스나 헨리 포드가 보여준 무모한 허세도 필요하다. 따라서 다가올 주기에 등장하게 될 문제는 의학이 인구 규모 감소의 문제를 해결하고 그런 다음 나라를 심각하게 분열시킬 사회경제적 위기를 조성하게 된다는 점일 것이다.

다른 나라들은 이 문제에 달리 대처하게 된다. 미국은 늘 하던 대로 대처하게 된다. 10여 년 동안 국민이 양분되어 극심한 정치적 갈등을 겪고 이에 경제적 위기와 사회적 위기가 겹치게 된다. 노년층과 청년층이 서로 맞서고 혁신의 문제는 불안정으로 이어진다. 마침내 정치적 절차를 통해 해결책이 마련된다. 구 주기를 떠받드는 대통령이 실패하고 뒤이어 등장하는 대통령이 신 주기를 주관하면서 자신이 해결책을 마련했다고 생색을 내게 된다.

미국은 고요한 시대를 맞기 위해서 반드시 폭풍을 겪어야 하는 나라다. 미국인은 현재와 미래에 매달리고 과거를 잘 기억하지 못하기 때문에 이번처럼 서로에게 무례하게 굴고 격렬하게 반목했던 시기가 과거에는 결코 없었다고 믿는 경향이 있다. 미국인은 모든 게 붕괴되기를 기다렸다가 막상 붕괴되면 이를 야기한 이들—자신과 의견이 다른 이들—을 혐오한다. 스스로 옳다고 확신에 차서 자신이 경멸하는 이들에 대해 때로는 살의를 느끼기도 한다. 그러고 나면 가용한 원료를 이용해 역사의 패턴을 그대로 반복한다. 세계 속에서 미국의 힘은 저절로 유지된다. 어마어마한 경제력과 군사력 그리고 상대방을 매료시키는 문화를 지닌 미국 같은 나라의 힘은 미국이 증오의 대상이라고 해서 쇠락하지 않기 때문이다. 제국은 하나같이 증오와 질투의 대상이다. 증오도 질투도 제국의 힘을 약화시키지는 못한다.

미국의 건국에서 불변인 것—미국인의 권리와 헌법—은 미국의 신중함과 무모함 둘 다의 원동력으로 작용한다. 그리고 이 두 가지 특징이 복합적으로 작용하면서 미국은 거의 250년에 걸쳐 안정과 혼돈을 반복하며 진화해왔다. 그리고 그 과정이 멈추리라는 증거는 어디에도 없다. 현재 미국이 겪는 폭풍은 미국의 역사와 미국인의 삶에서 이 시기에 당연히 겪어야 하는 현상일 뿐 그 이상도 그 이하도 아니다.

| 감사의 말 |

5년이나 걸려 쓴 책이라 그 속성상 많은 빚을 지기 마련이다. 이 책의 완성도를 더욱 높이기 위해 시간을 내준 분들에게 뭐라고 감사해야 할지 모르겠다. 특히 마빈 올래스키, 빌 세라, 데이비드 저슨의 공을 인정하고 싶다. 집필 초기 단계에 굳이 그럴 필요도 없는데 기꺼이 이 책을 읽고 조언을 아끼지 않았다. 그리고 안토니아 콜리바사누, 앨리슨 페더카, 특히 제이콥 샤피로 등 지오폴리티컬 퓨처스(Geopolitical Futures) 소속 내 동료들은 선택의 여지가 없었지만 어쨌든 크게 도움이 되었다. 지오폴리티컬 퓨처스의 그래픽 디자이너 스테이시 헤런은 책에 수록된 표와 지도를 꼼꼼하게 잘 만들어주었다.

짐 혼피셔는 예전에 내가 쓴 네 권의 책을 낼 때 함께한 에이전트인데 아직 나를 포기할 기미가 안 보인다. 나와 출판사 사이에서 마음고생 많았을 그에게 감사하다. 그는 늘 원고를 읽고 유용한 조언을 해준다. 내가 요청하지 않아도 말이다.

누구보다도 랜덤하우스에서 내 책 편집을 맡은 제이슨 카우프먼은 이제까지 다섯 권의 책을 함께 작업했는데 탁월한 편집을 해주었고, 중요한 부분을 두고 나와 서로 이견을 보일 때도 포기하지 않은 그에게 가장 감사하고 싶다. 그의 편집을 도운 캐롤린 윌리엄스도 이 책의 가독력을 높여주었다. 두 사람에게 정말 큰 빚을 졌다.

내 아이들과 손자손녀들에게도 고맙다. 명절과 휴가를 "이 책"을 집필하느라 보내는 나를 견뎌준 결실을 마침내 보게 되었다. 다음번에도 잘 부탁한다!

내 사랑하는 아내 메러디스, 집사람 없이는 내가 쓰는 그 어떤 책도 시작은 물론이거니와 끝내지도 못하리라.

1. 『두 도시 이야기A Tale Of Two Cities』의 도입부. 프랑스 혁명이 일어나고 자코뱅의 공포정치에서 절정을 이루기까지 몇 년 동안 런던과 파리를 오가며 펼쳐지는 이야기다. 증오와 억압, 선과 악, 빛과 어둠, 지혜와 어리석음 간의 갈등을 지적하고 있다. 한편으로는 절망과 고통이, 또 한편으로는 환희와 희망이 존재하는 시대를 뜻한다.

2. 1967년 7월 미시간주 디트로이트 시에서 흑인 주민들과 경찰이 대치하면서 발생한 폭동. 경찰이 무면허 술집을 급습하면서 촉발된 이 폭동은 닷새 동안 계속되었다. 당시 주지사 조지 롬니(George W. Romney)는 미시간 방위군에게 진압을 명령했고, 린든 B. 존슨(Lyndon B. Johnson) 대통령은 미 육군 제82공수사단과 제101공수사단을 파견했다. 이 폭동에서 43명이 목숨을 잃고 1,189명이 부상했으며, 7,200명 이상이 체포되고 2,000채 이상의 건물이 파괴되었다.

3. 이 책에서는 미국을 영국 식민지에서 독립하기 전은 아메리카로, 독립한 후에는 미합중국 또는 미국이라 부르겠다.

4. 영국이 고압적으로 아메리카 식민지를 통치하자 자치의식이 높아진 북아메리카 식민지 13개 주가 1774년부터 개최한 회의로서 각 식민지 대표가 참석했다.

5. 이 책에서 "England"는 잉글랜드섬으로, 잉글랜드, 웨일스, 스코틀랜

드를 통틀어 일컫는 "Great Britain"은 대브리튼섬으로, "United Kingdom"은 영국으로 번역한다.

6. 피고용인이나 현금이 빠듯한 사업가들이 프로젝트에 무보수 노동으로 투자하는 방식.

7. 메이플라워호를 타고 북아메리카로 이주해 플리머스 식민지에 정착한 정착민들 사이에 체결된 협정. 식민지의 바람직한 운영을 위해 정의롭고 평등한 법을 통과시킬 목적으로 협정에 서명한 이들에게 "시민 통치체(Civil Body Politic)"를 준수하도록 구속력을 부여했다. 신세계에서 최초로 자치라는 개념을 표방했다.

8. 1756-1763년. 오스트리아 왕위계승 전쟁에서 프로이센에게 패배해 독일의 슐레지엔을 빼앗긴 오스트리아 합스부르크 왕가가 슐레지엔을 되찾기 위해 프로이센과 벌인 전쟁.

9. 제임스 녹스 포크(James Knox Polk, 1795-1849)는 미국의 11대 대통령(1845-1849)이다. 1845년 텍사스주를 미국의 제28번째 주로 합병했다

10. 제2차 세계대전 당시 미국의 군수공장 여성 근로자를 대표하는 문화적 상징이다.

11. 통상적으로 "네오콘(neocon)"으로 불린다. 신보수주의는 1960년대에 리버럴 군사강경론자(liberal hawks) 사이에서 탄생한 정치운동. 그들은 민주당의 평화주의적인 외교정책과 신좌익 특히 베트남 반전운동에 대해 환멸을 느꼈다. 린든 B. 존슨 대통령이 실행한 대대적인 복지정책인 위대한 사회(Great Society) 같은 정책과 관련해 리버럴의 신념에 대해서 회의를 느끼게 된 이들도 있다. 신보수주의자는 보통 민주주의를 옹호하고 힘을 통한 평화유지를 비롯해 (군사력 수단을 이용해) 국제 문제에 개입하는 입장을 표방하며 공산주의와 급진주의를 배

격한다. 신보수주의를 비판하는 이들은 공격적인 군사주의나 신제국주의를 지지하는 외교정책 강경론자들을 일컬을 때 이 용어를 사용하기도 한다. 신보수주의자들은 조지 W. 부시 행정부에 대거 참여했다.

12. 1899년부터 1902년까지 남아프리카에서 보어인이 세운 두 공화국 트란스발(Transvaal) 공화국과 오렌지 자유국(Orange Free State)의 7만 명 연합군과 영국군 45만 명 사이에 벌어진 전쟁으로, 영국의 승리로 끝났다.

13. 1964년 행정회의법에 따라 설립된 미국 연방정부의 독립기관. 연방정부 기관들이 시행하는 규제정책을 집행하는 과정의 효율성, 적합성, 공정성을 개선하고 지원금과 혜택을 관리하며 이와 관련된 정부 기능을 수행하는 기구.

14. 특정 연도 앞뒤로 2년의 수치를 더해 5년 동안의 평균을 산출한 수치로 변화의 추세를 보여준다.

15. 공통적인 특징을 공유하는 사람들로 구성된 집단으로서 그러한 특징을 기반으로 차별당하지 않도록 법적으로 보호된다. 법적으로 보호받는 특징은 인종, 젠더, 연령, 장애 여부, 종교, 출신 국적 등이다.

16. 65세 이상 혹은 일정한 자격을 충족시키는 이에게 제공하는 건강보험. 1965년 린든 B. 존슨 대통령 때 제정되었다.